职业教育城市轨道交通专业教材

城市轨道交通车辆制动系统检修与维护

陈　凡　主编
何成才　主审

电子工业出版社
Publishing House of Electronics Industry
北京·BEIJING

内 容 简 介

本书是"职业教育城市轨道交通专业教材"之一。通过 11 个项目下的 41 个任务，比较全面地概括了制动的基本理论、空气制动的基本结构原理和基本检修工作、动力制动的基本结构原理、电磁制动的基本结构原理、供气系统的组成部分和结构原理以及检修工艺、基础制动装置的基本结构原理和检修工艺、制动与防滑控制的结构原理和检修工艺、SD 型制动控制系统的结构原理和特点、KBWB 型制动控制系统的结构原理和特点、KBGM 型制动控制系统的结构原理和特点及检修工艺、EP2002 型制动控制系统的结构原理和特点、NABTESCO 型制动控制系统的结构原理以及部分设备的操作运用。

本书可作为职业院校城市轨道交通专业及相关专业的教学用书，也可以作为从事城市轨道交通行业职工的参考资料和培训用书。

本书还配有电子教学参考资料包（包括电子教案、教学指南及习题答案），详见前言。

未经许可，不得以任何方式复制或抄袭本书之部分或全部内容。
版权所有，侵权必究。

图书在版编目（CIP）数据

城市轨道交通车辆制动系统检修与维护/陈凡主编. —北京：电子工业出版社，2015.12
ISBN 978-7-121-27915-7

Ⅰ.①城… Ⅱ.①陈… Ⅲ.①城市铁路－铁路车辆－车辆制动－设备检修－高等职业教育－教材②城市铁路－铁路车辆－车辆制动－车辆维修－高等职业教育－教材 Ⅳ.①U239.5

中国版本图书馆 CIP 数据核字（2015）第 308204 号

策划编辑：徐　玲
责任编辑：赵　娜
印　　刷：北京七彩京通数码快印有限公司
装　　订：北京七彩京通数码快印有限公司
出版发行：电子工业出版社
　　　　　北京市海淀区万寿路 173 信箱　邮编　100036
开　　本：787×1092　1/16　印张：12.5　字数：320 千字
版　　次：2015 年 12 月第 1 版
印　　次：2023 年 2 月第 6 次印刷
定　　价：29.00 元

凡所购买电子工业出版社图书有缺损问题，请向购买书店调换。若书店售缺，请与本社发行部联系，联系及邮购电话：(010) 88254888。

质量投诉请发邮件至 zlts@phei.com.cn，盗版侵权举报请发邮件至 dbqq@phei.com.cn。
服务热线：(010) 88258888。

职业教育城市轨道交通专业教材编审委员会

主 任 委 员： 吴　晓　浙江师范大学工学院原系主任
副主任委员： 赵　岚　西安铁路职业技术学院
　　　　　　　张　莹　湖南铁道职业技术学院系主任
常 务 委 员：（排名不分先后）
　　　　　　　施俊庆　浙江师范大学工学院教研室主任
　　　　　　　王瑞萍　浙江师范大学工学院
　　　　　　　郑丽娟　浙江师范大学行知学院
　　　　　　　李一龙　湖南铁路科技职业技术学院系主任
　　　　　　　程　钢　湖南铁路科技职业技术学院教研室主任
　　　　　　　吴　冰　湖南铁道职业技术学院教研室主任
　　　　　　　唐春林　湖南铁道职业技术学院专业负责人
　　　　　　　刘　奇　西安铁路职业技术学院交通运输系教研室副主任
　　　　　　　王　敏　西安铁路职业技术学院
　　　　　　　魏仁辉　西安铁路职业技术学院
　　　　　　　申　红　西安铁路职业技术学院
　　　　　　　刘婷婷　西安铁路职业技术学院
　　　　　　　奉　毅　柳州铁道职业技术学院系副主任
　　　　　　　蓝志江　柳州铁道职业技术学院教研室主任
　　　　　　　马成正　柳州铁道职业技术学院
　　　　　　　王丽娟　柳州铁道职业技术学院
　　　　　　　卢德培　杭州万向职业技术学院教研室主任
　　　　　　　李殿勋　沈阳铁路机械学校
　　　　　　　丁洪东　沈阳铁路机械学校教研室主任
　　　　　　　李显川　沈阳铁路机械学校
　　　　　　　姬立中　北京铁路电气化学校副校长
　　　　　　　王建立　北京铁路电气化学校科长
　　　　　　　尹爱华　江苏省无锡交通高等职业技术学校系副主任
　　　　　　　陈　波　无锡汽车工程学校专业负责人
　　　　　　　谭　恒　广州市交通运输职业学校
　　　　　　　宋　锐　武汉市教育科学研究院教研员
　　　　　　　蔡海云　武汉铁路司机学校系主任
　　　　　　　欧阳宁　武汉市交通学校系主任
行 业 委 员：（排名不分先后）
　　　　　　　吴维彪　浙江省杭州市地铁集团有限责任公司高级工程师
　　　　　　　牟振英　上海申通集团运营四公司总工程师
　　　　　　　娄树蓉　南京地铁有限责任公司客运部部长
　　　　　　　吕春娟　浙江省杭州市地铁集团运营分公司高级工程师
秘 书 长： 徐　玲　电子工业出版社

总序 Preface

随着国民经济持续快速发展，人流、物流、信息流以前所未有的密度涌向大城市并向周边辐射。城市化进程加快，城镇人口迅速增长，带来了城市交通需求的高速增长。为解决大中城市交通紧张问题，越来越多的城市把发展城市轨道交通列入城市发展计划。据中国城市轨道交通协会统计，在运营线路方面，截至2014年年末，全国共有22个城市已经开通运营的城市轨道交通营运线路总长为3173千米，其中地铁为2365千米，占75%；轻轨为239千米，占8%；单轨为89千米，占3%；现代有轨电车为141千米，占4%；磁悬浮交通为30千米，占1%；市域快轨为308千米，占10%，超过2015年年末营运线路长度3000千米的目标。在线路建设方面，截至2014年年末，我国城市轨道交通在建城市40个，在建线路4073千米，其中地铁3154千米，占77.4%；轻轨31千米，占0.8%；单轨22千米，占0.5%；现代有轨电车312千米，占7.7%；磁悬浮交通29千米，占0.7%；市域快轨526千米，占12.9%。中国城市轨道交通建设正在进入快速有序的发展阶段。近年来，新增运营线路逐年增加，2011年为288千米，2012年为399千米，2013年为460千米，2014年为427千米，2015年年末突破3600千米。到2020年中国城市轨道交通规模有望突破5000千米。城市轨道交通的快速发展，需要大批轨道交通应用型人才来保证其正常的运营和管理。按城市轨道交通用人需求每千米50~60人计算，轨道交通的人才需求巨大。"十三五"期间城市轨道交通人才需求仍将持续增加。因此，城市轨道交通行业具有广阔的人才需求空间。

城市轨道交通发展给职业教育的人才培养带来良好契机，为适应城市轨道交通人才培养需求，更好地服务国民经济建设，2010年5月，电子工业出版社在武汉组织召开了"职业教育城市轨道交通专业教学研讨会"，成立了"职业教育城市轨道交通专业项目式教材"编审委员会，确定了"职业教育城市轨道交通专业项目式教材"编写方案。五年来，由电子工业出版社策划出版的"职业教育城市轨道交通专业教材"系列教材已经陆续发行，并得到了广大读者的支持与厚爱。

本套教材基本涵盖"城市轨道交通专业"的主要课程内容，能满足专业建设与教学需要；为适应职业教育的改革与发展，教材力求体现当代职业教育新理念、新思路；为紧跟城市轨道交通行业发展，尽量使教材保持一定的知识与技术领先。本套教材编写以职业能

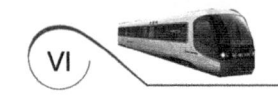

力为主线，以职业生涯为背景，以工作结构为框架，以岗位能力为依据，以工作情境为支撑，以工作过程为基础。教材体系结构力求从学科结构向职业工种技能结构转变；教材内容组织根据城市轨道交通职业工作岗位要求及标准出发，突出典型岗位的工作过程，满足职业标准要求，贯穿主要规章和作业标准。本套教材具有以下特点。

（1）教材体例符合职业教育教学改革和发展方向

教材内容选择以《国家职业标准》规定的岗位（群）需求和职业能力为依据，以工作任务为中心，以理论知识为基础，以实践技能为依托，以工作情景为支撑，以案例呈现为特点，以拓展知识为延伸，充分考虑城市轨道交通典型岗位的工作任务的工作过程特点和教学过程特点的有机结合，体现教材的职业性特点。

（2）教材内容凸显城市轨道交通专业领域主流应用技术和关键技能

教材内容凸显城市轨道运营、行车组织、客运组织、机车车辆等设备运用与检修及作业组织方法等主体工种的专业知识和技术，包括车站站长、行车调度、车辆维修、客运服务等典型岗位的主流应用技术和关键技能。

（3）教材内容涵盖城市轨道交通行业和专业发展的"四新"内容

教材内容组织保持一定的前瞻性，反映行业与专业的最新知识、工艺、装备和技术。教材编写从现代教学理念和教学模式出发，体现城市轨道交通前沿的创新成果和经验。

（4）教材注重实践性，重视案例和实际动手场景的呈现

教材组织通俗实用，融入和结合了轨道交通专业骨干教师多年的教学经验和体会，合理地取舍和反映城市轨道交通的基本专业知识和基本技能；通过具体模拟训练和情景实操，使学生加深对专业知识和技能的理解以及基本技能和基本方法的掌握，从而可以缩短学生到企业后的上岗时间。

本套教材不仅适用于职业教育各层次教学，也可作为城市轨道交通行业相关人员在职进修提高和培训教学用书。

本套教材由浙江师范大学交通运输系吴晓主任担任主编，西安铁路职业技术学院赵岚、湖南铁道职业技术学院张莹担任副主编。吴晓负责本系列教材编写工作的整体策划与体例结构设计。教材在编写过程中得到了许多城市轨道交通行业专家和电子工业出版社等领导和同仁的大力支持，在此表示衷心感谢！

在本套教材的编写过程中，编者们参考了大量的书籍、文献、论文等，也引用了许多专家学者的资料，编者已尽可能地在参考文献中详细列出，谨在此对他们表示衷心的感谢！同时，可能因为疏忽，有些资料引用了而没有指出资料出处，若有此类情况发生，深表歉意！由于城市轨道交通正处于快速发展期，资料收集很难达到齐全和最新，再加上编者水平所限，书中错误和疏漏在所难免，敬请大家见谅，也恳请读者在阅读后及时批评指正，我们将十分感谢。

吴　晓
2015 年 6 月于浙江师范大学

前言 Introduction

我国城市轨道交通事业正在飞速发展，越来越多的大城市把轨道交通纳入到城市规划中。城市轨道交通车辆是城市轨道交通的主要设备，具有技术含量高、检修工作量大、检修作业复杂的特点。城市轨道交通车辆检修人员或驾驶人员必须经过专业的培训，才能从事并胜任轨道交通车辆的检修或驾驶工作。而制动系统是城市轨道交通车辆最重要的组成部分，城市轨道交通车辆制动系统的检修与维护工作尤为重要。

本书为"职业教育城市轨道交通专业教材"之一。教材结合城市轨道交通专业人才培养方案和职业教育教材现状编写，涵盖城市轨道交通设备的主要内容。为适应职业教育的需要，编者力求体现当代职业教育新理念；为紧跟城市轨道交通行业发展，尽量使教材保持一定的知识与技术领先。

本书共分 11 个项目：项目一 制动基本理论；项目二 空气制动；项目三 动力制动与电磁制动；项目四 供气系统；项目五 基础制动装置；项目六 制动与防滑控制技术；项目七 SD 型制动控制系统；项目八 KBWB 型制动控制系统；项目九 KBGM 型制动控制系统；项目十 EP2002 型制动控制系统；项目十一 NABTESCO 型制动控制系统。十一个项目下共分 41 个任务，全面介绍了制动的基本理论、空气制动的基本结构原理和基本检修工作、动力制动的基本结构原理、电磁制动的基本结构原理、供气系统的组成部分和结构原理以及检修工艺、基础制动装置的基本结构原理和检修工艺、制动与防滑控制的结构原理和检修工艺、SD 型制动控制系统的结构原理和特点、KBWB 型制动控制系统的结构原理和特点、KBGM 型制动控制系统的结构原理和特点及检修工艺、EP2002 型制动控制系统的结构原理和特点、NABTESCO 型制动控制系统的结构原理以及部分设备的操作运用。

本书在体例设计上突破了传统教材的编写模式，理论与实际动手相结合，突出职业教育的实践性。项目中的每个任务下设有"学习目标"、"学习任务"、"工具设备"、"学习环境"、"基础知识"等模块，并配置操作运用案例和思考练习题。教材注重实用，在理论知识的基础上注重学生动手实践能力的培养，教材内容理论部分通俗易懂，实践部分简洁明了，融入和结合了轨道交通专业骨干教师多年的教学经验和体会；为方便教学，特别增加了教师教学工作活页，寓专业能力、方法能力和社会能力培养于情景教学；内容编排重点突出，反映城市轨道交通的基本专业知识和基本技能；为了使学生能学以致用，特别增加了学生学习实操活页，让学生学习模拟城市轨道交通专业设备的具体运用，通过具体知识认知模拟训练、情景实操以及教学评价等环节，使学生加深对专业知识和技能的理解、基本技能和基本方法的掌握，从而使学生增强对城市轨道交通车辆制动系统的理论认知和实践动手能力的培养。本书可作为职业院校的城市轨道交通专业及相关专业的教学用书，也可作为从事城市轨道交通行业技术人员的参考资料和员工培训用书，力求能为我国城市轨道交通事业的发展尽绵薄之力。

为了方便教学，本书还配有电子教案、教学指南及习题答案（电子版），请有此需求的教师登录华信教育资源网（www.hxedu.com.cn）下载或与电子工业出版社联系，我们将免费提供（E-mail:hxedu@phei.com.cn）。

本书由武汉铁路职业技术学院陈凡主编，何成才主审。教材在编写过程中得到了许多城市轨道交通行业专家和电子工业出版社等领导和同仁的大力支持，在此表示衷心感谢！

在本书的编写中，我们参考了许多专家学者有关城市轨道交通的书籍、文献、论文等资料，也引用了城市轨道交通设备制造企业和部分城市轨道交通企业的技术数据和图片，我们已尽可能地在参考文献中详细列出，谨在此对他们表示衷心的感谢！同时，也可能由于我们疏忽，有些资料引用了而没有指出资料出处，若有此类情况发生，深表歉意。

由于城市轨道交通正处于快速发展期，技术装备日新月异，各城市城市轨道交通运输设备也都有各自的特点，资料收集很难达到齐全和最新，再加上编者水平有限，书中技术资料和数据肯定存在不足和差异，错误和疏漏在所难免，敬请大家见谅，也恳请大家多提宝贵意见和批评指正，我们将十分感谢。

编 者
2015 年 9 月

目录 Contents

项目一　制动基本理论　　1

任务一　认知制动的基本概念 ………………………………………… 1
任务二　认知牵引力和制动力的形成 ………………………………… 3
任务三　认知制动力的影响因素 ……………………………………… 7
任务四　制动基本理论的操作运用 …………………………………… 10

项目二　空气制动　　15

任务一　认知直通式空气制动机 ……………………………………… 15
任务二　认知自动式空气制动机 ……………………………………… 17
任务三　认知电空制动机 ……………………………………………… 21
任务四　空气制动的操作运用 ………………………………………… 24

项目三　动力制动与电磁制动　　28

任务一　认知动力制动 ………………………………………………… 28
任务二　认知电磁制动 ………………………………………………… 34
任务三　动力制动与电磁制动的操作运用 …………………………… 38

项目四　供气系统　　42

任务一　认知空气压缩机 ……………………………………………… 42
任务二　认知空气干燥器 ……………………………………………… 49
任务三　认知风缸及其他空气管路部件 ……………………………… 53
任务四　供气系统设备的操作运用 …………………………………… 59

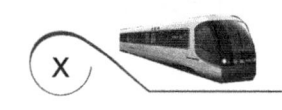

项目五　基础制动装置　　63

任务一　认知单元制动机 63
任务二　认知闸瓦 68
任务三　认知盘形制动 72
任务四　基础制动装置的操作运用 76

项目六　制动与防滑控制技术　　80

任务一　认知制动控制系统的组成和原理 80
任务二　认知防滑系统的组成和原理 85
任务三　制动控制与防滑系统的操作运用 94

项目七　SD 型制动控制系统　　98

任务一　认知 SD 型制动控制系统的结构原理 98
任务二　认知 SD 型制动控制系统的控制过程 112
任务三　认知 SD 型制动控制系统的特点 116
任务四　SD 型制动控制系统的操作运用 117

项目八　KBWB 型制动控制系统　　121

任务一　认知 KBWB 型制动控制系统的结构原理 122
任务二　认知 KBWB 型制动控制系统的控制过程 130
任务三　认知 KBWB 型制动控制系统的特点 134
任务四　KBWB 型制动控制系统的操作运用 135

项目九　KBGM 型制动控制系统　　139

任务一　认知 KBGM 型制动控制系统的结构原理 139
任务二　认知 KBGM 型制动控制系统的控制过程 150
任务三　认知 KBGM 型制动控制系统的特点 152
任务四　KBGM 型制动控制系统的操作运用 153

项目十　EP2002 型制动控制系统　　157

任务一　认知 EP2002 型制动控制系统的结构原理 157

任务二　认知EP2002型制动控制系统的控制过程……………………………………162

任务三　认知EP2002型制动控制系统的特点………………………………………165

任务四　EP2002型制动控制系统的操作运用…………………………………………167

项目十一　NABTESCO型制动控制系统　　172

任务一　认知NABTESCO型制动控制系统的结构原理………………………………172

任务二　认知NABTESCO型制动控制系统的控制过程………………………………178

任务三　NABTESCO型制动控制系统的操作运用……………………………………181

参考文献　　185

项目一　制动基本理论

人为地使运动物体减速或阻止其加速称为制动。对城市轨道交通车辆来说，为了使运行中的列车能迅速地减速或停车，必须对它施行制动；为了防止列车在下坡道时由于其重力作用导致速度增加，也需要对它施行制动；即使列车已经停车，为避免停放的列车因重力作用或风力吹动而溜车，同样需要对它施行制动（又称为停放制动）。反之，对已经施行了制动的列车，为了重新启动或再次加速，必须解除或减弱其制动作用，这种做法称为制动的缓解。

任务一　认知制动的基本概念

学习目标

（1）熟知制动和缓解的概念；
（2）熟知制动装置的概念和制动装置的组成；
（3）熟知常用制动和紧急制动的概念；
（4）熟知制动能力的概念。

学习任务

认知制动的基本概念，包括制动和缓解的概念，常用制动和紧急制动的概念，制动装置的概念和制动装置的组成，制动能力的概念。

工具设备

城市轨道交通车辆实物、多媒体设备课件、图片、示教板、计算机多媒体设备等。

教学环境

轨道交通车辆理实一体化教室、车辆维修基地或现场。

基础知识

由制动装置产生的，与列车运行方向相反的外力，称为"制动力"。这是人为的阻力，它比列车在运行中由于各种自然原因产生的阻力要大得多。因此，尽管在列车制动减速的过程中，列车运行阻力（自然阻力）也在起作用，但起主要作用的还是列车制动力（人为阻力）。

一、列车制动系统

为了能施行制动或缓解制动，需要在列车上安装由一整套零部件组成的一个完整的制动装置，总称为"列车制动装置"。在铁路上，它分成"机车制动装置"和"车辆（客车、货车）制动装置"。由于城市轨道交通车辆与铁路车辆的编组形式不同，一般都采用动力分散型的动车组形式，所以它分为"动车制动装置"和"拖车制动装置"。无论机车、客车、货车还是动车、拖车，各种车都有自己的制动装置，起制动和缓解的作用。只有机车不同，它还具有操纵全列车的制动功能。城市轨道车辆也有操纵全列车制动功能的设备，它一般安装在列车两端带司机室的头车上，而头车既可以是拖车也可以是动车。

一套列车制动装置至少包括两个部分，即制动控制部分和制动执行部分。制动控制部分由制动信号发生与传输装置以及制动控制装置组成；制动执行部分通常称为基础制动装置，包括闸瓦制动与盘式制动等不同方式。

过去由于列车上安装的制动装置比较简单、直观，而且用压缩空气传递制动信号，因此我们称其为一套列车制动装置。但随着轨道交通技术的发展，制动装置中越来越多地采用了电气信号和电气驱动设备。微机和电子设备的出现使制动装置变得无触点化和集成化，并且使制动控制功能融入了其他电路而不能独立划分出来。因此，只能按现代方法将具有制动功能的电子线路、电气线路和气动控制部分归结为一个系统，统称为列车制动系统。

二、常用制动和紧急制动

列车制动在操纵上按用途可分为两种，即常用制动和紧急制动。常用制动是指在正常情况下为调节或控制列车速度，包括进站停车所施加的制动。它的特点是：作用比较缓和，制动力可以调节，通常只用列车制动能力的20%~80%，多数情况下只用50%左右。而紧急制动是一种"非常制动"，是在紧急情况下为使列车尽可能快地停车而施行的一种制动。它的特点是：作用比较迅猛，而且要把列车全部制动能力都用上。目前，在城市轨道交通车辆上还采用一种快速制动，它基本上与紧急制动相当，但紧急制动是不可自动恢复的，必须停车后人工恢复，而快速制动是可以自动恢复的。

从司机施行制动（将司机控制手柄推拉至制动位）的瞬间起，到列车速度降为零的瞬间止，列车在这段时间内所驶过的距离，称为列车的"制动距离"。这是综合反映列车制动装置性能和实际制动效果的主要技术指标。有的国家不用制动距离而用（平均）减速度作为其主要技术指标，但两者的实质是一样的，只是制动距离较为具体，而减速度较为抽象而已。

城市轨道车辆的启动和以一定速度运行，要通过对其施加牵引。同样，为了使运行的车辆能够迅速地减速、停车，也必须对其施加制动。牵引和制动是车辆运行的一对矛盾的两个方面，缺一不可。仅有牵引而没有制动的车辆是不完善的，甚至是危险的。试想一下，如果一列车突然失去制动，乘客的生命财产将受到严重威胁，这是何等危险。因此，从某种意义上来说，制动是一个比牵引更为重要的问题。

三、制动能力

在设计和制造过程中，列车的最高运行速度和牵引功率需要得到充分考虑和计算，而制动能力更是需要认真计算和校核。列车的最大速度与牵引功率有关，但它更应该受到制动能力的限制，这是更重要的事。

列车的制动能力是指该列车的制动系统能使其在规定的安全范围内或规定的安全制动距离内可靠地把车停下来的能力。一般来说，城市轨道交通系统都有明确的车辆运行规程，特别对列车制动能力有严格的要求和规定。例如，要求列车在紧急情况下的制动距离（紧急制动距离）不得超过某一规定值。上海地铁规定：列车在满载乘客的条件下，在任何运行初速度下，其紧急制动距离不得超过180m。这个距离要比启动加速距离短得多。因此，从安全的目的出发，一般列车的制动功率要比驱动功率大5～10倍。

从能量的角度看，制动的实质就是将列车上的动能转移出去。制动系统转移动能的能力就是制动功率。在一定的制动距离条件下，列车的制动功率是其速度的三次函数。

任务二 认知牵引力和制动力的形成

学习目标

（1）熟知牵引力的形成；
（2）熟知黏着和蠕滑机理；
（3）熟知制动力的形成。

学习任务

认知牵引力是怎样形成的，黏着的概念，蠕滑的概念，蠕滑是怎么形成的，以及制动力是怎样形成的。

工具设备

城市轨道交通车辆实物、多媒体设备课件、图片、示教板、计算机多媒体设备等。

教学环境

轨道交通车辆理实一体化教室、车辆维修基地或现场。

基础知识

除橡胶车轮列车和磁悬浮列车等特殊交通系统外，目前绝大部分城市轨道交通车辆采用的是钢轨钢轮的走行方式。因此，我们首先要来研究钢轨与钢轮之间的互相关系，以及它们在运行时的各种工况。

轮对（由一根车轴与两个车轮组成）在钢轨上运行时，一般承受垂直载荷及纵、横切向载荷。垂直载荷来自车辆对轮对的正压力，纵向载荷主要来自牵引及制动，横向载荷来自车辆的蛇行运动。牵引时，牵引电机通过传动机构，将牵引动力传递给动车的动力轮对（动轮），由车轮和钢轨的相互作用，产生使车辆运动的反作用力。根据物理学中有关机械摩擦的理论，轮轨间的切向作用力就是静摩擦力。而最大静摩擦力就是钢轨对车轮的反作用力的法向分力与静摩擦系数的乘积。稳态前进的非动力轮的车轮在不制动时，其纵向切向力平衡轴承阻力和蛇行时的惯性力。因此，无论是动力轮对或从动轮对都存在纵向切向力，它导致了轮轨之间的纵向相对运动。但实际上并非那么简单，动轮与钢轨间切向作用力的最大值与物理学上的最大静摩擦力相比要小一些，情况也更复杂一些。

在分析轨道车辆的轮轨关系时，通常必须引入两个十分重要的概念，即"黏着"和"蠕滑"。

一、牵引力的形成及黏着机理

如图 1-1 所示为某个动车以速度 v 在平直线路上运行时，它的一个动车轮对的受力情况（我们暂且忽略其内部的各种摩擦阻力）。为了更清楚地表示该图中的各种关系，把实际上互相接触的车轮与钢轨稍微分开画出。

在图 1-1 中，P_i 为一个动轮对作用在钢轨上的正压力，又称为轮对的轴重。牵引电机作用在动轮对上的驱动转矩 M_i，可以用一对力形成的力偶代替。力 F_i 作用在轮轨接触处的 O' 点，其大小为：

$$F_i = M_i/R_i$$

式中，R_i ——动轮半径。

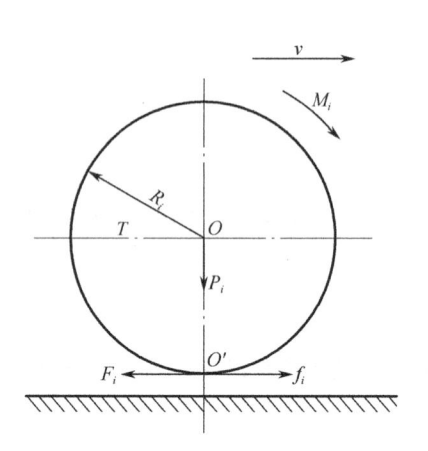

图 1-1 牵引力的形成及黏着机理

在正压力 P_i 的作用下，车轮与钢轨的接触部分紧紧压在一起。切向力 F_i 使车轮上的 O' 点具有向左运动的趋势，并通过 O' 点作用在钢轨上。由于轮轨接触处存在摩擦，车轮上 O' 点向左运动的趋势将引起向右的静摩擦力，即钢轨对车轮的反作用力，其值 $f_i = F_i$，f_i 称为轮周牵引力。因此，车轮上的 O' 点受到两个方向相反的力 F_i 和 f_i 的作用，而且 $f_i = F_i$。所以，O' 点保持相对静止，轮轨之间没有相对滑动，在力 F_i 的作用下，车轮对钢轨做纯滚动运动。

由于正压力而保持车轮与钢轨接触处相对静止的现象称为"黏着"。黏着状态下的静摩擦力 f_i 称为黏着力。

轮轨间的黏着与静力学中的静摩擦的物理性质十分相似。驱动转矩 M_i 产生的切向力 F_i 增大时，黏着力 f_i 也随之增大，并保持与 F_i 相等。当切向力 F_i 增大到某个数值时，黏着力 f_i 达到最大值。

此后，切向力 F_i 如果再增大，f_i 反而迅速减小。试验证明，黏着力 f_i 的最大值 f_{max} 与动轮对的正压力成正比，其比例常数称为黏着系数，用 μ 表示，即：

$$f_{max} = \mu \cdot P_i$$

上式表明，在轴重一定的条件下，轮轨间的最大黏着力由轮轨间黏着系数的大小决定。当轮轨间出现最大黏着力时，若继续加大驱动转矩，一旦切向力 F_i 大于最大黏着力，车轮上的 O' 点将向左移动，轮轨间出现相对滑动，黏着状态被破坏。这时，车轮与钢轨的相对运动由纯滚动变为既有滚动也有滑动。此时，钢轨对车轮的反作用力 f_i 由静摩擦力变为滑动摩擦力，其值迅速减小，并使车轮的转速上升。这种因驱动转矩过大，破坏黏着关系，使轮轨间出现相对滑动的现象，称其为"空转"。当车轮出现空转时，轮轨间只能依靠滑动摩擦力传递切向力，因而传递切向力的能力大大减小，并且会造成车轮踏面和轨面的擦伤。因此，牵引运行应尽量防止出现车轮的空转。

黏着系数是由轮轨间的物理状态确定的。加大每个动轮对作用在钢轨上的正压力，即增加轴重，可以提高每个动轮对的黏着力和牵引力。但是，轴重也受到钢轨、路基和桥梁等各种条件的限制，不可能无限制地增加。城市轨道交通车辆由于采用动车组形式，动轮对数量比一般铁路列车多，动力和黏着较分散，牵引力总量又很容易达到，与铁路列车的动轮对和牵引力都集中在机车头的情况相比，城市轨道交通车辆利用黏着条件就相对好得多，因而对保护轮轨间的正常作用是很有利的。

二、蠕滑

传统理论认为：钢轮相对钢轨滚动时，接触面是一种干摩擦的黏着状态，除非制动力或牵引力大于黏着力时才会转入滑动摩擦状态。但是现代研究表明，由于车轮和钢轨都是弹性体，滚动时轮轨接触处会产生弹性变形，这种新的弹性变形会使接触面间发生微量滑动，称之为"蠕滑"（CREEP）。对"蠕滑"的研究和分析，可以进一步深化我们对黏着的认识。

在车轮上正压力的作用下，轮轨接触处产生弹性变形，形成椭圆形的接触面。从微观上仔细观察，两个接触面是粗糙不平的。由于切向力 F_i 的作用，车轮在钢轨上滚动时，车轮和钢轨的粗糙接触面间产生新的弹性变形，接触面间出现微量滑动，即"蠕滑"。

蠕滑的产生是由于在车轮接触面的前部产生压缩，后部产生拉伸；而在钢轨接触面前部产生拉伸，后部产生压缩。随着动轮的滚动，车轮上原来被压缩的金属陆续放松，并被拉伸；而钢轨上原来被拉伸的金属陆续被压缩，因而在接触面的后部出现滑动。

如图 1-2 所示，切向力在接触面上形成两个性质不同的状态和区域：接触面的前部，轮轨间没有相对滑动，称为滚动区，用阴影线表示；接触面的后部轮轨间有相对滑动，称为滑动区。这两个区域的大小随切向力的变化而变化。当切向力增大时，滑动区面积增大，滚动区面积减小。当切向力超过某一极限值时，滚动区面积为零，只剩下滑动区，整个接触面间出现相对滑动，轮轨间黏着被破坏，车轮在钢轨上开始明显打滑，即出现"空转"。

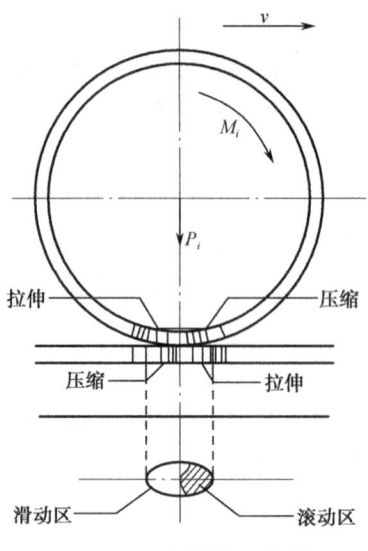

图 1-2　蠕滑的形成原理

蠕滑是滚动体的正常滑动。车轮在滚动过程中必会产生蠕滑现象。伴随着蠕滑产生静摩擦力，轮轨之间才能传递切向力。由于蠕滑的存在，牵引时车轮的滚动圆周速度将比其轮心前进速度要大。这两种速度之间的差值称为蠕滑速度，并以一个无量纲比值蠕滑率 σ 来表示蠕滑的大小，即：

$$\sigma = \frac{\omega R_i - v}{v}$$

式中，v——车轮轮心前进速度；

　　　ω——车轮转动的角速度。

轮轨间由于摩擦产生的切向力反过来作用于驱动机构，随着切向力的增大，驱动机构的弹性应力也增大。当切向力达到极限时，由于蠕滑的积累波及整个接触面，发展成滑动；积累的能量使车轮本身加速，这时驱动机构内的弹性应力被解除。由于车轮的惯性和驱动机构的弹性，在轮轨间出现滑动—黏着—再滑动—再黏着的反复振荡过程，直到重新在驱动机构中建立起稳定的弹性应力为止。

三、制动力的形成

与牵引运行类似，制动力的形成也是通过轮轨间的黏着产生的。

为了降低列车运行速度或为了停车，我们须用外力将列车动能移走。这个移走列车动能的过程称为制动。一般城市轨道交通车辆的制动形式有三类，即摩擦制动（包括闸瓦制动和盘形制动）、动力制动（包括再生制动和电阻制动）电磁制动（包括磁轨制动和涡流制动）。其中摩擦制动和动力制动都是通过轮轨黏着产生制动的。下面以闸瓦制动为例，说明通过轮轨黏着产生制动力的过程。

图 1-3 是一个轮对利用闸瓦制动产生制动力的示意图。

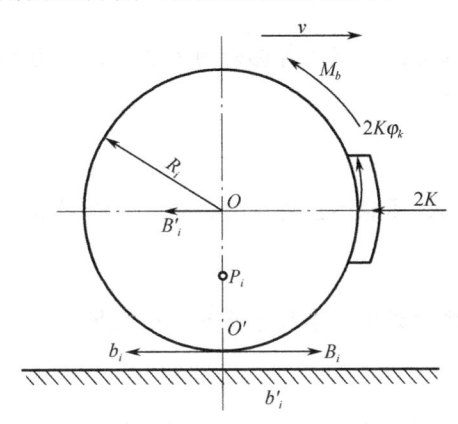

图 1-3 制动力的形成原理

假设一个轮对上有两块闸瓦，在忽略其他各种摩擦阻力的情况下，轮对在平直道上滚动运行。若每块闸瓦以压力 K 压向车轮踏面，闸瓦和踏面间引起与车轮转动方向相反的滑动摩擦力 $2K\varphi_k$（φ_k 为车轮踏面与闸瓦间的滑动摩擦系数）。对于列车来说，该摩擦力是内力，不能使列车减速，可是它通过轮轨间的黏着，引起与列车运动方向相反的外力，以此来实现列车的减速或停车。

摩擦力 $2K\varphi_k$ 对车轮的作用效果，相当于制动转矩 M_b，即

$$M_b = 2K\varphi_k R_i$$

用类似牵引力形成的分析方法，转矩 M_b 可以用轴心和轮轨接触处的力偶（B'_i、B_i）代替。力偶的力臂为车轮半径 R_i，作用力 $B'_i = B_i = M_b/R_i = 2K\varphi_k$。轮轨接触处因轮对的正压力 P_i 而存在黏着，切向力 B_i 将引起钢轨对车轮的静摩擦反作用力 b_i。$b_i = B_i = 2K\varphi_k$。b_i 作用在车轮踏面的 O' 处，作用方向与列车运行方向相反，是阻止列车运行的外力，称为制动力。制动力 b_i 也是轮轨间的黏着力，因而也受到黏着条件的限制，即

$$b_i \leq P_i \mu_i$$

式中，P_i——动车或拖车轮对的轴重；

μ_i——制动时轮轨间的黏着系数。

整个列车的总闸瓦制动力为所有轮对闸瓦制动力之和，即

$$B = \sum b_i$$

任务三 认知制动力的影响因素

学习目标

（1）熟知黏着系数的影响因素；
（2）熟知改善黏着的方法；
（3）熟知闸瓦摩擦系数的影响因素；
（4）熟知改善闸瓦摩擦性能的措施。

学习任务

认知黏着系数的影响因素；掌握改善黏着的方法；熟知闸瓦摩擦系数的影响因素；掌握改善闸瓦摩擦性能的措施。

工具设备

城市轨道交通车辆实物、多媒体设备课件、图片、示教板、计算机多媒体设备等。

教学环境

轨道交通车辆理实一体化教室、车辆维修基地或现场。

基础知识

制动力的大小可以采用增加或减小闸瓦压力来调节，但不得大于黏着条件所允许的最大值。否则，车轮被闸瓦"抱死"，车轮与钢轨间产生相对滑动，车轮的制动力变为滑动摩擦力，数值立即减小，这种现象称为"滑行"，是与牵引时的"空转"相对应的一种黏着状态被破坏的现象。滑行时，制动力大大下降，制动距离增加，还会造成车轮踏面与轨面的擦伤，因此也必须尽量避免。

动力制动产生制动力的过程与摩擦制动基本类似，只是制动转矩是由电机（这时电机处于发电机状态）产生的，而不是由闸瓦产生的。但它们都是通过轮轨黏着产生的。因此，牵引力、摩擦制动力和动力（电气）制动力都是黏着力，它们与黏着关系密切。充分利用黏着条件，不仅是牵引必须注意的，对制动来说也同样重要。"滑行"和"空转"都是必须避免的。

唯一不受黏着条件限制的制动力是电磁制动力。电磁制动有两种形式，即磁轨制动和涡流制动。磁轨制动是将带有磨耗板的电磁铁落在钢轨上，接通励磁电流，使电磁铁紧紧吸附在钢轨上，并通过磨耗板与轨面摩擦产生制动力。涡流制动的电磁铁没有磨耗板，它将电磁铁落在距轨面 7~10mm 处，电磁铁与钢轨间的相对运动引起电涡流作用形成制动力。磁轨制动在欧洲的轻轨车辆或有轨电车上经常能看见，主要用于紧急制动。磁轨制动应用最多的是高速列车，还有磁悬浮列车。

一、影响黏着系数的因素

由于黏着系数与牵引和制动有相当密切的关系，所以长期以来，影响黏着系数的主要因素就成为世界上众多专家研究的方向。对轨道黏着系数的研究主要依靠试验。不同轨道的黏着系数不同，需要经过大量试验和对试验数据的计算分析才能得到。专家们的试验分析表明，影响黏着系数的主要因素有以下几项。

1. 车轮踏面与钢轨表面状态

干燥、清洁的车轮踏面与钢轨表面，它们的黏着系数高，如果踏面或轨面受到污染，则黏着系数有很大下降。有试验结果表明，干燥、清洁的轨面，其黏着系数可达 0.3；而受到雨雪浸湿的轨面，其黏着系数仅为 0.12。对城市轨道交通来说，地铁、轻轨和有轨电车

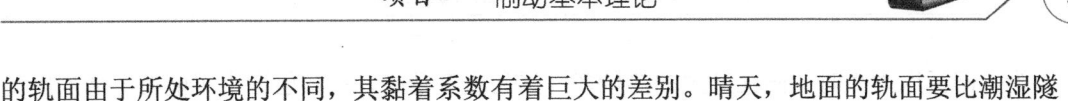

的轨面由于所处环境的不同,其黏着系数有着巨大的差别。晴天,地面的轨面要比潮湿隧洞里的轨面黏着系数高;但雨雪天气里,隧洞里的轨面黏着系数反比地面的高。

冰霜凝结在轨面上或毛毛雨打湿轨面时,黏着系数非常低,但大雨冲刷、雨后生成的薄锈却使黏着系数大大增加。油的污染最会使轨面黏着系数下降,撒沙则能使轨面黏着系数增加。

2. 线路质量

钢轨越软或道床下沉越大,轨面的黏着系数越小;钢轨不平或直线地段两侧钢轨顶不在同一水平,以及动轮所处位置的轨面状态不同,都会使黏着系数减小。

3. 车辆运行速度和状态

车辆运行速度增高加剧了动轮对钢轨的纵向滑动和横向滑动及车辆振动,使黏着系数减小。特别是在车轮和钢轨表面被水污染的情况下,黏着系数随速度增加而急剧下降。车辆运行中由各种因素导致轴重转移,也会影响黏着系数。例如,车辆过弯道时,造成车辆车轮一侧加载,另一侧减载,使黏着系数大幅度下降,曲线半径越小,黏着系数下降就越多。牵引和制动工况对黏着系数也有一定影响,牵引时的黏着系数要比制动时大一些。

4. 动车有关部件的状态

牵引电机特性不完全相同,牵引力大的容易空转或打滑,导致黏着系数下降;各个动轮的轮径不同,轮径小的容易空转,但不容易打滑;各个动轮的动负载不同,动负载轻的容易空转和打滑。一旦发生空转或打滑,黏着系数就急剧下降。

二、改善黏着的方法

改善黏着的方法主要有两大类:一是修正轮轨表面接触条件,改善轮轨表面不清洁状态;二是设法改善轨道车辆的悬挂系统,以减轻轮对减载带来的不利影响。通常采用以下改善黏着的措施:从车辆上往钢轨上撒沙;用机械或化学方法清洗钢轨、打磨钢轨;改进闸瓦材料,如用增黏闸瓦;改善车辆悬挂,减小轴重转移,等等。

三、闸瓦摩擦系数及影响因素

闸瓦摩擦系数 φ_k 直接影响列车制动力,在闸瓦压力一定时,制动力的大小取决于摩擦系数的大小和变化,所以要求闸瓦摩擦系数的数值要高且比较稳定。影响闸瓦摩擦系数的主要因素主要有以下几个方面。

1. 闸瓦材质和制造工艺

铸铁闸瓦中配有碳、硅、锰、硫、磷五种添加成分,其中磷是对摩擦性能起主要作用的元素,适当提高含磷量,摩擦系数与耐磨性均可以相应增加。

此外,闸瓦的铸造工艺也影响摩擦系数,用铁模浇铸的铸铁闸瓦,其摩擦系数就小于用砂模浇铸的闸瓦。

2. 闸瓦压力

闸瓦对车轮单位面积上的压力越大,摩擦系数就越小,反之,摩擦系数就越大。这是

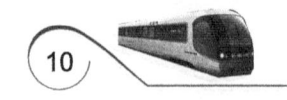

因为，闸瓦压力大时，闸瓦产生的热量多，闸瓦温度升高，在接触面上可能有一薄层因高温而变软，起着近似润滑剂的作用，所以降低了摩擦系数。

3. 列车运行速度

列车速度高，闸瓦与车轮踏面摩擦的相对速度就越大，在摩擦过程中产生的热量多，使闸瓦温度升高，摩擦系数减小。这不能满足高速时需要较大制动力的要求（列车速度降低，摩擦系数反而增大）。尤其是在速度很低时，摩擦系数急剧上升，容易发生"抱死轮"即"滑行"现象。

此外，闸瓦摩擦系数还与气候、接触面状态等有关。

四、改善闸瓦摩擦性能的措施

对闸瓦除要求摩擦系数高并且稳定以外，还要求它有较好的耐磨性和导热性，以及一定的机械强度，并且希望制造成本低。改善闸瓦摩擦系数的措施主要有以下几点。

1. 提高铸铁闸瓦中的含磷量

研究表明，含磷量高的高磷铸铁闸瓦可明显减少甚至完全消除火花，制动效果好，但容易脆裂，通常采用在闸瓦背部增加钢背的办法作为补强措施。

2. 采用双侧制动或复式闸瓦

双侧制动即每一车轮两侧各有一块闸瓦。复式闸瓦是一个闸瓦托上安装两块或两块以上的闸瓦。采用双侧制动或复式闸瓦能增加闸瓦的摩擦面积，减小闸瓦单位面积的压力。闸瓦单位面积的压力较小者，可获得良好的摩擦系数与较小的磨耗量；同时闸瓦的单位面积压力小，制动时的温度较低，由此而引起的闸瓦变形也较小，使闸瓦与车轮有较好的接触，得以提高其摩擦系数。

3. 采用合成闸瓦

合成闸瓦用非金属材料（石墨粉、石棉、矿渣、云母、黏土等）和金属粉末（铸铁粉、铜粉、铅粉和铅锡等氧化物）为填充料，用橡胶或树脂等黏性材料作为黏结剂，通过加热而成。与铸铁闸瓦相比，它的摩擦系数大而稳定，而且可以在制造时通过采用不同的配方和工艺进行调节。耐磨性也有显著提高，制动时的摩擦火花也小，可防止火灾。

任务四　制动基本理论的操作运用

【操作运用案例】 制动基本理论认知

1. 实训项目教师工作活页

实训项目教师工作活页　　　　　　　　　　　　　　　　NO：_____

实训项目	制动基本理论认知				
学　时	2	班　级	略		
实训场所	机车车辆设备综合仿真实验室或车辆维修基地现场				
工具设备	机车实物或仿真模型、机车驾驶室、闸瓦、多媒体设备课件、图片、示教板、计算机多媒体设备等				

续表

教学目标	专业能力	（1）能说出制动和缓解的概念、制动装置的概念及组成、常用制动和紧急制动的区别 （2）能说出牵引力及制动力的形成过程、黏着及蠕滑的原理 （3）能说出影响黏着系数的因素及改善黏着的方法 （4）能说出影响闸瓦摩擦系数的因素和改善闸瓦摩擦性能的方法
教学目标	方法能力	（1）能综合运用专业知识，通过利用专业书籍、多媒体课件和图片资料获得帮助信息 （2）能根据实训项目学习任务确定实训方案，从中学会表达及展示活动过程和成果
	社会能力	（1）能在实习训练活动中保持积极向上的学习态度 （2）能与小组成员和教师就学习中的问题进行交流和沟通 （3）能与他人共享学习资源，具有较好的合作能力和团队协作精神
教学活动	略（详见教学活动设计）	
教学评价	学生活动：① 以5~7人小组为单位开展实训活动，根据本组同学在实训过程中的能力表现及结果进行自评组内互评；② 根据其他小组同学在成果展示活动中的表现及结果进行互评 教师活动：① 教师组织学生开展评价活动和总结；② 对学生本实训项目单元成绩做出综合评价	
教学资料	（1）城市轨道交通车辆制动系统教材 （2）城市轨道交通运输设备教材 （3）实训项目学生学习活页（附页）	
指导教师		教学时间　　　　　年　　月　　日

2．实训项目学生学习活页

实训项目学生学习活页　　　　　　　　　　　　　　NO：_____

实训项目1　制动基本理论认知

班级：_____　姓名：_____　学号：_____　时间：_____

一、实训目标

1．专业能力目标

（1）能说出制动和缓解的概念、制动装置的概念及组成、常用制动和紧急制动的区别

（2）能说出牵引力及制动力的形成过程、黏着及蠕滑的原理

（3）能说出影响黏着系数的因素及改善黏着的方法

（4）能说出影响闸瓦摩擦系数的因素和改善闸瓦摩擦性能的方法

2．方法能力目标

（1）能综合运用专业知识，通过利用专业书籍、多媒体课件和图片资料获得帮助信息

（2）能根据实训项目学习任务确定实训方案，从中学会表达及展示活动过程和成果

3．社会能力目标

（1）能在实习训练活动中保持积极向上的学习态度

（2）能与小组成员和教师就学习中的问题进行交流和沟通

（3）能与他人共享学习资源，具有较好的合作能力和团队协作精神

二、知识总结

1．简要说出制动、缓解及制动距离的概念

续表

2. 简要说出制动装置的概念及组成

3. 简要说出影响黏着系数的因素及改善黏着的方法

4. 简要说出影响闸瓦摩擦系数的因素和改善闸瓦摩擦性能的方法

三、操作运用

1. 右图为列车牵引运行时动轮的受力情况，根据图完成下面填空

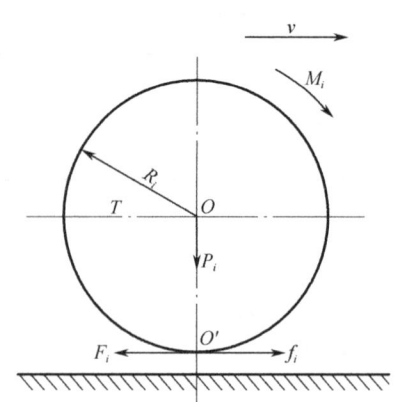

（1）F_i 是_____对_____的作用力，水平向左
（2）f_i 是_____对_____的作用力，水平向右
（3）_____是牵引力

2. 右图为蠕滑的形成原理图，看图填空

（1）_____和_____是被压缩的部分
（2）_____和_____是被拉伸的部分
（3）_____表示滚动区；_____表示滑动区

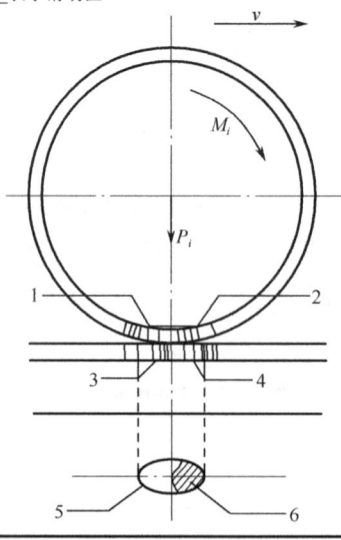

续表

3．下图为列车制动时车轮的受力情况，根据图完成下面填空

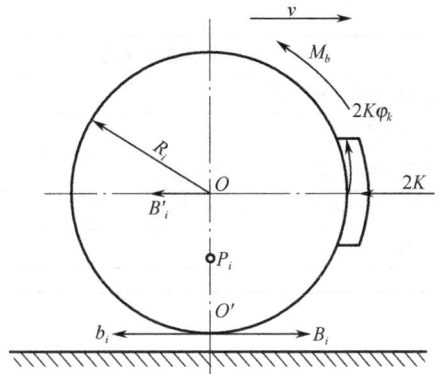

(1) B_i 是 _____ 对 _____ 的作用力，水平向右
(2) b_i 是 _____ 对 _____ 的作用力，水平向左
(3) _____ 是制动力

四、实训小结

_____
_____
_____

五、成绩评定

1．学生评价

评价等级	A—优	B—良	C—中	D—及格	E—不及格
学生自评					
组内互评					
他组互评					

2．教师评价

评价等级	A—优	B—良	C—中	D—及格	E—不及格
专业能力					
方法能力					
社会能力					

3．综合评价

评价等级	A—优	B—良	C—中	D—及格	E—不及格
评价结果					

注：按照学生自评占10%，组内互评占10%，他组互评占20%，教师评价60%的比例计分。其中，A—100分，B—85分，C—75分，D—60分，E—50分。

续表

等级	行为表现描述
A	能圆满高效地完成实训任务的全部内容
B	能顺利完成实训任务的全部内容
C	能完成实训任务的全部内容,但需要一些帮助和指导
D	自己只能完成实训任务的部分内容,但在现场的指导下,已经能完成任务的全部内容
E	不能完成实训任务的全部内容

4. 评价量规

思考与练习

1. 什么是制动?什么是缓解?什么是制动装置?
2. 什么叫制动距离?
3. 什么是常用制动?什么是紧急制动?有何区别?
4. 结合图1-1分析牵引力是如何形成的。
5. 结合图1-2分析蠕滑是如何形成的?
6. 结合图1-3分析制动力是如何形成的?
7. 什么是黏着?影响黏着的因素有哪些?如何改善黏着?
8. 哪些因素影响闸瓦摩擦系数?采用哪些措施可以改善闸瓦摩擦系数?

项目二 空气制动

空气制动是以压缩空气作为制动力来源的制动方式的总称。空气制动有直通式空气制动、自动式空气制动、电空制动三种典型代表。这三种制动方式主要是制动力的控制方式不同，但制动力的来源都是压缩空气，所以都属于空气制动的范畴。

现代化的制动系统是以空气制动的出现为标志的，迄今为止，空气制动仍然是最为普遍的制动方式，它被广泛地应用于货物列车、客运列车、动车组及城市轨道交通车辆。

任务一　认知直通式空气制动机

学习目标

（1）熟知直通式空气制动机的工作原理；
（2）熟知直通式空气制动机的特点。

学习任务

认知直通式空气制动机的基本作用原理，包括直通式空气制动机的结构组成、作用原理、工作特点。

工具设备

直通式空气制动机、城市轨道交通车辆实物、多媒体设备课件、图片、示教板、计算机多媒体设备等。

教学环境

轨道交通车辆理实一体化教室、车辆维修基地或现场。

基础知识

空气制动是用压缩空气的压力作为制动力的来源，并用压缩空气的压力变化来控制制动力大小的一种制动方式。具有制动力大，操作简单等特点。常见的空气制动机有直通式空气制动机和自动式空气制动机两类。

一、直通式空气制动机的工作原理

如图2-1所示，空气压缩机1将压缩空气储入总风缸2内，经总风缸管3至制动阀4。制动阀手柄有3个不同位置：缓解位、保压位和制动位。手柄在缓解位时，列车管5内的

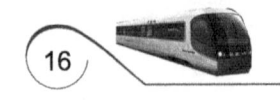

压缩空气经制动阀Ex(Exhaust)口11排向大气;手柄位于保压位时,制动阀保持总风缸管、列车管和Ex口各不相通;手柄位于制动位时,总风缸管压缩空气经制动阀流向列车管。

1. 制动位

司机要实行制动时,首先将手柄置于制动位,制动位实际上是在制动阀的位置连通了总风管和列车管的通路,总风缸的压缩空气经制动阀进入列车管。列车管是一根贯通整个列车、两端封闭死的管路,压力空气由列车管进入各个车辆的制动缸6,压缩空气推动制动缸活塞9产生推力,通过制动缸活塞杆带动基础制动装置7,使闸瓦10压紧车轮12产生制动作用。制动力的大小取决于制动缸内压缩空气的压力,由制动阀手柄在制动位放置时间的长短决定,制动阀手柄在制动位放置的时间越长,由总风缸经过制动阀充入制动缸的压力空气越多。

2. 缓解位

要缓解时,司机将制动阀手柄置于缓解位,缓解位实际上是在制动阀的位置连通了列车管和Ex口的通路,各车辆制动缸内的压缩空气经列车管从制动阀Ex口排入大气。手柄在缓解位放置时间足够长,则制动缸压力可降为0。此时制动缸活塞借助于制动缸缓解弹簧的复原力回到缓解位,闸瓦离开车轮,车辆缓解。

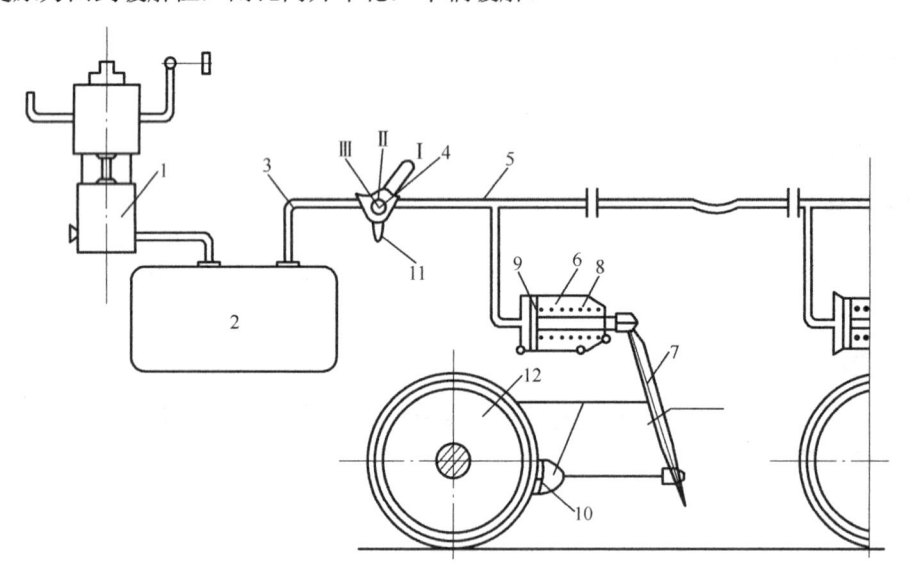

Ⅰ—缓解位;Ⅱ—保压位;Ⅲ—制动位;1—空气压缩机;2—总风缸;3—总风缸管;4—制动阀;5—制动管;6—制动缸;7—基础制动装置;8—制动缸缓解弹簧;9—制动缸活塞;10—闸瓦;11—制动阀Ex口;12—车轮

图2-1 直通式空气制动机

3. 保压位

制动阀手柄放在保压位时,实际上是在制动阀的位置关闭了总风管、列车管和Ex口的通路,三路都不相通,该位置可保持制动缸内压力不变。当司机将手柄在制动位与保压位之间来回操纵,或在缓解位与保压位之间来回操纵时,制动缸压力能分阶段的上升或下降,即实现阶段制动或阶段缓解。

二、直通空气制动机的特点

（1）列车管增压制动、减压缓解。

（2）能实现阶段缓解和阶段制动。

（3）制动力大小靠制动阀手柄在制动位放置时间的长短决定，因此控制不太精确。

（4）制动和缓解时各车辆制动缸的压力空气都要经机车制动阀供给和排出，由于空气波的传递有一定的速度，约 330m/s，所以距离机车近的制动机，先产生制动和缓解动作，而距离机车远的车辆后产生制动和缓解动作，因此前后车辆的制动和缓解一致性较差，列车制动和缓解时纵向冲动大，严重的甚至导致车钩折断列车分离事故。

（5）由于列车管减压缓解，所以当发生列车分离事故时，分离的车辆会失去制动力。

三、DK-1 型空气制动阀分解组装

（1）解体凸轮箱，分别取出转换柱塞、定位柱塞、作用柱塞及弹簧，卸下手把固定螺钉，退出手把座及顶杆。卸下阀盖，退出手把轴、凸轮及各支承套。拆放风柱塞盖，取出阀及弹簧，卸下接线盒盖，卸下微动开关。

（2）将卸下各零件清洗，用压缩空气吹扫，白布擦干。

（3）更换各橡胶件。

（4）检查各弹簧、阀座、凸轮、顶杆、各柱塞、插件、线束等部件应无裂损、锈蚀、拉伤、变形、偏磨等缺陷，各弹簧自由高度较原形的减少量小于 2mm，顶杆长度较原形减少量小于 2mm，手把轴与凸轮方孔的配合间隙小于 0.5mm，各支承磨耗量小于 0.5mm，凸轮工作表面磨耗量小于 0.5mm，不良者更换（凸轮表面轻微拉伤可用水砂纸打磨）。

（5）用万用表检查微动开关开闭良好，电空位：800—314 不通，空气位：压缩开关 800—314 线接通。

（6）在有相对运动的零件摩擦面涂适量凡士林。

（7）将作用柱塞和定位柱塞装入阀体，手按动作应灵活，无卡滞现象。

（8）其余部件按分解相反的顺序进行组装。

（9）组装好的空气制动阀安装在试验台上，进行各种实验，电空位、空气位及电联锁各项实验数据应符合基本技术要求。

任务二　认知自动式空气制动机

学习目标

（1）熟知自动式空气制动机的结构；

（2）熟知自动式空气制动机的作用原理；

（3）熟知自动式空气制动机的特点。

学习任务

认知自动式空气制动机的基本作用原理，包括自动式空气制动机的结构组成，作用原

理；特点；认知三通阀的结构、作用原理。

工具设备

自动式空气制动机、三通阀、城市轨道交通车辆实物、多媒体设备课件、图片、示教板、计算机多媒体设备等。

教学环境

轨道交通车辆理实一体化教室、车辆维修基地或现场。

基础知识

相比于直通式空气制动机，自动式空气制动机具有防断钩、制动一致性好等诸多优点，至今，很多铁路货物列车车辆仍沿用这种制动方式，如图 2-2 所示。

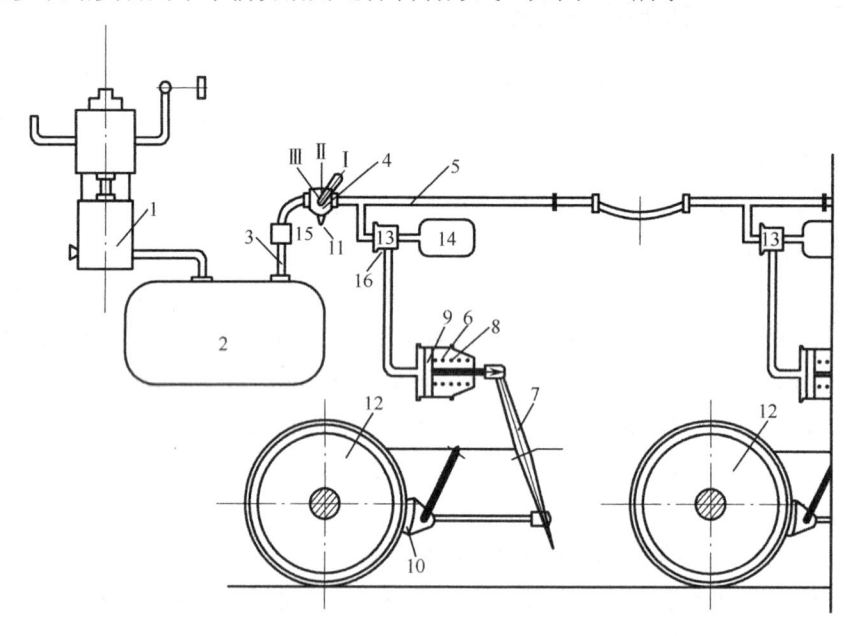

Ⅰ—缓解位；Ⅱ—保压位；Ⅲ—制动位；1—空气压缩机；2—总风缸；3—总风缸管；4—制动阀；5—制动管；6—制动缸；7—基础制动装置；8—制动缸缓解弹簧；9—制动缸活塞；10—闸瓦；11—制动阀 Ex 口；12—车轮；13—三通阀；14—副风缸；15—给气阀；16—三通阀排气口

图 2-2 自动式空气制动机工作原理

一、自动空气制动机结构和原理

自动空气制动机在直通空气制动机的基础上增加了 3 个部件：在总风缸 2 与制动阀 4 之间增加了给气阀（也叫调压阀）15；在每节车辆的列车管 5 与制动缸 6 之间增加了三通阀 13 和副风缸 14。给气阀的作用是限定列车管定压(人为规定的列车管压力)，即无论总风缸压力多高，给气阀出口的压力总保持在一设定的值。

自动空气制动机的制动阀同样也有缓解、保压和制动 3 个作用位置，但内部通路与直通空气制动机的制动阀有所不同。在缓解位时，它连通给气阀与列车管的通路；在制动位时，它使列车管与制动阀上的 Ex 口相通，列车管压缩空气经它排向大气；在保压位时则保持各路不通。

制动阀手柄放在缓解位时，总风缸中的压缩空气经给气阀、制动阀送到列车管，然后通过列车管送到各车辆的三通阀，经三通阀使副风缸充气。如此时制动缸中有压缩空气，则经三通阀排气口 16 排入大气。列车运行时，制动阀手柄一般处于此位，直至副风缸充至列车管定压值。

制动阀手柄放在制动位时，列车管中的压缩空气经制动阀 Ex 口排向大气。列车管的减压信号传至各车辆的三通阀时，三通阀动作，副风缸内的压缩空气经三通阀充向制动缸，制动缸活塞推出，使空气制动执行机构动作，列车制动。

由此可见，自动空气制动机是依靠列车管中压缩空气的压力变化来传递制动或缓解的信号，列车管增压时缓解，列车管减压时制动。而三通阀是制动缸制动或缓解的控制部件。

二、三通阀工作原理

如图 2-3 所示，三通阀因与列车管、副风缸及制动缸相通而得名。根据列车管压力的变化，三通阀有 3 个基本位置。

1. 缓解位

列车管压力增压时，在三通阀活塞两侧形成压差，三通阀活塞及活塞杆带动节制阀及滑阀一起移至右侧端位，这时充气沟 7 露出，三通阀内形成以下两条通路。

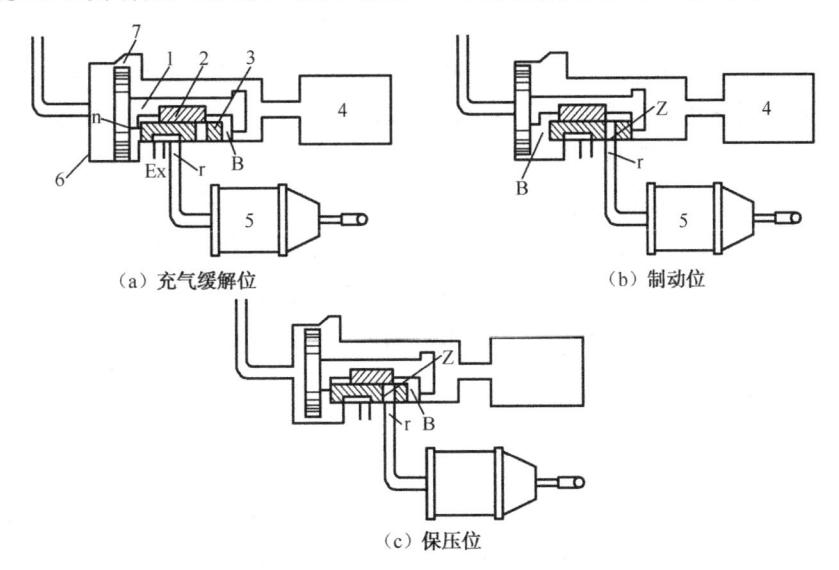

（a）充气缓解位　　　　　　（b）制动位

（c）保压位

1—三通阀活塞及活塞杆；2—节制阀；3—滑阀；4—副风缸；5—制动缸；6—三通阀；7—充气沟；B—间隙；r—滑阀座制动缸孔；Z—制动缸管

图 2-3　三通阀工作原理

Ⅰ．列车管—充气沟—滑阀室—副风缸。

Ⅱ．制动缸—滑阀座制动缸孔—滑阀底面槽—三通阀排风口 Ex—大气。

第Ⅰ条通路为充气通路，第Ⅱ条通路为缓解通路，即所谓充气是指向副风缸充气，缓解是指制动缸缓解。副风缸内压力可一直充至与列车管的压力相等，即达到列车管定压，制动缸缓解后的最终压力为零。

2．制动位

制动时，司机制动阀手柄置于制动位，列车管内的压力空气经制动阀排气减压。三通阀活塞左侧压力下降，右侧副风缸压力大于左侧。当两侧压差较小时，不足以推动活塞，副风缸的压力空气有通过充气沟逆流的现象，但由于列车管压力下降较快，活塞两侧的压差仍继续增加。压差达到足以克服活塞及节制阀的阻力时，活塞及活塞杆带动节制阀向左移一间隙距离，使活塞杆与滑阀之间的间隙置于前部，活塞遮断充气沟，副风缸压力空气停止逆流，滑阀上的通孔上端开放，与副风缸相通。随着列车管压力的继续下降，活塞两侧压差加大到能够克服滑阀与滑阀座之间的摩擦力时，活塞带动滑阀左移至极端位，滑阀切断制动缸通大气的通路，同时滑阀通孔下端与滑阀座制动缸孔对准，形成副风缸向制动缸的充气通路。如果三通阀一直保持这一位置，最终将使副风缸压力与制动缸压力平衡。

3．保压位

在列车管减压到一定值后，司机制动阀手柄移至保压位，列车管停止减压。三通阀活塞左侧压力不再下降，但三通阀活塞仍处于左极端的制动位，因此副风缸压力空气继续充向制动缸，活塞右侧的压力继续下降。当右侧副风缸压力稍低于左侧列车管压力，两侧压差达到能克服活塞和节制阀的阻力时，活塞将带着节制阀向右移一间隙距离，使滑阀与活塞杆之间的间隙位于后端，同时节制阀遮断副风缸向制动缸的充气通路，副风缸压力不再下降。由于此时活塞两侧压差较小，不足以克服滑阀与滑阀座之间的摩擦力，所以活塞位于此位不再移动，制动缸保压。

当司机将制动阀手柄在制动位和保压位来回扳动时，列车管压力反复地减压—保压，三通阀则反复处于制动位—保压位，而制动缸压力则不断地升压—保压—升压—保压，直至制动缸压力与副风缸压力平衡为止，即自动制动机具有阶段制动作用。但由于自动制动机三通阀结构的限制，它无法实现阶段缓解，而只能一次缓解(又称轻易缓解)。

三、自动式空气制动机的特点

（1）列车管减压制动、增压缓解。

（2）由于制动缸的风源与排气口离制动缸较近，其制动与缓解不再通过制动阀进行，制动与缓解一致性较直通制动机好，列车纵向冲动较小，适合于较长编组的列车。

（3）有阶段制动功能，但是没有阶段缓解功能。

（4）由于列车管增压缓解，减压制动，因此，当发生列车分离时，列车管被拉断排风，分离的车辆能自行产生制动作用。

四、GK 型三通阀分解组装

1. 准备工作

将所有的工具、材料放到适当位置,并检查所有机具设备的性能状况,有问题及时汇报处理。将待分解组装的 GK 型三通阀架在分解组装台上。

2. 分解

按先高后低的顺序逐步分解。取出的零配件应按要求摆放,以免碰伤和遗漏。

3. 擦洗

将三通阀各零件(阀体、各橡胶件、螺栓、螺母除外)放入清洗器浸泡以后用压力空气吹干;用汽油将阀体内部清洗并吹(烘)干;用干净毛巾擦洗橡胶配件。注意橡胶件不得沾汽油或其他具有腐蚀性液体。

4. 给油

给滑阀、节制阀的滑动面及座、主活塞涨圈、铜套、滑阀弹簧等摩擦接触面和减速弹簧杆的周围涂以适量硅油。

5. 组装

(1)将滑阀、节制阀、节制阀弹簧、滑阀弹簧等顺序组装于主活塞杆上,将滑阀弹簧片调整比滑阀套高出 3mm 左右,胀圈开口处装于充气沟相对另一侧,然后将主活塞装入阀体内,并往返数次拉动主活塞,试验其阻力须适当;

(2)减速弹簧套和减速簧杆组装后拧入阀体;

(3)将递动杆及弹簧装入套筒内,拧紧递动杆螺帽;

(4)紧急活塞装入铜套配合须圆滑,阻力适当,无卡住现象;

(5)将紧急部的各零件装入下体;

(6)最后将紧急部和递动部用橡胶垫和螺栓分别安装在阀体上,平均拧紧螺栓。

任务三 认知电空制动机

学习目标

(1)熟知电空制动机的作用原理;
(2)熟知电空制动机的特点。

学习任务

认知电空制动机的基本作用原理,包括电空制动机的基本结构、作用原理和作用特点。

工具设备

电空制动机、城市轨道交通车辆实物、多媒体设备课件、图片、示教板、计算机多媒体设备等。

教学环境

轨道交通车辆理实一体化教室、车辆维修基地或现场。

基础知识

空气制动机用压缩空气的压力变化来控制制动和缓解，而普通列车的长度均有数百米，用压缩空气的压力变化来作为制动和缓解的控制信号时，压缩空气要沿着列车管从列车的头部向列车的尾部传播。空气波的传递速度是 330m/s，这样，在制动和缓解时，列车尾部与列车头部的车辆在产生制动和缓解作用的时间上有较大的时间差。假设一列车长度为 660 米，则列车最尾部车辆相比列车最前部车辆产生制动和缓解的作用要足足晚 2 秒钟。即使是相邻的两节车辆，在制动和缓解的时间上也不一致，只是由于距离相对较近而时间差相对较小。

在制动时，由于后部车辆比前部车辆后产生制动力，导致后部车辆向前挤压前部车辆；而在缓解时，前部车辆比后部车辆先缓解，导致后部车辆向后拉前部车辆。这种前后车辆制动和缓解的不一致性不仅会导致制动和缓解时，列车纵向产生冲击力，而且缓解时，前后车辆相互间的拉力容易将车钩拉断，对行车安全造成威胁。

电空制动机仍用压力空气作为制动的动力来源，但它用电来操纵制动装置的制动、保压和缓解等作用。最简单的电空制动机是在空气制动机的基础上加装电磁阀等电气控制部件，用电来操纵制动机的作用。与空气制动机相比，其最大优点是全列车能迅速发生制动或缓解作用，列车前、后的动作一致性比较好。

一、电空制动机结构和原理

1. 缓解位

如图 2-4 所示是电空制动机处在缓解位的原理示意图，此时，制动导线和缓解导线均不供电，制动线圈和缓解线圈均失电，制动阀和缓解阀均处在下端位，形成两条气路，一路是制动缸里面的压缩空气依次经缓解阀室、缓解管、三通阀或分配阀排入大气；另一路是制动管里的压缩空气经三通阀或分配阀进入副风缸储存。由于制动阀处在下端位，堵住了制动阀室下端口，故此时，副风缸里的压缩空气不能经过制动阀室充入制动缸。制动缸缓解。

2. 制动位

如图 2-5 所示是电空制动机处在制动位的原理示意图，此时，制动导线和缓解导线均供电，制动线圈和缓解线圈均得电，由于制动线圈和缓解线圈所产生的磁力，使制动阀和缓解阀均处在上端位，副风缸里的压缩空气依次经制动阀室、制动缸管进入制动缸，产生制动力。此时由于缓解阀处在上端位，堵住了缓解阀室上端口，也就切断了制动缸里压缩空气排大气的通路。

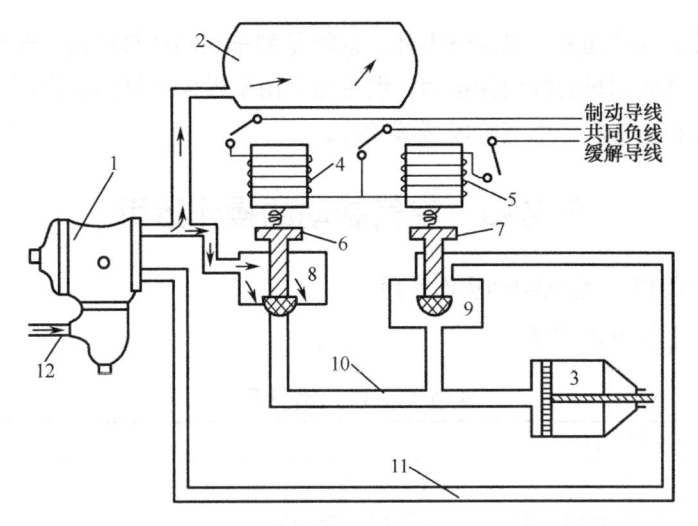

1—三通阀或分配阀；2—副风缸；3—制动缸；4—制动线圈；5—缓解线圈；6—制动阀；7—缓解阀；8—制动阀室；

9—缓解阀室；10—制动缸管；11—缓解管；12—制动管

图 2-4 电空制动机充气缓解作用位

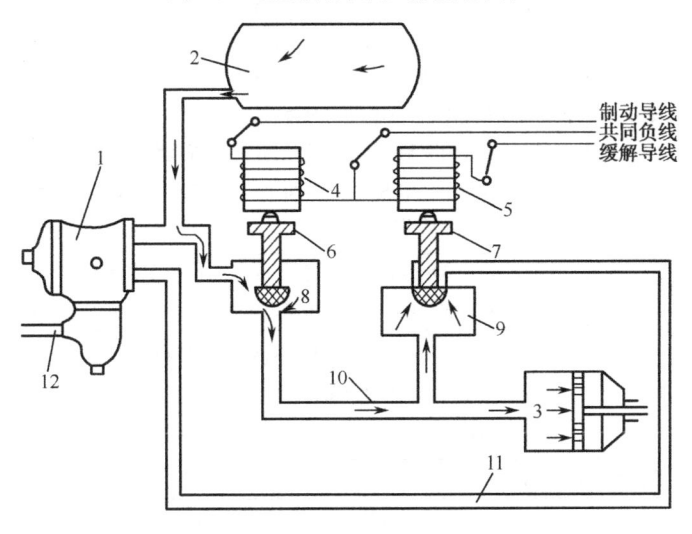

图 2-5 电空制动机制动作用位

3．保压位

保压位时，制动线圈失电，而缓解线圈仍得电，此时，制动阀处在下端位，切断了副风缸往制动缸的通路，缓解阀处在上端位，切断制动缸到缓解管的通路。制动缸成为一个封闭的空间，制动缸里面的压缩空气的压力保持不变，从而形成保压位。

二、电空制动机的特点

（1）电空制动机用电作为信号来控制制动缸的空气压力，而不是依靠列车管压力的变化来控制制动缸的空气压力。

（2）电的传播速度约每秒三十万千米，因此，采用电空制动时，车辆前部和后部制动

机产生制动和缓解的时间差可以忽略不计，也就是列车制动和缓解的一致性好，从而避免了制动和缓解的时候列车的纵向冲击力，也避免了由于过大的纵向拉力而导致的断钩事故。

（3）有阶段制动功能，也有阶段缓解功能。

任务四　空气制动的操作运用

【操作运用案例】　空气制动操作运用

1. 实训项目教师工作活页

实训项目教师工作活页　　　　　　　　　　　　　　　NO：____

实训项目	空气制动的操作运用				
学　时	2		班　级	略	
实训场所	机车车辆设备综合仿真实验室或车辆维修基地现场				
工具设备	三通阀、电空阀、制动阀、机车、车辆实物或模型、多媒体设备课件、图片、示教板、计算机多媒体设备等				
教学目标	专业能力	（1）能说出直通式空气制动机的结构、作用原理和特点 （2）能对 DK-1 型制动阀进行分解组装 （3）能说出自动式空气制动机的结构、作用原理和特点 （4）能对 GK 型三通阀进行分解组装 （5）能说出电空制动机的基本结构、作用原理和特点 （6）能在机车、车辆实物或模型上对直通式、自动式和电空制动机各组成部件从车辆上进行拆解，然后组装			
教学目标	方法能力	（1）能综合运用专业知识，通过利用专业书籍、多媒体课件和图片资料获得帮助信息 （2）能根据实训项目学习任务确定实训方案，从中学会表达及展示活动过程和成果			
	社会能力	（1）能在实习训练活动中保持积极向上的学习态度 （2）能与小组成员和教师就学习中的问题进行交流和沟通 （3）能与他人共享学习资源，具有较好的合作能力和团队协作精神			
教学活动	略（详见教学活动设计）				
教学评价	学生活动：① 以 5~7 人小组为单位开展实训活动，根据本组同学在实训过程中的能力表现及结果进行自评组内互评；② 根据其他小组同学在成果展示活动中的表现及结果进行互评 教师活动：① 教师组织学生开展评价活动和总结；② 对学生本实训项目单元成绩做出综合评价				
教学资料	（1）城市轨道交通车辆制动系统教材 （2）城市轨道交通运输设备教材 （3）实训项目学生学习活页（附页）				
指导教师			教学时间	年　　月　　日	

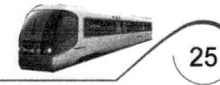

2. 实训项目学生学习活页

实训项目学生学习活页　　　　　　　　　　　　NO：_____

实训项目　空气制动的操作运用

班级：_____　姓名：_____　学号：_____　时间：_____

一、实训目标

1．专业能力目标

（1）能说出直通式空气制动机的结构、作用原理和特点

（2）能对 DK-1 型制动阀进行分解组装

（3）能说出自动式空气制动机的结构、作用原理和特点

（4）能对 GK 型三通阀进行分解组装

（5）能说出电空制动机的基本结构、作用原理和特点

（6）能在机车、车辆实物或模型上对直通式、自动式和电空制动机各组成部件从车辆上进行拆解，然后组装

2．方法能力目标

（1）能综合运用专业知识，通过利用专业书籍、多媒体课件和图片资料获得帮助信息

（2）能根据实训项目学习任务确定实训方案，从中学会表达及展示活动过程和成果

3．社会能力目标

（1）能在实习训练活动中保持积极向上的学习态度

（2）能与小组成员和教师就学习中的问题进行交流和沟通

（3）能与他人共享学习资源，具有较好的合作能力和团队协作精神

二、知识总结

1．简要说出直通式空气制动机的结构、作用原理和特点

2．简要说出自动式空气制动机的结构、作用原理和特点

3．简要说出电空制动机的基本结构、作用原理和特点

续表

三、操作运用

1. 下图为三通阀的三个不同的作用位置，根据图完成下面填空

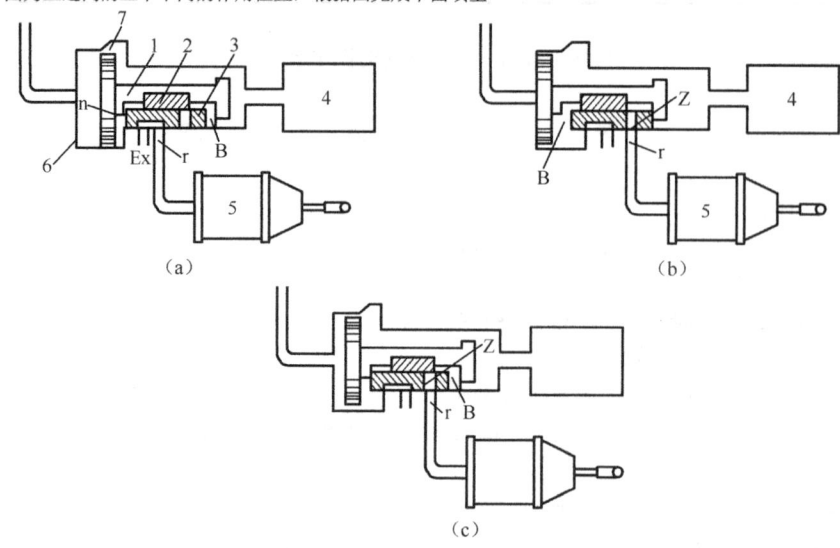

（a）是_____位；（b）是_____位；（c）是_____位。

2. 将制动阀从机车上拆除并分解，然后组装并试验制动作用良好后重新安装回机车上

3. 将三通阀从机车上拆除并分解，然后组装并试验制动作用良好后重新安装回机车上

四、实训小结

_____
_____

五、成绩评定

1. 学生评价

评价等级	A—优	B—良	C—中	D—及格	E—不及格
学生自评					
组内互评					
他组互评					

续表

2. 教师评价

评价等级	A—优	B—良	C—中	D—及格	E—不及格
专业能力					
方法能力					
社会能力					

3. 综合评价

评价等级	A—优	B—良	C—中	D—及格	E—不及格
评价结果					

注：按照学生自评占10%，组内互评占10%，他组互评占20%，教师评价60%的比例计分。其中，A—100分，B—85分，C—75分，D—60分，E—50分。

4. 评价量规

等　级	行为表现描述
A	能圆满高效地完成实训任务的全部内容
B	能顺利完成实训任务的全部内容
C	能完成实训任务的全部内容，但需要一些帮助和指导
D	自己只能完成实训任务的部分内容，但在现场的指导下，已经能完成任务的全部内容
E	不能完成实训任务的全部内容

课后巩固

1. 简述直通式空气制动的结构和作用原理。
2. 简述自动式空气制动机的结构和作用原理。
3. 自动式空气制动机比直通式空气制动机有哪些优点？
4. 简述电空制动的基本结构和原理。
5. 电空制动比空气制动有哪些优点？

项目三 动力制动与电磁制动

城市轨道交通站间距离短,并且列车停站采用站站停的方式,这就需要城市轨道交通车辆频繁地采用制动。空气制动对制动部分的机械部件有磨耗,使得维护和保养的成本增加;空气制动所产生的粉尘、热量以及噪声都不利于地铁隧道内的环境。电制动对于车辆部件没有磨耗,制动能量可再利用(再生制动),由于这些优点,现代城市轨道交通车辆普遍采用电制动与空气制动的联合制动方式,并且优先使用电制动。电制动又称为动力制动。

磁轨制动是依靠电磁力来产生制动力的一种制动方式。它不同于动力制动。动力制动在制动时不需要额外给制动系统供电,相反,动力制动的过程还会生产电能;而电磁制动需要给制动系统的电磁线圈供电,使其产生电磁力,靠电磁力来产生制动力。

任务一 认知动力制动

学习目标

(1)熟知电阻制动的基本结构和作用原理;
(2)熟知再生制动的基本结构和作用。

学习任务

认知动力的基本作用原理,包括电阻制动和再生制动的结构组成、作用原理,工作特点。

工具设备

城市轨道交通车辆模拟驾驶装置、城市轨道交通车辆实物、多媒体设备课件、图片、示教板、计算机多媒体设备等。

教学环境

轨道交通车辆理实一体化教室、车辆维修基地或现场。

基础知识

所谓动力制动,就是在列车制动时,将所有牵引电机的电动机工况转变为发电工况,消耗列车的动能来发电,从而使列车减速,达到制动的目的。从能量的角度看,动力制动是将列车的动能转变为电能,制动过程中,列车动能减少,从而列车减速;从力的角度看,制动时电机转变成了发电工况，不再给转子通电，但转子仍然随着列车的车轮在转动，转子在定子形成的磁场中转动，受到磁场的阻力，这就是电制动时的制动力。

按照对制动时产生的电能的处理方式不同，动力制动又分为电阻制动和再生制动。电阻制动是将制动时发出的电能在电阻器上以热量的形式消耗掉；再生制动是将制动时发出的电能反馈回接触网。

一、电阻制动

电阻制动系统在结构上的显著特点是主回路中有一个制动电阻，其主回路如图 3-1（新干线 100 系动车组）所示。

司机制动控制手柄或列车自动控制系统 ATC 发出制动指令后，制动控制装置首先对列车运行速度进行判断。当速度大于 5km/h 时，制动主回路构成（PB 转换器转为制动位置），然后制动接触器动作（B11 闭合、P11 打开、P13 打开），随后依次是励磁削弱接触器打开、预励磁接触器投入，最后，断路器投入（L1 闭合）。

此时，电枢绕组、励磁绕组和主电阻器构成电阻制动主回路，并使电流向增加原牵引剩磁的方向流动，再由主电阻器将电枢转动发出的电能变为热能消散掉。

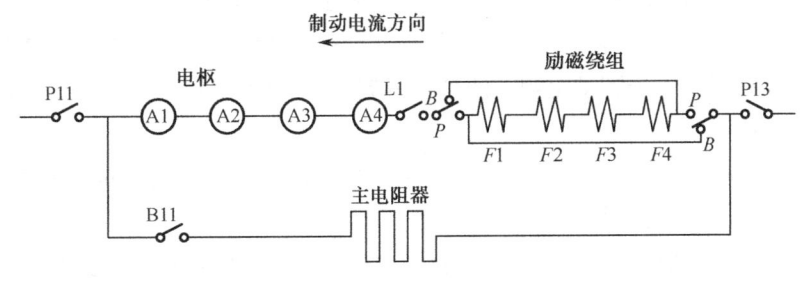

图 3-1 电阻制动的原理

1. 直流制列车电阻制动的结构和原理

在各种形式的制动中，电气制动是一种较理想的动力制动方式，它是建立在电动机的工作可逆性基础上的。在牵引工况时，电动机从接触网吸收电能，将电能转换为机械能，产生牵引力，使列车加速或在上坡的线路上以一定的速度运行；在制动工况时，列车停止从接触网受电，电动机改为发电机工况，将列车运行的机械能转换为电能，产生制动力，使列车减速或在下坡线路上以一定的限速度运行。

再生制动失败，列车主电路会自动切断反馈电路转入电阻制动电路。这时由列车运行电能转换成的电能将全部消耗在列车上的电阻器中，转变为热能散发到大气中去。因此，电阻制动又称为能耗制动。图 3-2 所示为一个直流斩波控制电阻制动电路。斩波控制器（GTO）按制动控制指令不断改变导通角，调节制动电压和电流的大小。电路中的电阻（$R_7 \sim R_9$）也根据制动电流调节需要，按照车速的逐步减低而逐级短接，最后全部切除。

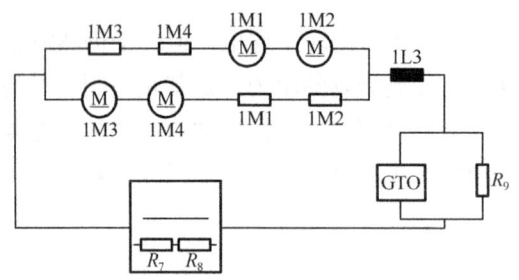

图 3-2 直流斩波控制电阻制动电路

但直流斩波控制电阻制动电路也有多种，不完全相同。北京地铁 DK 型列车的主电路采用的是直流斩波器调阻和串接直流电动机方式，其动力（电气）制动是纯电阻制动。它的动力制动调节方法与上海直流制列车的直流斩波控制电阻制动电路不同：斩波器通过控制导通角改变制动电路中某个制动电阻的电阻值，以此调节制动电流，使列车保持制动力恒定。这种制动电路的缺点是不能进行再生制动。

2. 交流制列车电阻制动的结构和原理

交流制列车电阻制动的原理与直流制列车基本相同，只是控制设备不仅有直流斩波器，还有三相逆变器；不仅要调节制动电流、电压，还要调节频率。

如图 3-3 所示，城轨车辆每节动车装备有一个三相调频调压逆变器（VVVF）、一个牵引控制单元（DCU）、一个制动电阻、四个自冷式三相交流电动机 M1、M2、M3、M4（每轴一个，互相并联）。

如果制动列车所在的接触网供电区段内无其他列车吸收电制动能量，VVVF 则将能量反馈在线路电容上，使电容电压 XUD 迅速上升，当 XUD 达到最大设定值 1800V 时，DCU 启动能耗斩波器模块 A14 的门极关断晶闸管 GTO:V1，GTO 打开制动电阻 RB，制动电阻 RB 与电容并联，将发电机上制动能量转变成热能消耗掉，此过程称为电阻制动（也称能耗制动）。电阻制动能单独满足常用制动的要求。

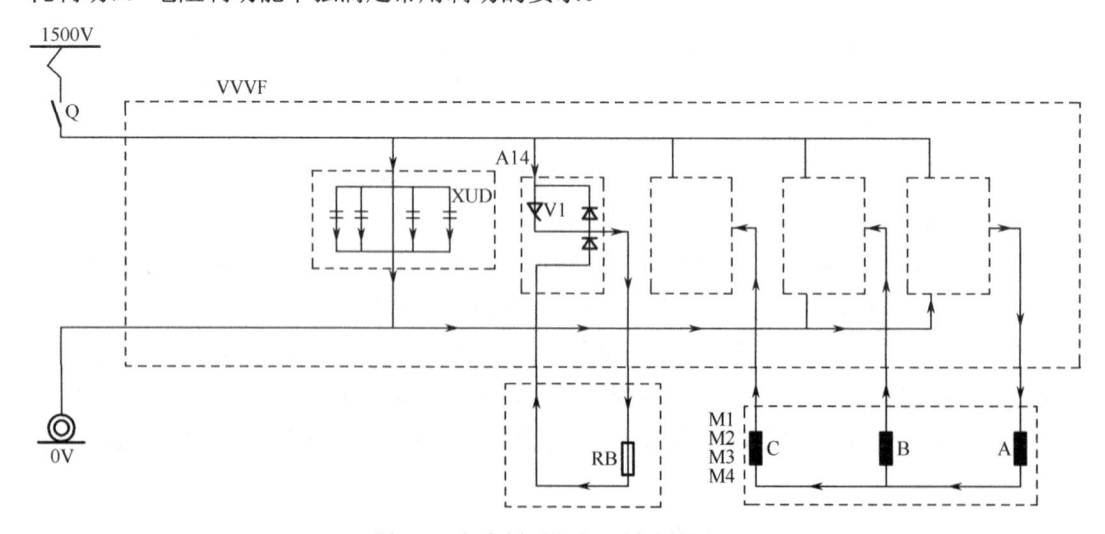

图 3-3 交流制列车电阻制动的原理

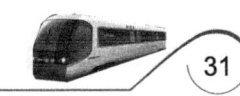

电阻制动是承担电动机电流中不能再生的那部分制动电流。再生制动电流加电阻制动电流等于制动控制要求的总电流,此电流受电动机电压的限制。再生制动与电阻制动之间的转换由 DCU 控制,能保证它们连续交替使用,转换平滑。

制动电阻安装在车体底架上的牵引逆变箱外,是由不会被磁化的镍铬合金制成的,由一个 1500W 三相风机强迫风冷。制动电阻内有一个惠斯通电桥监测装置提供超温报警。监测装置的输出信号传送给牵引控制单元 DCU。

电制动具有独立的滑行保护功能。由于四台电动机是并联的,因此当 DCU 检测出任意一根轴发生滑行时,DCU 只能对四台电动机进行同步控制,同时降低或切除四台电动机的电制动力。

电制动是将列车运动的电能转变为电能后,再变成热能消耗掉或反馈回电网的制动方式。因为电气制动具有摩擦部件少(仅有轴承)、维修工作量少、可以反复使用等优点,所以担负着车辆制动减速时的大部分能量。但也有由于增加控制装置和制动电阻等设备使重量增加和条件不具备就不能产生制动作用(电气制动失效的)的缺点。为提高可靠性,动车组或城轨车辆应该具有在由于某种原因使电制动系统不能工作时,能够切换到摩擦制动系统的控制功能。

二、再生制动

再生制动系统的组成与牵引传动系统一致,包括受电弓、主变压器、变流器和电机等。由于不使用主电阻器,可使车辆的质量减轻。其主回路如图 3-4 所示(新干线 700 系动车组,3 辆车为一个单元)。

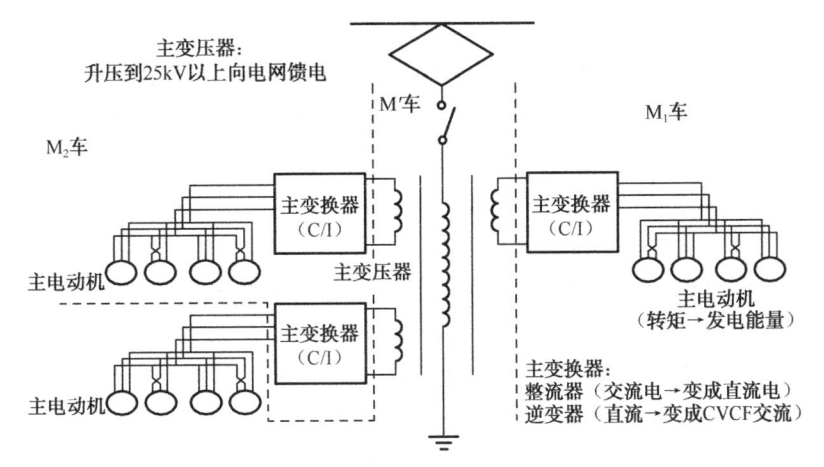

图 3-4 再生制动的原理

再生制动与电阻制动相似,也是在制动时将牵引电动机变为发电机运行:交流电机将列车动能变为三相交流电,主变换器(包含整流器和逆变器)将此三相交流电转换为单相交流电,单相交流电再由主变压器变压后经受电弓回馈到电网,由正在牵引运行的动车组接受和利用。

1. 直流再生制动的结构和原理

车辆进行电气制动时，首先应该是再生制动，即向供电网反馈电能。如果接触网电压过高或在同一供电区无其他车辆吸收反馈能量，则电路转为电阻制动，把能量消耗在电阻器上。图 3-5 所示为上海地铁一号线直流制列车的再生制动示意图。该列车主电路采用直流斩波器调压和串接直流电动机方式。直流斩波器调压和串接直流电动机的牵引方式将在列车牵引技术课程中讲述，这里只介绍制动工况。当一个直流斩波器控制的"两串两并"四个电机的主电路由牵引工况转换成电制动工况时，原先的各自电枢和励磁绕组串联的两个支路，现在转换成交叉励磁，也就是电机自己的励磁绕组去激励另一支路的电机电枢，而另一支路电机的励磁绕组来激励本机电枢。

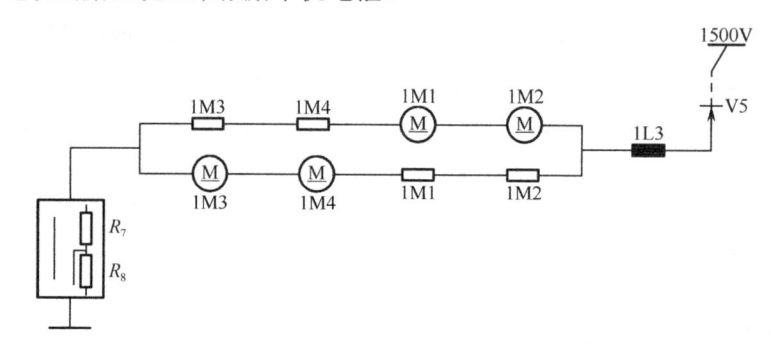

图 3-5 直流制列车的再生制动示意图

采用这种交叉励磁方法的目的是提高电路的电气稳定性。虽然这种交叉励磁电路看起来具有他励（对每一组的电枢绕组而言）的性质，但由于电机型号和参数相同，实际上还是具有串励的特性，因为励磁绕组与电枢还是串联连接，只不过不是同一电机罢了。在制动回路中还需介入一个预励磁电路，因为当回路由牵引工况转为制动工况时，原先剩磁方向必须改变，为此必须对电机预先他激励磁，以便使电机建立起发电机工况的初始电压。

实施再生制动必须满足以下两个条件。

（1）再生（反馈）电压必须大于电网电压；

（2）再生电能可由本列车的辅助电源吸收，也可以由同一电网的其他列车吸收，这一条件不能由再生制动车辆自己创造，而取决于外界运行条件。

再生制动电路建立后，电机接通负载就会有制动电流，制动电流产生制动力使列车减速。但列车减速会使电机电枢转速下降，引起电机的电枢电势下降，从而使制动电流和制动力下降。制动电流的下降还会使平波电抗器的感应电势减小，达不到再生制动的第一个条件。为保证恒定的制动力矩和足够的反馈电压，在上述的直流制动列车制动时，直流斩波器按列车控制单元及制动控制单元的指令，不断调节斩波器导通比，无级、均匀地控制制动电流，使制动力和再生制动电压持续保持恒定。当车速较高时，制动电流较大，再生制动电路需串入较大的电阻，并且将斩波器导通角控制得较小，以控制制动电流不能太大；当车速太低时，制动电流较小，再生制动电路会在调节过程中逐级切断电阻，并将斩波器全导通,以提高制动电流并维持反馈电压。在列车进行再生制动时,再生制动产生的电能有时并不能完全反馈给电网,这时也需要将部分电能消耗在电阻器上,以保持制动恒定。

2. 直-交电路再生制动的结构和原理

交流制列车进行再生制动时,主电路连接方式不需改变,因为异步电机的旋转磁场如果落后于转子速度,即转差小于 0,三相异步电动机工况就改变为三相交流发电机工况。

在列车运行过程中,如果外力(如下坡)使车轮(也就是电机转子)加速,或人为控制定子频率降低,使转子频率高于定子频率,即可改变其牵引状态而处于制动状态。

制动时(见图 3-6,右侧电动机为三相交流牵引电动机),牵引逆变器控制旋转磁场,定子中的感应电流经流二极管(VD1~VD6)的整流向电容(C_d)及直流电源侧反馈。这样,牵引逆变器原来的输入端变为输出端,列车的动能转换成了电能。直流端输出的电能可以被本列车的辅助电源吸收或被相邻的列车牵引使用,这就是全部的再生制动。

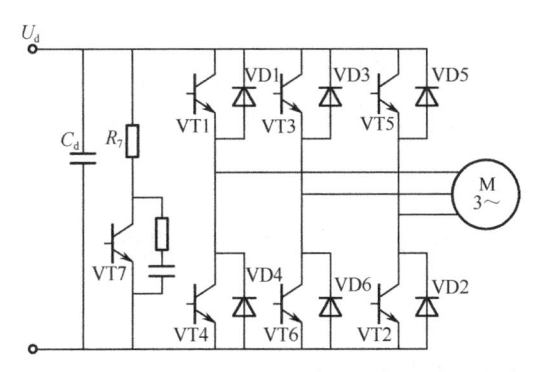

图 3-6 交流制列车的直-交逆变电路

但如果反馈的电能不能被吸收,储存在三相逆变器中间环节电容(C_d)上的电能会造成直流电压(U_d)急剧升高,该电压称为泵升电压,有可能瞬时击穿逆变器元件。因此,必须在电容边并联一个斩波调阻电路(R_7 和 VT7),当直流侧电压高于 1800V 时,斩波器(VT7)开通,将再生制动电流消耗在电阻器(R_7)上,这就变成电阻制动了。斩波器配合牵引逆变器,根据电机制动特性限制和调节制动电流,使电机保持恒转差率和恒转矩控制模式。这时电流制动转为部分电阻制动或全部电阻制动。

列车由运动状态逐渐减速直至停止的控制大致经历三个模式,即恒转差模式(恒电压、恒转差频率)、恒转矩 1(恒转矩 1、恒电压)模式和恒转矩 2(恒转矩 2、恒磁通)模式。

(1)恒转差率控制模式

在高速时开始制动,此时三相逆变器电压保持恒定最大值,转差频率保持恒定最大值。随着列车速度的下降,减小逆变频率。电机电流与逆变频率成反比增加,制动力与逆变频率的平方成反比增加。当电机电流增大到与恒转矩相符合的值时,将进入恒转矩控制。但

当电机电流增大到逆变器的最大允许值时,则从电机电流增大到该最大值的时刻起保持电机电流恒定,在一个小区段内用控制转差频率的方法进行恒流控制。在这种情况下,制动力将随逆变频率成反比增加。

(2) 恒转矩 1 模式

逆变器电压保持恒定最大值,控制转差频率与逆变频率的平方成反比,随着速度的下降,减小逆变频率,则转差频率变小至最小值。电机电流与逆变器频率成正比减小,制动力保持恒定。

(3) 恒转矩 2 模式

转差频率保持恒定最小值,此时电机电流亦保持恒定。随着车辆速度的下降,减小逆变频率。同时采用 PWM 控制减小电机电压,即保持 V/f_1 恒定,则磁通恒定,制动力恒定。

一般制动工况下,列车由高速减至 50km/h 期间,大约处于恒电压、恒转差频率区;由 50km/h 减速至完全停车期间,理论上大约处于恒转矩控制区。但实际上,在 10km/h 以下的某个点,再生制动力会迅速下降,所以当列车减速至 10km/h 以下后,为保持恒制动力需要逐步补充摩擦制动。

列车在下较长距离和较大距离的坡道时,如果重力作用使列车加速运行,这种加速会使动车上的感应电机转子转速超过旋转磁场转速。列车会自动进入制动工况,制止转速的进一步增加。

任务二　认知电磁制动

📖 学习目标

(1) 熟知磁轨制动的基本结构和作用原理;
(2) 熟知涡流制动的基本结构和作用。

📚 学习任务

认知磁轨制动的基本结构和作用原理,认知涡流制动的基本结构和作用原理。

🧰 工具设备

城市轨道交通车辆模拟驾驶装置、城市轨道交通车辆实物、多媒体设备课件、图片、示教板、计算机多媒体设备等。

🏫 教学环境

轨道交通车辆理实一体化教室、车辆维修基地或现场。

👷 基础知识

电磁制动是用电磁铁的磁力来产生制动力的一种制动方式,电磁制动具有结构简单、易于控制、制动力大等优点,尤其是其中的磁轨制动和轨道直线涡流制动,其制动力的大小不受轮轨间黏着力的限制，突破了传统制动方式制动力受轮轨黏着力限制的局限性，为实现大制动力创造了条件。

一、磁轨制动

磁轨制动又称为轨道电磁制动（见图3-7）。这种制动方式是在转向架前后两轮对之间的侧梁下装置升降风缸，风缸顶端装有一个电磁铁靴。电磁铁靴包括电磁铁和磨耗板。电磁铁靴悬挂安装在距轨面适当高度处，制动时接通励磁电源使电磁铁（磨耗板）产生电磁吸力，电磁铁（磨耗板）与钢轨之间的吸引力克服升降风缸的拉力，使电磁铁（磨耗板）吸附在钢轨上，并通过磨耗板与轨道摩擦产生制动作用。这种制动不受轮轨间黏着系数的限制，能在保证旅客舒适性的条件下有效地缩短制动距离。但磨耗板与轨道摩擦会产生很大的热量，对钢轨的磨损也很大。这种装置在有轨电车和轻轨上使用较多，因为其制动距离短，而且简单可靠。由于磁轨制动能获得较大的制动力并且与轮轨间黏着系数无关，所以在高速动车上通常装有磁轨制动，但仅在紧急制动时使用。如图3-8所示是磁轨制动的实物。

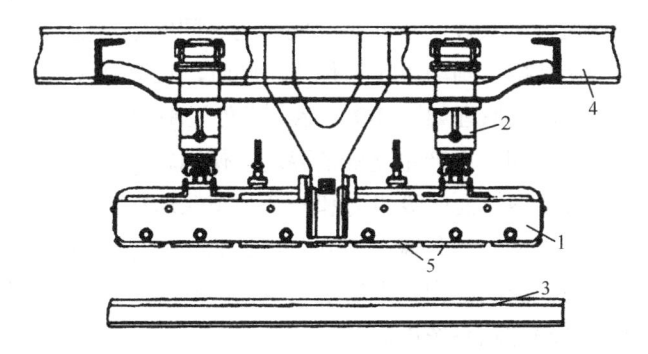

1—电磁铁；2—升降风缸；3—钢轨；4—转向架构架侧梁；5—磨耗板

图3-7　磁轨制动

图3-8　磁轨制动实物

磁轨制动的制动力大小取决于制动时电磁铁磁力的大小，即电磁铁励磁电流的大小，因此调节励磁电流的大小就可以调节制动力的大小，制动力易于控制。制动时电磁力越大，电磁铁（磨耗板）作用在钢轨上的正压力越大，从而摩擦力也越大，制动力越大。

缓解时，切断励磁电流，电磁铁失磁，与钢轨间的吸引力消失，在升降风缸的作用下，电磁铁（磨耗板）向上回缩到原始位置，离开钢轨踏面。

二、电磁涡流制动

磁轨制动的优点是制动力大，不受轮轨间黏着系数的限制，但与钢轨的磨耗很大，这也是它的主要缺点。为了发挥它的优点，避免缺点，人们又创造出了电磁涡流制动。

电磁涡流制动是利用电磁涡流在磁场下产生洛伦兹力，而洛伦兹力方向与物体运动方向相反的物理原理创造的一种电磁制动方式。电磁涡流制动具有无摩擦、无噪声、体积小、制动力大的优点。目前，车辆利用电磁涡流制动的方式主要有轨道直线涡流制动和盘形涡流制动。

1. 轨道直线涡流制动

轨道直线涡流制动通过对安装于转向架两侧车轮之间的条形磁铁励磁，在钢轨上产生涡流使车辆制动，具有无摩擦、制动迅速等优点。同时，轨道直线涡流制动装置可增加车辆轴重，提高车辆黏着力，其原理如图3-9所示。当处于制动状态时，由于电磁铁的N极和S极相对于钢轨运动，在钢轨内产生交变的磁场，使钢轨头部产生涡流，涡流与电磁铁相互作用，产生一个垂直于钢轨面的吸引力和一个与车辆运行方向相反的制动力；垂直于轨面的力可增加车辆的黏着力，与车辆运行方向相反的力就是电磁涡流制动力。但轨道涡流制动如果要得到很大的涡流制动力，则需要很庞大的制动装置。这种轨道涡流制动装置应用于上海磁浮列车的制动控制系统中。

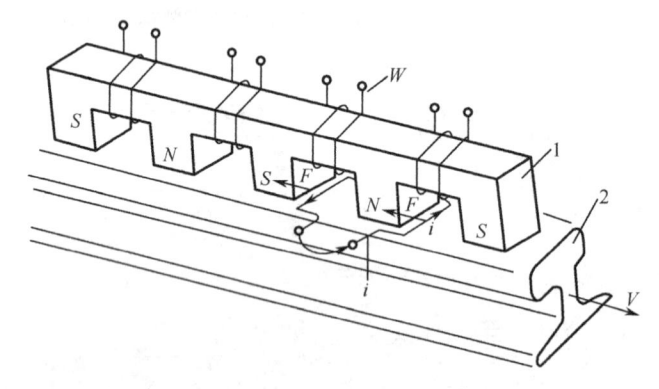

1—电磁铁；2—钢轨；W—励磁线圈；F—制动力

图3-9 轨道直线涡流制动

2. 盘形涡流制动

盘形涡流制动利用安装在车轴上的圆盘切割磁力线产生涡流和洛伦兹力，根据产生磁场的机理可分为电磁涡流盘形制动和永磁涡流盘形制动两类，如图3-10所示。

1—制动盘；2—电磁铁

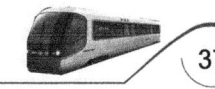

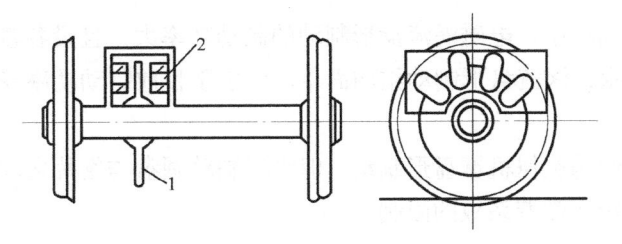

图 3-10　盘形涡流制动的基本结构

日本新干线的高速电动车组采用的电磁涡流盘形制动原理如图 3-11 所示。该图中 I_F 为励磁电流，使电磁铁心在制动工况下产生所需要的磁场；n 为轮对旋转速度；T_B 为制动力。

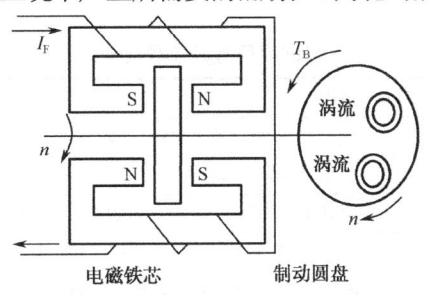

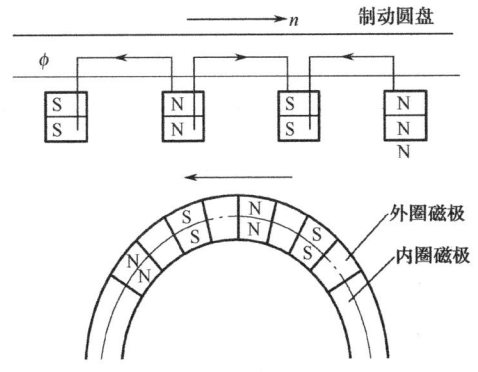

图 3-11　电磁涡流盘形制动原理

电磁涡流盘形制动装置安装于电动车组的拖车上，利用相邻车辆牵引电机的主电路电源作为励磁电源。

永磁涡流盘形制动利用永久磁铁代替电磁铁线圈产生电磁场，制动圆盘在磁场中产生涡流阻止磁场增加，产生制动转矩。日本铁道综合研究所试验的永磁涡流盘形制动原理如图 3-12 所示。永磁涡流盘形制动装置的制动圆盘安装于转轴上，定子为永磁圆盘。永磁圆盘分为内圈圆盘和外圈圆盘，配置有内、外两圈磁轭。两圈磁轭内均交错放置 N 极和 S 极的永久磁铁。车辆正常运行时，外圈和内圈的永久磁铁极性为异性排列在一起，磁通在极片和磁轭内构成闭合磁路、不穿越制动圆盘，因而不产生制动转矩。车辆制动时，内、外圈的永久磁铁极性为同性排列，永久磁铁通过极片和制动圆盘构成磁路。制动圆盘随转轴转动，切割磁力线产生涡流和制动转矩，改变极片相对位置可以调节制动转矩的大小。

图 3-12　永磁涡流盘形制动

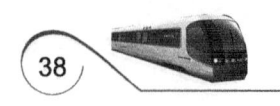

两种盘形涡流制动中,电磁涡流盘形制动的制动功率大,且设备较多,已在日本新干线得以广泛应用;永磁涡流盘形制动结构简单,但由于目前制动功率受到一定限制,尚处于试验阶段。

盘形涡流制动结构类似机械盘形制动,但没有制动圆盘与闸片之间的磨耗。对列车制动来说,还需受到轮轨黏着系数的限制。

任务三　动力制动与电磁制动的操作运用

【操作运用案例】 动力制动与电磁制动的操作运用

1. 实训项目教师工作活页

实训项目教师工作活页　　　　NO：_____

实训项目	动力制动与电磁制动的操作运用			
学　时	2	班　级	略	
实训场所	机车车辆设备综合仿真实验室或车辆维修基地现场			
工具设备	机车、车辆实物或模型、多媒体设备课件、图片、示教板、计算机多媒体设备等			
教学目标	专业能力	(1) 能说出电阻制动的结构、原理和控制方式 (2) 能说出再生制动的结构、原理和控制方式 (3) 能说出磁轨制动的结构、原理和控制方式 (4) 能说出涡流制动的结构、原理和控制方式		
教学目标	方法能力	(1) 能综合运用专业知识,通过利用专业书籍、多媒体课件和图片资料获得帮助信息 (2) 能根据实训项目学习任务确定实训方案,从中学会表达及展示活动过程和成果		
	社会能力	(1) 能在实习训练活动中保持积极向上的学习态度 (2) 能与小组成员和教师就学习中的问题进行交流和沟通 (3) 能与他人共享学习资源,具有较好的合作能力和团队协作精神		
教学活动	略(详见教学活动设计)			
教学评价	学生活动:① 以5~7人小组为单位开展实训活动,根据本组同学在实训过程中的能力表现及结果进行自评组内互评;② 根据其他小组同学在成果展示活动中的表现及结果进行互评 教师活动:① 教师组织学生开展评价活动和总结;② 对学生本实训项目单元成绩做出综合评价			
教学资料	(1) 城市轨道交通车辆制动系统教材 (2) 城市轨道交通运输设备教材 (3) 实训项目学生学习活页(附页)			
指导教师		教学时间	年　　月　　日	

2. 实训项目学生学习活页

实训项目学生学习活页　　　　　　NO：_____

实训项目　动力制动与电磁制动的操作运用

班级：_____　姓名：_____　学号：_____　时间：_____

一、实训目标

1. 专业能力目标

（1）能说出电阻制动的结构、原理和控制方式

（2）能说出再生制动的结构、原理和控制方式

（3）能说出磁轨制动的结构、原理和控制方式

（4）能说出涡流制动的结构、原理和控制方式

2. 方法能力目标

（1）能综合运用专业知识，通过利用专业书籍、多媒体课件和图片资料获得帮助信息

（2）能根据实训项目学习任务确定实训方案，从中学会表达及展示活动过程和成果

3. 社会能力目标

（1）能在实习训练活动中保持积极向上的学习态度

（2）能与小组成员和教师就学习中的问题进行交流和沟通

（3）能与他人共享学习资源，具有较好的合作能力和团队协作精神

二、知识总结

1. 简要说出电阻制动的结构、原理和控制方式

2. 简要说出再生制动的结构、原理和控制方式

3. 简要说出磁轨制动的结构、原理和控制方式

4. 简要说出涡流制动的结构、原理和控制方式

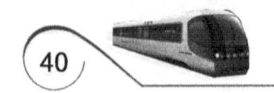

续表

三、操作运用

1. 根据下图叙述直-交电路的再生制动时的工作原理和电流控制

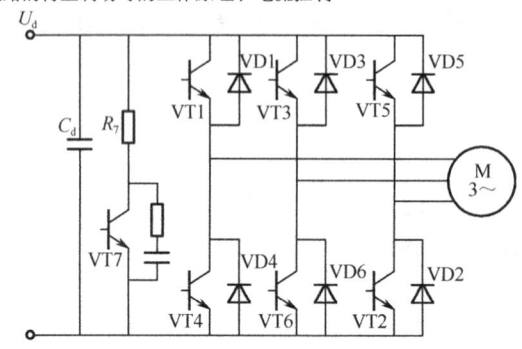

2. 下图为磁轨制动的结构原理图,指出其各部分结构的名称

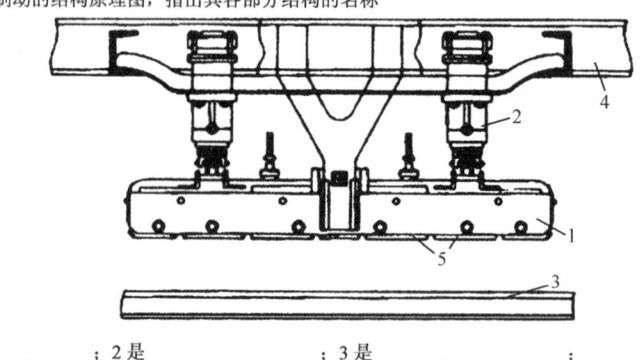

1是_____;2是_____;3是_____;
4是_____;5是_____。

四、实训小结

续表

五、成绩评定

1. 学生评价

评价等级	A—优	B—良	C—中	D—及格	E—不及格
学生自评					
组内互评					
他组互评					

2. 教师评价

评价等级	A—优	B—良	C—中	D—及格	E—不及格
专业能力					
方法能力					
社会能力					

3. 综合评价

评价等级	A—优	B—良	C—中	D—及格	E—不及格
评价结果					

注：按照学生自评占10%，组内互评占10%，他组互评占20%，教师评价60%的比例计分。其中，A—100分，B—85分，C—75分，D—60分，E—50分。

4. 评价量规

等级	行为表现描述
A	能圆满高效地完成实训任务的全部内容
B	能顺利完成实训任务的全部内容
C	能完成实训任务的全部内容，但需要一些帮助和指导
D	自己只能完成实训任务的部分内容，但在现场的指导下，已经能完成任务的全部内容
E	不能完成实训任务的全部内容

课后巩固

1. 简述电阻制动的结构和作用原理。
2. 简述再生制动的结构和作用原理。
3. 简述磁轨制动的结构和作用原理。
4. 简述直线涡流制动的结构和作用原理。
5. 简述盘形涡流制动的结构和作用原理。

项目四　供气系统

供气系统是向整个列车提供压缩空气的气源。它不仅针对空气制动系统，而且也为其他用气部件提供气源，例如气动门、汽笛、空气弹簧（二系悬挂）和刮雨器等。供气系统主要由空气压缩机组、空气干燥器、风缸及其他空气管路部件等组成。

任务一　认知空气压缩机

学习目标

（1）熟知空气压缩机的基本结构；
（2）熟知空气压缩机的作用原理；
（3）熟知活塞式空气压缩机的检修工艺；
（4）熟知螺杆式空气压缩机的检修工艺。

学习任务

认知城市轨道交通车辆的空气压缩机，主要包括城市轨道交通车辆空气压缩机在整个列车中所起的重要作用，空气压缩机在城市轨道交通车辆中的安装位置和数量，空气压缩机的基本结构，空气压缩机的作用原理和空气压缩机的检修工艺。

工具设备

VV120 型空气压缩机实物、模型、螺杆式空气压缩机实物、模型、多媒体设备课件、图片、示教板、计算机多媒体设备等。

教学环境

轨道交通车辆理实一体化教室、车辆维修基地或现场。

基础知识

空气压缩机组是整个供气系统的核心部件，没有空气压缩机就没有气源。

一般城市轨道交通列车是以动车组为单元的，所以供气系统一般也是以动车单元来设置的。每一单元设置一个空气压缩机组，每个机组包括空气压缩机、驱动电机、空气干燥器和压力控制开关等。这些装置都集中安装在动车单元的一个车的底架上，例如上海地铁一号线列车的空气压缩机组都安装在每个单元的 C 车上。

城市轨道交通车辆的供电制式一般为直流 1500V、750V 或 600V。除 1500V 比较高外，750V 和 600V 额定输入电压的直流电动机都比较容易制造，因此制动空气压缩机组的电动机大都采用直流电机，直接由接触网供电。进口车辆的空气压缩机驱动电机也有采用 1500V 直流电机的。电动机通过弹性连轴器驱动空气压缩机。

一、活塞式空气压缩机

（一）活塞式空气压缩机结构原理

下面以上海地铁引进的交流传动车的 VV120 型制动空气压缩机（见图4-1）为例，介绍空气压缩机的结构原理。

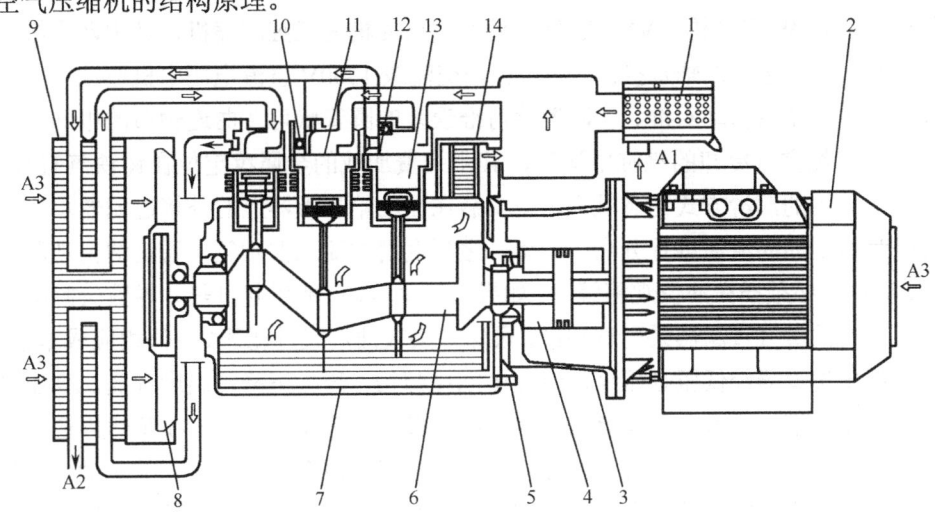

1—进风口过滤器；2—电动机；3—过渡法兰；4—波纹管联轴节；5—油位指示器管；6—曲轴；7—曲轴箱；8—风扇叶轮+柔性连接；9—冷却器；10—出风阀；11—吸入阀；12—安全阀；13—气缸；14—集油器；A1—进风口；A2—出风口；A3—冷却气

图 4-1 VV120/150—1 型活塞式空气压缩机的结构

进入空气压缩机的空气必须先经过空气过滤器使其净化。经过压缩后的空气在存入主储风缸前，还要进行干燥，然后供各用气部件使用。

目前城市轨道交通车辆使用的空气压缩机大多为多级气缸，分低压段和高压段压缩。低压压缩将外界大气压缩至 260kPa 左右，然后进入高压压缩，将压力提高至 1000kPa。每个气缸顶部都设有吸气阀和排气阀，外界大气通过设在空气压缩机进气口处的油浴式过滤器的净化后，被吸入低压气缸进行压缩。为了提高压缩效率，低压气缸输出的压力空气被送到中间冷却器冷却。冷却后的低压空气送至高压气缸进一步压缩，直至空气压力符合要求。高压的压缩空气还必须通过后冷却器冷却，使其温度降低以便通过空气干燥塔进行油水分离。最后，洁净而干燥的高压压缩空气被送至主储风缸进行储存。中间冷却器和后冷却器多为翅片管式冷却器，它们被重叠在一起，采用强迫通风冷却。强迫通风的风源来自安装在曲轴端头的风扇。空气压缩机运行时，其气缸的润滑是依靠焊接在曲轴上的小铁片将曲轴箱内的机油刮起，飞溅到气缸壁上来润滑的。这种润滑方式称为飞溅润滑。采用这种润滑方式会使空气压缩机输出的压缩空气含有一定量的油分,所以必须在最后做油水分离。空气压缩机的启动与停止是由压力开关控制的,压力开关设置一般为 700~850kPa,前者为开启压力,后者为停止压力。气路中还设置了 1000kPa 的安全阀,以防压力开关失效。

VV120 型制动空气压缩机由三个往复式压缩气缸、两个冷却器以及驱动电机组成。在理论上,在 1000kPa 的压力下,它能为列车制动系统每分钟提供大约 950L 的冷却空气。

空气压缩机通过弹簧索弹性地吊在车辆底部,这能有效地为空气压缩机提供缓冲并降低对车体的振动。

空气压缩机是 W 形结构。VV120 型制动空气压缩机为三缸压缩机,其中两个缸为低压缸,一个缸为高压缸。曲轴直接由 380V 三相交流或 1500V 直流电压电机驱动。电机和空气压缩机通过一个带自动对准、可以消除对准误差的圆管状可弯曲连轴节的中间法兰相互连接。活塞在经空气冷却的气缸中运动,其由弹簧加载的金属盘定位在铸铁气缸头上。

该空气压缩机的润滑方式为飞溅润滑。安装在曲轴箱呼吸器上的外接过滤器单元对溅到曲轴箱呼吸器上的润滑油进行分离、干燥,之后润滑油流回曲轴箱。通过油位观测镜可检查油量,测油杆必须插在油位观测镜里,如果油量太少,可能引起过热并导致气缸碳化。

空气压缩机的进气过滤器采用过滤纸,虽然效果较油浴式过滤器好,但相应成本也高。空气先通过纸质过滤器经低压缸压缩,流过中间冷却器,压力下降,温度升高。高压缸对低压空气进一步压缩,经后冷却器流入气路系统,最后由干燥器干燥。在箱体内还有两个桶型吸入式空气过滤器。当空气进入箱体,在进入过滤器前会形成旋转式的运动。这种旋转运动足以分离微小灰尘颗粒。当空气压缩机停机时,这些灰尘颗粒因受重力作用掉落在箱体内的微小空间里。

空气压缩机通过 1000kPa 的安全阀得到过载保护。该机的冷却风扇叶片不直接安装在曲轴端头,而是通过温控液力联合器与轴连接的。连轴器在温度较低时,其内部的液体黏度很低,不传递转矩,只有当液体达到一定温度时,它的黏度上升,才能传递转矩使风扇转动。使用这种温控连轴器可节约一定的能源。

(二) 活塞式空气压缩机的检修

对空气压缩机的检修要求如下:

1. 空气压缩机分解

(1) 先把空气压缩机单元从车体上拆下;

(2) 然后将空气压缩机与电动机分解开;

(3) 分解空气压缩机。

2. 空气压缩机各零部件清洗

(1) 压缩机分解后所有金属部件,用碱性清洁剂清洗;

(2) 橡胶件清洗,需要用温热的肥皂水,以减少对橡胶件的腐蚀,再用清水冲洗,最后用压缩空气吹干;

(3) 然后清洗空气压缩机外表及冷却器叶片并对需要润滑的零部件进行润滑。

3. 检查内部零件是否有损坏

清洗完成后，首先要对压缩机的零部件进行目测检查，检查是否存在裂纹、变形或锈蚀等损伤。

4. 重要部件检修

对于下列重要的部件，还必须进行详细的检查和测量，并根据需要，给予修复或更换。

（1）曲轴检修

① 检查曲轴有无裂纹；

② 检查曲轴的螺纹是否有损坏；

③ 检查连杆支承点有无磨耗，某些轻微拉伤可经抛光修复；

④ 如果支承点磨耗严重或是褪色严重，或是实际尺寸已超出极限，则要更换整个曲轴。

（2）活塞和活塞销检修

① 检查活塞表面，如出现较大的拉伤，则要更换整个活塞；

② 检查活塞销有无拉伤和擦伤。其表面应该平滑无拉伤，否则应更换活塞销；

③ 如果活塞或活塞销的实际尺寸超出了其报废尺寸的极限，则应更换该活塞或活塞销。

注意： 如果要更换活塞，应整套更换连杆活塞总成，包括活塞环、活塞销和保持圈。在空气压缩机大修时，以下部件必须更换：轴承、针套、连杆轴承的导向环、活塞环、吸气/排气阀、锁紧环、弹簧垫圈、轴密封环、密封圈、O 形环和轴承环等。

5. 空气压缩机测试

在空气压缩机装配完成后，应检验空气压缩机的功能是否正常。因此需要有专用试验台，对空气压缩机单元的相关功能进行测试，在试验中，主要测量和控制下列参数：

（1）吸气口温度（即环境温度）；

（2）第一级压缩（低压压缩）后温度（未经冷却）；

（3）第一级压缩（低压压缩）后温度（经冷却）；

（4）第二级压缩（高压压缩）后温度（未经冷却）；

（5）第二级压缩（高压压缩）后温度（经冷却）；

（6）空载情况下的输出压力；

（7）满负载情况下的输出压力；

（8）电动机转速。

注： 先将空气压缩机热机运行 20min，空气压缩机油至热油状态，热后放油，注意热油防止烫伤。将 3L 空气压缩机油注入空气压缩机冲洗，起动空气压缩机，将油打热后放出（注油和放油时，应对角注放）。然后再注入 3L 空气压缩机油冲洗，打热后放出。冲洗完毕后，将 3.5~3.7L 空气压缩机油注入空气压缩机。新油加注更换完毕。

新车运行 3000km，更换空气压缩机油，其他车辆空气压缩机的压缩机运行 2000h 或一年应更换机油，也可视机油乳化情况提前更换。

二、螺杆式空气压缩机

（一）螺杆式空气压缩机的结构和原理

螺杆式空气压缩机的主机是双回转轴容积式压缩机，转子为一对互相啮合的螺杆，螺杆具有非对称啮合型面。螺杆副如图4-2所示，是一对齿数比为4∶6以特定螺旋角互相啮合的螺杆。其中阳螺杆（通常作驱动螺杆）为凸型不对称齿；而阴螺杆（常用作从动螺杆）为瘦齿型弯曲齿。两螺杆的齿断面型线是专门设计并经过精密磨削加工的，在啮合过程中两齿间始终保持"零"间隙密贴，形成空气的挤压空腔。

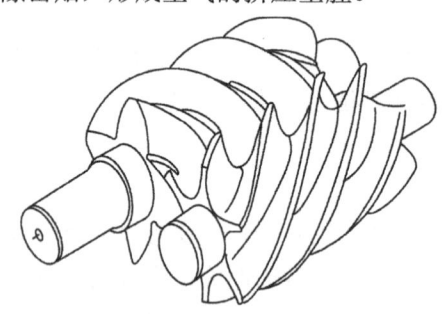

图4-2　螺杆式空气压缩机的螺杆副

螺杆式空气压缩机的工作过程分为吸气、压缩、排气三个阶段，如图4-3所示。

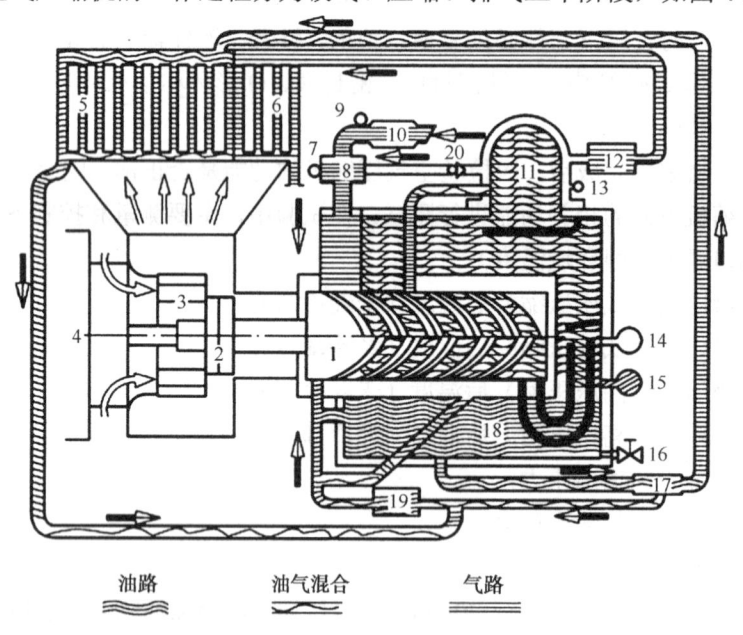

油路　　油气混合　　气路

1—螺杆式空气压缩机；2—联轴器；3—冷却风机；4—电动机；5—空、油冷却器（机油冷却单元）；
6—冷却器（压缩空气后冷单元）；7—压力开关；8—进气阀；9—真空指示器；10—空气滤清器；11—油细分离器；
12—最小压力维持阀；13—安全阀；14—温度开关；15—视油镜；16—泄油阀；17—温度控制阀；18—油气筒组成；
19—机油过滤器；20—逆止阀

图4-3　螺杆式空气压缩机工作原理图

1. 吸气过程

螺杆安装在壳体内,在自然状态下就有一部分螺杆的沟槽与壳体上的进气口相通。也就是说,在任何时候,无论螺杆式空气压缩机的螺杆旋转到什么位置,总有空气通过进气口充满与进气口相通的沟槽。这是压缩机的吸气过程。主副两转子在吸气终了时,已经充盈空气的螺杆沟槽的齿顶与机壳腔壁贴合,此时,在齿沟内的空气即被隔离,不再与外界相通并失去相对流动的自由,即被"封闭"。

2. 压缩过程

随着压缩机两转子继续转动,封闭有空气的螺杆沟槽与相对的螺杆的齿的啮合从吸气端不断地向排气端发展,啮合的齿占据了原来已经充气的沟槽的空间,将在这个沟槽里的空气挤压,体积渐渐变小,而压力则随着体积变小而逐渐升高。空气被裹带着一边转动,一边被继续压缩,从吸气结束开始,一直延续到排气口打开之前。当前一个螺杆齿端面转过被它遮挡的机壳端面上的排气口时,在齿沟内的空气即与排气腔的空气相连通,受挤压的空气开始进入排气腔,至此在压缩机内的压缩过程即结束了。这个体积减小压力渐升的过程是压缩机的压缩过程。

3. 排气过程

压缩过程结束,封闭有压缩空气的螺杆沟槽的端部边缘与螺杆壳体端壁上的排气口边缘相通时,受到挤压压缩的空气被迅速从排气口推出,进入螺杆压缩机的排气腔。随着螺杆副的继续转动,螺杆啮合继续向排气端的方向推移,逐渐将在这个沟槽里的压缩空气全部挤出。这是压缩机的排气过程。在排气过程中,由于排气腔并不直接连着压缩空气用户,在它的排气腔出口设置的最小压力维持阀,限制自由空气外流,会使压缩空气的压力继续上升或受到制约。

4. 润滑油的作用

在压缩过程中,压缩机不断向压缩室和轴承喷射润滑油。其主要作用如下。

(1) 润滑作用　喷入的机油在螺杆的齿面形成油膜,使啮合齿的齿面与齿面,齿顶与机壳间不直接接触,不产生干摩擦及由此引起的磨损。

(2) 密封作用　润滑油油膜填充了螺杆啮合齿与齿间及齿顶与机壳间的间隙,阻止压缩空气的泄漏,起密封作用,提高压缩机的容积效率。

(3) 降噪作用　喷入的机油与压缩空气混合,在油气混合物压力变化时,不可压缩的液态油可以部分地吸收缓和压缩空气膨胀产生的气动高频噪声。

(4) 冷却作用　喷入的润滑油接触到螺杆、机壳壁和压缩空气,吸收压缩热并将其带出。通过机外冷却系统将机油带出来的热,转由冷却空气散掉,从而保证压缩机在理想的工作温度下工作,保证机器的可靠性和使用寿命。

(二) 螺杆式空气压缩机的检修

1. 解体

(1) 拆下压缩机组底架的安装螺栓,拆下出风软管,拆开接线,将压缩机组整体吊下机车,运到检修场地。

(2)拆下压缩机和电机的连接螺栓,拆下电机与电机底座连接的的4条M16×70螺栓,拆下与蜗壳连接中托架上的8条M10×30螺栓。用天车把电机小心地向远离蜗壳方向移动,轻轻将压缩机和电机分开。

(3)压缩机电机送交专业班组按工艺检修。

(4)缓慢拧开加油堵,释放油气筒残余压缩空气。

2. 检修

(1)更换空气过滤器滤芯及油细分离器。

(2)换油、更换油过滤器。

(3)清洗冷却器。

(4)压力维持阀检修。

(5)进气阀检修。

(6)联轴器叶轮检修。

(7)其他部件检修。

(8)更换油封。

3. 组装

按解体相反顺序组装。

4. 检查试验

(1)转向确认

将经检修合格的电机和压缩机连接好,接上交流三相电源,合上电源1s后马上断开,检查转向,风应吹向散热器上方,电机转向和标示转向一致,进风口往里吸风;否则,调换电机任意2根接线,并再次确认转向。

(2)气密性试验

当转向正确时,用肥皂水检漏,各接头处应无渗漏现象。

(3)风量试验

转速为2940r/min,向400L储气罐充风,记录压力从0升至900kPa所用的时间,压力由0升至900kPa所需时间不超过100s。

(4)安全阀试验

检查安全阀状态,运转时压力达到900kPa时,手提上部拉环,施加16.5~20N的提力,安全阀应能排放,试验动作良好。

(三)螺杆式空气压缩机的特点

(1)噪声低、振动小。当螺杆式空气压缩机工作时,旋转部件两个螺杆的运动没有质心位置的变动,因而没有产生振动的干扰力。经精密加工和精密磨削制造的阴、阳螺杆和机壳之间,互相密贴和啮合的间是时通过喷油实现密封和冷却的,并不产生机械接触和摩擦,因而在工作中噪声低。它的喷油润滑又使噪声强度大大降低,一般不超过85 dB(A)。另外,它压缩空气的过程是连续的,不受气阀开闭的制约,所以,压缩空气流动也连续而且平稳。

（2）可靠性高和寿命长。螺杆式空气压缩机工作时，除轴承和轴封等部件外，没有因相对运动而承受摩擦的零部件。阴、阳螺杆和机壳之间并不产生机械接触和摩擦，即在工作中不产生摩擦，使它具有高可靠性并免维护。通常螺杆式空气压缩机的检修周期可以保证不短于整车的大修期。

（3）维护简单。在运用中，检查、检修人员只要注意观察螺杆式空气压缩机的机油油位不低于油表或视油镜刻线，保证空气滤清器未脏到堵塞的程度，空气压缩机就能工作，它不需给予特别的关照。

任务二 认知空气干燥器

学习目标

（1）熟知空气干燥器在供气系统中所起的作用；
（2）熟知空气干燥器的基本结构；
（3）熟知空气干燥器的作用原理；
（4）熟知空气干燥器的检修工艺。

学习任务

认知城市轨道交通车辆空气干燥器，包括干燥器所起的作用，干燥器的安装位置，干燥器的组成和结构，干燥器的作用原理和空气干燥器的检修工艺。

工具设备

单塔式空气压缩机实物、模型、多媒体设备课件、图片、示教板、计算机多媒体设备等。

教学环境

轨道交通车辆理实一体化教室、车辆维修基地或现场。

基础知识

空气压缩机输出的高压压缩空气中含有较高的水分和油分，必须经过空气干燥器将其中的水分和油分分离出去，才能达到车辆上各用气系统对压缩空气的要求。

空气干燥器一般都做成塔式的，有单塔和双塔两种。上海地铁一号线直流传动车采用的是单塔式空气干燥器，而交流传动车则使用的是双塔式空气干燥器。

一、单塔式空气干燥器

单塔式空气干燥器（见图4-4）由油水分离器、干燥筒、排泄阀、电磁阀、再生储风缸和消声器等组成。在油水分离器中存有许多拉希格圈（这是一种用铜片或铝片做成的有缝的小圆筒），干燥筒则是一个网形的大圆筒，其中盛满颗粒状的吸附剂。

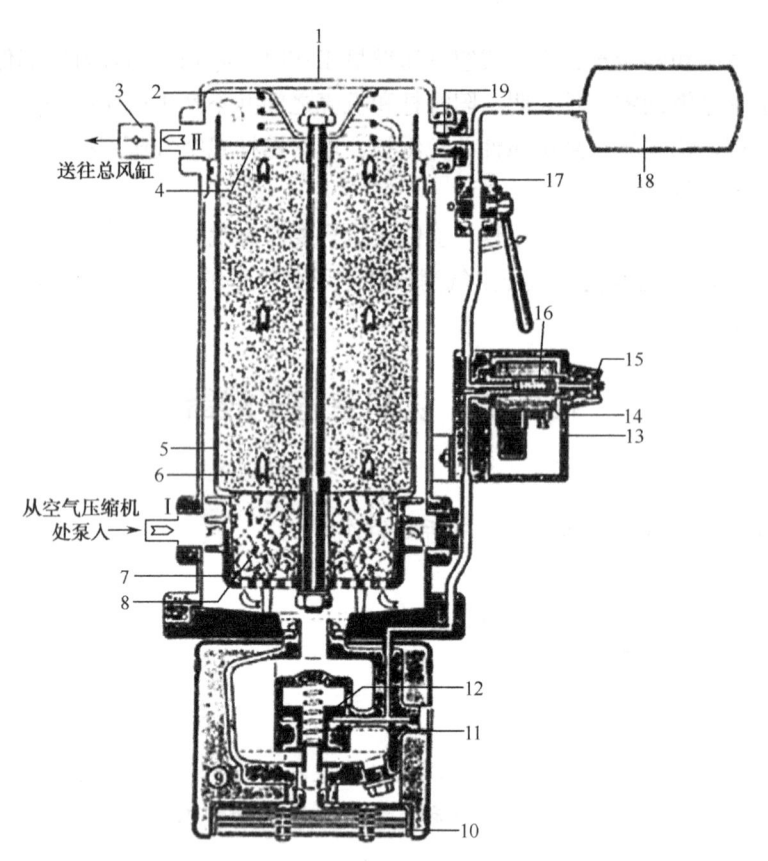

1—空气干燥器；2—弹簧；3—单向阀；4—带孔挡板；5—干燥筒筒体；6—吸附剂；7—油水分离器；8—"拉希格"圈；9—排泄阀；10—消音器；11—弹簧；12—活塞；13—电空阀；14—线圈；15—排气阀；16—衔铁；17—带排气的截断塞门；18—再生风缸；19—节流孔

图 4-4 单塔式空气干燥器

空气干燥器工作过程如下：空气压缩机输出的压力空气从干燥塔中部的进口管进入干燥塔后，首先到达油水分离器。当含有油分的压缩空气与拉希格圈相接触时，由于液体表面张力的原因使空气中的油滴很容易吸附在拉希格圈的缝隙中，这样就将空气中的油分大大地除去了。然后空气再进入干燥筒内与吸附剂相遇，吸附剂能大量地吸收空气中的水分，最后使干燥筒上方输出的空气相对湿度 p<35%，即可满足车辆各用气系统的需要。当洁净而干燥的压力空气输向主储风缸时，分离后留在干燥塔内的油和水还要进行处理。从空气干燥塔输出的干燥空气有一部分通过干燥塔顶部的另一小孔储入再生储风缸。当总储风缸压力达到 $8.5×10^5$ Pa 时，空气压缩机停止工作，干燥塔顶的压力将迅速降低。

由于干燥塔与主储风缸的通路中有止回阀，故主储风缸的压力空气不能回至干燥塔内，而这时再生储风缸内干燥的压力空气将回冲至干燥塔内，并且沿干燥筒、油水分离器一直冲至干燥塔下部的积水积油腔内。在下冲的过程中，回冲干燥空气吸收了吸附剂中的水分，同时还冲下了拉希格圈上的油滴，使吸附剂和拉希格圈都得到还原，在以后的净化和干燥中可以继续发挥作用。再生储风缸还有一条管路通向积水积油腔底部的排污阀门。管路中间有一个电磁阀,其电磁线圈与空气压缩机压力开关相接。当空气压缩机关闭时,电磁阀线圈失电,气路导通,再生储风缸的压力空气顶开积水积油腔底部的排污阀门,使积水积油腔内的水和油通过消声器迅速排向大气。

二、双塔式空气干燥器

相对于直流传动车,交流传动车选用的空气压缩机的排气量较小,它停止工作的间隙不能满足单塔式干燥器再生所需的时间,因此要选用双塔式空气干燥器(见图4-5)。双塔式空气干燥器的工作原理与单塔式的类似,只不过它采取的不是时间分段法,即一段时间吸污,下一段时间再生和排污;而是采取双塔轮换法,即一个塔在去油脱水的同时,另一个塔则进行再生和排污,过后两个塔的功能对换,以此达到压缩空气可连续进行去油脱水的目的。

双塔式空气干燥器没有再生储风缸,而依靠两个干燥塔互相提供回冲压力空气排污。但它设有一个定时脉冲发生器,使两个干燥塔的电磁阀定时地轮换开、关,以使两个塔的功能能够定时进行轮换。

如图4-5所示,阀磁铁得电被吸引处于下端位,从而 V_3 阀口打开,来自 V_1 或 V_9 的压缩空气压缩左侧预控阀,从而使阀口 V_2 打开,这样,来自 V_1 或 V_9 的压缩空气经打开的 V_2 阀口及 V_3 阀口,进入到右下侧的双塞阀。一路进入双塞阀左侧活塞的上腔,压缩活塞弹簧,从而使 V_5 阀口打开, V_6 阀口关闭;另一路进入双活塞阀右侧活塞的下腔,压缩活塞弹簧,从而使 V_7 阀口关闭, V_8 阀口打开。这样,从 P_1 进入的压缩空气就会经过关闭的 V_7 阀口和打开的 V_5 阀口往上,进入左侧a干燥塔的分油器部分和干燥剂部分,过滤掉压缩空气中的油和水分。压缩空气往上冲至a干燥塔的顶端后,经a干燥塔中间的空心通道往下流出a干燥塔,并分两路,一路往左,顶开止回阀锥往下后,又分两路,一路继续往左顶开预控阀,经 V_2、V_3 输出给双塞阀,一路在 V_2 阀口处往右,压开分流阀头,经打开的 V_{10} 阀口往右形成输出气流 P_2;经a干燥塔中间的空心通道往下流出a干燥塔的气流的另一路向右进入b干燥塔中间空心通道的下口处,并经空心通道往上充入b干燥器的顶端后,分别从左右两侧从上往下冲,先后经过b干燥塔的干燥剂和分油器,从而冲掉里面存留的水分和油,并继续往下,经打开的 V_8 阀口和 A 口排入外界大气。

经过两分钟后,阀磁铁失电,在弹簧的作用下,阀磁铁被推到上端,从而使 V_3 阀口关闭, V_4 阀口打开。这样,原来在双塞阀中的压缩空气就沿原路逆流到阀磁铁,并经阀磁铁两侧间隙和打开的 V_4 阀口排入大气。双塞阀左侧活塞由于其上腔的压缩空气被排掉,在弹簧的作用下,活塞回到上端位,从而 V_5 阀口关闭, V_6 阀口打开;右侧活塞由于其下腔压缩空气被排掉,在弹簧作用下,活塞回到下端位,从而 V_7 阀口打开, V_8 阀口关闭。这样,这次由 P_1 输入的压缩空气进来后,就会经打开的 V_7 阀口往上进入b干燥塔的分油器和干燥剂,干燥后经中间空心通道往下,流出b干燥塔后,一路往右,顶开止回阀锥,经 V_9 阀口往下,再顶开分流阀头,经 V_{10} 阀口往右输出,形成输出气流 P_2;另一路往左,进入a干燥塔中间空心通道的下部后网上冲入a干燥塔顶端,然后由左右两侧往下冲,先后经过a干燥塔的干燥剂和分油器,带走存留在其中的水分和油,继续往下,经打开的 V_6 阀口和 A 口排入大气。

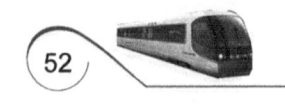

间隔两分钟后,阀磁铁再次得电,重复刚才的过程。从而使得两个干燥塔交替地轮换进行干燥和再生。

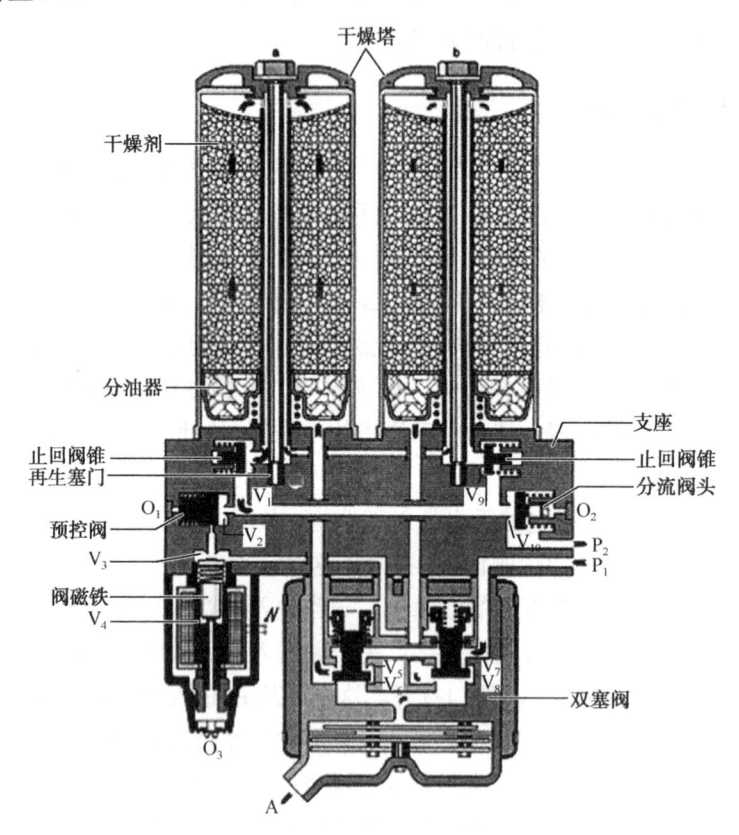

图 4-5　双塔式空气干燥器

三、空气干燥器检修

空气干燥器无需特殊保养,一般只做常规检查。由于空气干燥器里没有移动部件,因此一般不会有磨损的问题。如果发生故障需要修理,需作如下检修。

1. 空气干燥器分解检查

拆开空气干燥器,首先必须要对分解后的干燥过滤器零部件进行清洁,并检查是否有裂纹、变形或锈蚀等损伤。

2. 干燥剂更换

如果在排水阀的出口处有白色沉淀物或是干燥剂过饱和,必须检查干燥剂,如有必要则要更换。一般来说,干燥剂每 4~5 年需要更换一次。

3. 拉希格圈清洗

用于吸油的拉希格圈,可以用碱性清洁剂清洗,再用清水洗涤,最后用压缩空气吹干即可。

4. 进行功能测试

干燥过滤器组装完成后,应对它的功能进行测试,测试应在专用试验设备上进行。试验主要检查干燥器是否有泄漏、排泄功能是否正常、消声器的工作效果等。按照设计要求,经过干燥的压缩空气，其相对湿度应小于35%，这是必须要测试的项目，可以使用压力露点计或相对湿度计来检查其是否达到要求。

任务三　认知风缸及其他空气管路部件

学习目标

（1）熟知风缸及其他空气管路部件的用途、基本结构和作用原理；
（2）熟知各空气管路部件的检修工艺。

学习任务

认知城市轨道交通车辆的风缸及其他空气管路部件：主要包括风缸、截断塞门、止回阀、减压阀、空气过滤器、安全阀等的作用、结构、作用原理和检修工艺。

工具设备

城市轨道交通车辆风缸、截断塞门、止回阀、减压阀、空气过滤器、安全阀实物或模型、图片及仿真三维立体图多媒体课件。

教学环境

轨道交通车辆理实一体化教室、车辆维修基地或现场。

基础知识

一、风缸

风缸是用于储存压缩空气的，用钢板制成，具有很高的耐压性，是一种高压容器。风缸容积较大，如图4-6所示。风缸两端各设有一螺孔，以备从任意一端与三通阀或分配阀连通。中央部下方也设有一个螺孔，用来安装排水塞门。使用排水塞门可排除风缸内的凝结水，也可兼作缓解阀，其构造如图4-7所示。排水塞门与截断塞门的组成基本相同，只是外形较小，其手把的开闭位置与截断塞门相反，即手把与管路平行时为关闭位，垂直时为开通位。

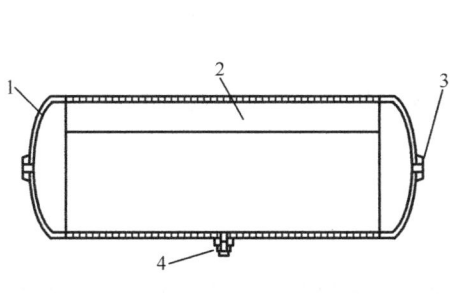

1—端盖；2—缸体；3—管接头；4—排水堵
图4-6　风缸结构

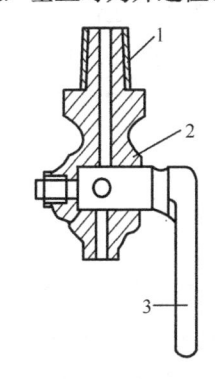

1—阀体；2—阀门芯；3—手把
图4-7　排水塞门

车载风缸有各种用途,如上海地铁一号线直流制列车每节车上有四个风缸:一个 250L 总风缸,一个 100L 空气悬挂系统风缸,一个 50L 制动风缸,以及一个 50L 气动车门风缸。此外,带有空气干燥塔的 C 车增加一个再生储风缸。

上海地铁交流制列车每节车上有五个风缸:一个 100L 主风缸,一个 100L 副风缸,一个 60L 气动车门风缸,以及两个空气悬挂系统风缸。此外,带受电弓的 B 车还增加一个 5L 小风缸,用于紧急情况下的升弓操作。

二、其他空气管路部件

(一)截断塞门

截断塞门安装在制动支管上,当列车中的车辆因特殊情况或列车检修作业需要停止该车辆空气制动系统的作用时,关闭该车的截断塞门,切断车辆制动机与制动主管的压缩空气通路,同时排出副风缸和制动缸的压缩空气,使制动机缓解,以便于检修人员的安全操作。

截断塞门有两种不同的结构形式:一种为锥芯独立式;另一种为球芯式。

锥芯独立式截断塞门的构造如图 4-8 所示。手把与制动支管平行时为开通位置,手把与制动支管垂直时为关闭位置。球芯式截断塞门的塞门芯为圆球,表面镀铬抛光,球芯的通孔和制动支管同为圆形,在塞门芯与阀口之间装有一个密封圈。

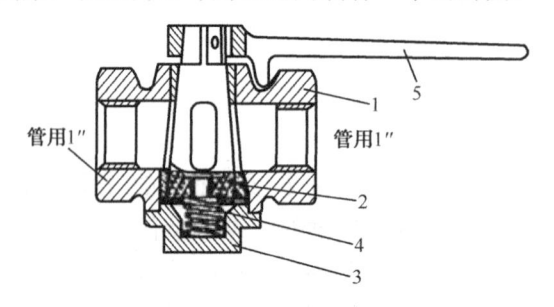

图 4-8 锥芯独立式截断塞门

有的截断塞门还带有排气口。带排气口的截断塞门如图 4-9 所示。当截断塞门处于正常开通位置时,排气口 B1 和排气口 B2 错位,不能排气;当截断塞门处于关闭位置时,排气口 B1 和排气口 B2 相对,从而可以在关闭制动主管到制动支管的通路的同时,排出制动支管一侧的压缩空气,使副风缸与制动缸相通,再通过拉缓解阀,排掉副风缸和制动缸中的压缩空气,这样,避免由于制动支管存留有压缩空气而引起截断塞门关闭后制动机产生误动作。

(二)锥芯塞门的检修

1. 外观除尘、检查

清除塞门体表面尘尘垢后检查,阀体、手把裂损时更换;塞门体上无手把挡者更换,手把挡不起作用,加修或更换。

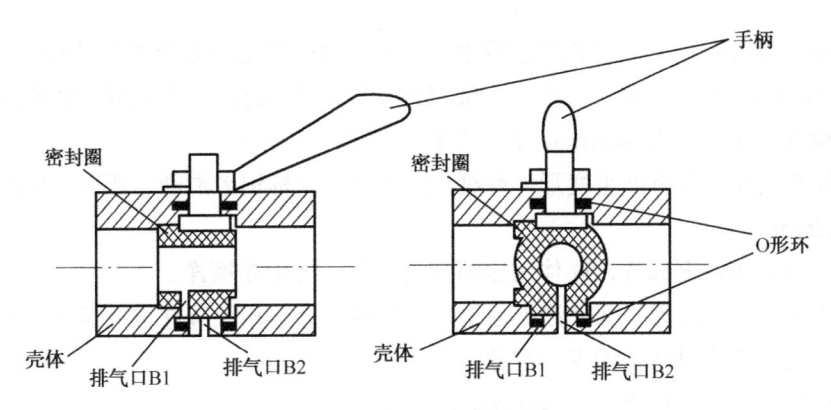

图 4-9 带排气口的截断塞门

2. 分解、清扫及检修

(1) 卸下塞门把手、弹簧托盖，将塞门芯及套用洗油及布洗擦干净。
(2) 塞门体有裂纹或丝扣乱扣、塞门托盖丝扣乱扣或体磨损严重应更换。
(3) 弹簧折断或衰弱严重应更换。
(4) 顶部无开通线应加工。

3. 研磨

塞门芯磨伤及凹凸不平或不真圆时，较严重可先刮、锉加修后与塞门体以 100～120 号金刚砂对研，直至芯子各部呈现一致光泽为止。不严重可用 0 号砂布研磨。使用机械研磨时，在塞门芯四周涂以研磨剂。

4. 组装

(1) 塞门芯周围涂以适量的软干油，托盖丝扣处涂铅粉油或缠以聚四氟乙烯带，然后拧于塞门体上。
(2) 塞门手把安装插销后须牢固，不得用开口销或半截插销。
(3) 塞门手把除转换塞门外，均与塞门体平行为开通位置。

5. 试验

(1) 塞门装于试验器上，手把置于开通位置，堵住出口，通以 600～700kPa 风压，在塞门体各结合处涂肥皂水，不得漏泄，然后将出口开通，将手把开闭 4～5 次后关闭，以 600～700kPa 风压试验，在通风口上涂肥皂水，10s 内肥皂泡不破裂为合格。
(2) 塞门手把开闭作用须灵活。

(三) 止回阀

止回阀 (见图 4-10) 安装于只允许空气从一个方向流入且反向截止的空气管路，以避免压降。当流入方向压力升高，阀锥打开，使压力空气流过。当供应管 A1 压力下降，弹簧使阀锥顶住阀座，这样就截止了回流，避免了 A2 的压降。

(四) 止回阀的检修

(1) 将止回阀放在钳台上夹好，卸下止回阀盖，取出弹簧、止阀。
(2) 分解后各部件及阀体放在清洗盘中清洗干净。

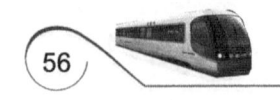

(3）检查弹簧应该无裂损和严重锈蚀，其弹簧自由高度较原形减少量<3mm。

（4）检查阀口不得有台阶、磨坑等现象，轻微者可用砂布打磨，但止阀口磨量应<0.2mm。

（5）检查止阀压痕深<0.5mm，否则新换止回阀。

（6）检查阀体不得有严重变形、裂纹，阀体上方向标记应清晰、正确，止回阀与套体磨耗量<0.2mm。

（7）检修好的各零部件，阀体用压缩空气吹干，用棉布擦净。

（8）将阀体内止回阀等部件涂上适量凡士林后按分解相反顺序进行组装，在组装过程中按动止回阀动作应灵活，无卡滞现象。

（9）检查阀体上标记方向是否正确。

（10）将检修好的止回阀反方向安装在压缩风源接头上试验，止回阀不得有漏泄现象。

（五）减压阀

减压阀（见图4-11）的作用是调节压缩空气系统中的空气压力。未受控制的压力经P端口进入减压阀。压缩空气流经活塞底部。如果压力足够大，活塞会上升，排气阀也会上升，直到其靠住阀口V1，这样端口P到端口A的通路就被切断。如果端口P的压力继续推动活塞上升，则活塞上的阀口V2打开，多余的空气从端口O排出。

当压力下降，弹簧把活塞往下推，通过阀杆关闭了阀口V2。如果端日A的压力进一步下降，则阀口V1被打开，使更多的压缩空气从端口P流入。这一过程会一直持续下去，保证了端口A的压力恒定。

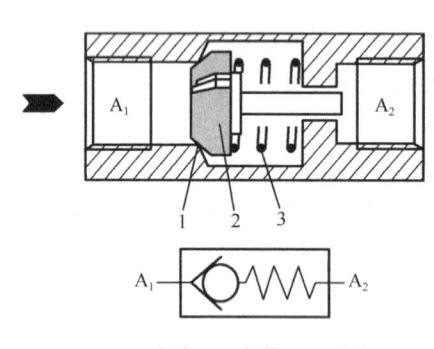

1—阀座；2—阀锥；3—弹簧

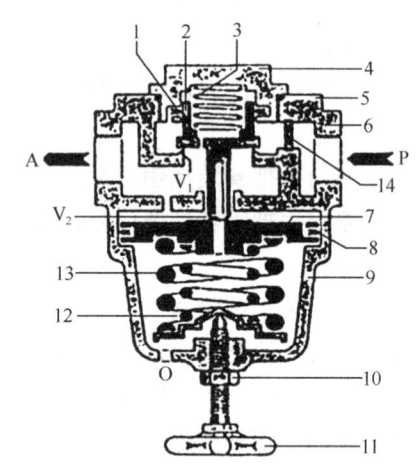

1，5，8—密封圈；2—排气阀；3—弹簧；4—阀盖顶；
6—进气口；7—活塞；9—阀体；10—锁紧螺母；
11—调节螺丝；12—调整弹簧；13—大弹簧

V1，V2—阀口

图4-10　止回阀的结构原理　　　　　图4-11　减压阀

（六）减压阀的检修

（1）解体前检查外观，各部件齐全，无裂损、变形，用棉丝将外部擦净。

（2）松开锁紧螺母，逆时针转动手轮使体内弹簧呈自由状态。

（3）卸上体，取出一、二级弹簧，橡胶膜板。

（4）解体后的各部件放入汽油盘中清洗干净，用压缩空气吹干。

（5）检查一、二级弹簧应无裂损、变形，金属件、橡胶膜板良好，顶杆无弯曲，进气阀与套配合面良好，溢流阀与阀杆接触密封良好，不良时更换。

（6）按分解相反的顺序进行组装，并在橡胶圈上涂少许凡士林。

（7）将阀安装在试验台上，拧动手轮，调压作用良好，用肥皂水检查无泄漏。

（七）空气过滤器

空气过滤器（见图4-12）用于压缩空气制动系统、气动车门机构等，可以保护这些敏感的设备不受损坏。空气过滤器对在多尘环境下运行的列车的制动系统的可靠性具有极其重要的作用。

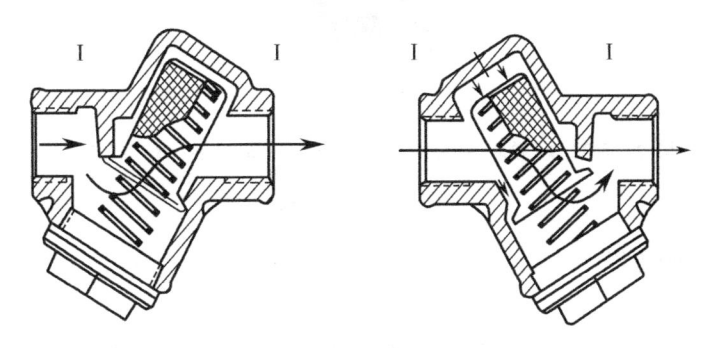

图4-12 空气过滤器的结构原理

空气过滤器可根据需要任意连接，也可以安装在任意方向。如果要在过滤器被阻塞时，使工作单元不受损坏而停机，工作单元应与过滤器Ⅱ接口相连。在过滤器被阻塞时，如果被连接的单元要保持在工作位，应与过滤器Ⅰ接口相连。因为从Ⅱ接口进入的压力空气在受阻的情况下会压缩滤网弹簧，使压缩空气继续通过。

（八）空气过滤器的检修

（1）解体阀盖、弹簧、滤尘器盖、滤尘网、填料等部件。

（2）检查弹簧、滤尘网应无裂损和严重锈蚀，弹簧自由高应符合技术要求。

（3）检查橡胶件如有老化、破损应更换。

（4）检查滤尘网填料应无杂质、破碎等现象，如有破碎或灰尘杂质严重不易清洗的应直接更换滤尘网及填料。

（5）检查阀体通道应畅通。

（6）检查后用压缩机空气吹扫各部件，用棉布擦干。

（7）按分解相反的顺序组装。

（九）安全阀

安全阀是空气制动系统中保证空气压力不致过高的重要部件。安全阀的结构如图4-13所示，在它中间的顶杆是个导向杆，底部的阀门可以上下滑动。调整螺母将一个弹簧压在阀门上面，弹簧压力使阀口关闭，弹簧压力可由调整螺母调节。当空气压力超过规定压力时，则空气压力抵消弹簧压力，将阀口顶开，释放压力空气。有时空气压力没有超过规定压力，但需要释放压力，也可以用工具向上拔起阀杆，即可打开阀口。

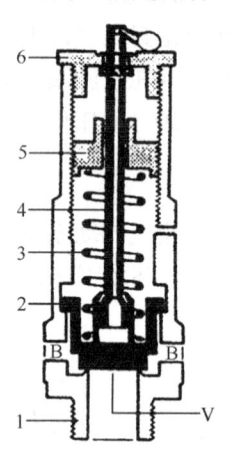

1—阀体；2—活塞；3—弹簧；4—顶杆；5—调节螺母；6—上盖；B—排气口；V—阀口

图4-13 安全阀

（十）安全阀的检修

1. 清扫、分解

清除阀体表面尘垢后，卸下阀的各部件，取出阀和弹簧，用洗涤油（剂）洗净阀内及各零件并吹干。

2. 检修

（1）阀体、顶杆裂损时更换。

（2）阀杆头部磨耗严重、弹簧衰弱或折断、调节螺母及阀体丝扣不良应更换。

（3）阀与座接触不严密应研磨。

3. 组装试验

（1）组装时在顶杆尖端涂适量的硅油，顶杆与调节螺母须有间隙但不得大于1mm，阀与套间隙不得大于0.2mm。

（2）组装后将阀装于试验器上，调整风压至190kPa排风，降至160kPa停止排风；停止排风后在各接口处及排风口涂肥皂水，不得漏泄。

（3）试验完毕安装螺帽后再试验1～2次，须符合规定。

（4）合格后用铁丝施行铅封。

项目四　供气系统

任务四　供气系统设备的操作运用

【操作运用案例】 供气系统设备的操作运用

1. 实训项目教师工作活页

实训项目教师工作活页　　　　NO：_____

实训项目	供气系统设备的操作运用			
学　时	2	班　级	略	
实训场所	机车车辆设备综合仿真实验室或车辆维修基地现场			
工具设备	VV120活塞式空气压缩机、螺杆式空气压缩机、单塔式、双塔式空气干燥器、风缸、空气过滤器、截断塞门、止回阀、减压阀、安全阀、多媒体设备课件、图片、示教板、计算机多媒体设备等			
教学目标	专业能力	（1）能说出活塞式空气压缩机和螺杆式空气压缩机的结构组成和作用原理 （2）能说出单塔式和双塔式空气干燥器的结构组成和作用原理 （3）能进行风缸的排水操作 （4）能进行截断塞门的检修操作 （5）能进行止回阀的检修操作 （6）能进行减压阀的检修操作 （7）能进行空气过滤器的检修操作 （8）能进行安全阀的检修操作		
教学目标	方法能力	（1）能综合运用专业知识，通过利用专业书籍、多媒体课件和图片资料获得帮助信息 （2）能根据实训项目学习任务确定实训方案，从中学会表达及展示活动过程和成果		
	社会能力	（1）能在实习训练活动中保持积极向上的学习态度 （2）能与小组成员和教师就学习中的问题进行交流和沟通 （3）能与他人共享学习资源，具有较好的合作能力和团队协作精神		
教学活动	略（详见教学活动设计）			
教学评价	学生活动：① 以5～7人小组为单位开展实训活动，根据本组同学在实训过程中的能力表现及结果进行自评组内互评；② 根据其他小组同学在成果展示活动中的表现及结果进行互评 教师活动：① 教师组织学生开展评价活动和总结；② 对学生本实训项目单元成绩做出综合评价			
教学资料	（1）城市轨道交通车辆制动系统教材 （2）城市轨道交通运输设备教材 （3）实训项目学生学习活页（附页）			
指导教师		教学时间	年　　月　　日	

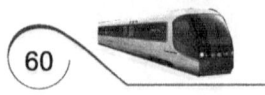

2. 实训项目学生学习活页

实训项目学生学习活页 NO：_____

实训项目　供气系统设备的操作运用

班级：_____　姓名：_____　学号：_____时间：_____

一、实训目标

1. 专业能力目标

（1）能说出活塞式空气压缩机和螺杆式空气压缩机的结构组成和作用原理；能对活塞式空气压缩机进行检修

（2）能说出单塔式和双塔式空气干燥器的结构组成和作用原理并进行检修

（3）能进行风缸的排水操作

（4）能进行截断塞门的检修操作

（5）能说出止回阀的结构和原理并进行止回阀的检修操作

（6）能说出减压阀的结构和原理并进行减压阀的检修操作

（7）能说出空气滤清器的结构和原理并进行空气过滤器的检修操作

（8）能说出安全阀的结构和原理并进行安全阀的检修操作

2. 方法能力目标

（1）能综合运用专业知识，通过利用专业书籍、多媒体课件和图片资料获得帮助信息

（2）能根据实训项目学习任务确定实训方案，从中学会表达及展示活动过程和成果

3. 社会能力目标

（1）能在实习训练活动中保持积极向上的学习态度

（2）能与小组成员和教师就学习中的问题进行交流和沟通

（3）能与他人共享学习资源，具有较好的合作能力和团队协作精神

二、知识总结

1. 简要说出活塞式空气压缩机的结构及原理

2. 简要说出单塔式空气干燥器的结构及原理

3. 简要说出减压阀的结构及原理

三、操作运用

1. 指认下图空气压缩机部件，并填出 1~6 号部件名称

续表

（1）_____；（2）_____；（3）_____；
（4）_____；（5）_____；（6）_____。

2．操作演示怎样调节调压阀改变制动管压力（利用调压阀实物或在真实机车上演示操作）

3．操作演示怎样调节安全阀压力（利用安全阀实物或在真实机车上演示操作）

4．对止回阀进行检修操作

5．对减压阀进行检修操作

6．对空气过滤器进行检修操作

7．对安全阀进行检修操作

四、实训小结

_____
_____
_____

续表

五、成绩评定

1. 学生评价

评价等级	A—优	B—良	C—中	D—及格	E—不及格
学生自评					
组内互评					
他组互评					

2. 教师评价

评价等级	A—优	B—良	C—中	D—及格	E—不及格
专业能力					
方法能力					
社会能力					
评价结果					

3. 综合评价

评价等级	A—优	B—良	C—中	D—及格	E—不及格
评价结果					

注：按照学生自评占10%，组内互评占10%，他组互评占20%，教师评价60%的比例计分。其中，A—100分，B—85分，C—75分、D—60分，E—50分来折算。

4. 评价量规

等级	行为表现描述
A	能圆满高效地完成实训任务的全部内容
B	能顺利完成实训任务的全部内容
C	能完成实训任务的全部内容，但需要一些帮助和指导
D	自己只能完成实训任务的部分内容，但在现场的指导下，已经能完成任务的全部内容
E	不能完成实训任务的全部内容

课后巩固

1. 城市轨道交通车辆的供气系统主要包括哪些部分？
2. 空气压缩机起什么作用？安装在车上的什么位置？
3. 结合图4-1讲述VV120型空气压缩机的组成和工作原理。
4. 空气干燥器在供气系统中起何作用？空气干燥器有哪几种？
5. 结合图4-3讲述单塔式空气干燥器的组成和工作原理。
6. 结合图4-4讲述双塔式空气干燥器的组成和工作原理。
7. 风缸、截断塞门、止回阀、空气过滤器在供气系统中分别起何作用？
8. 减压阀的作用是什么？结合图4-13讲述安全阀的组成和作用原理。

项目五 基础制动装置

空气制动系统中的制动执行装置，通常被称为基础制动装置。根据制动方式的不同，基础制动装置主要有闸瓦制动和盘式制动两种形式。

铁路车辆上最简单的闸瓦制动是单侧闸瓦基础制动装置。制动时，制动控制装置根据制动指令使制动缸活塞推杆产生推力，经一系列杆件的传递、分配，使每块闸瓦都紧贴车轮踏面。车轮踏面与闸瓦之间相对滑动，产生摩擦力，再通过轮轨关系转化为轮轨之间的制动力。缓解时，制动控制装置将制动缸内压力空气排出，制动缸活塞在缓解弹簧的作用下退回，通过杆件带动闸瓦离开车轮踏面。在这种基础制动装置中，一个制动缸可以通过各种杆件带动八块闸瓦，对一节车进行制动作用。

由于一般城市轨道交通车辆（如地铁车辆）的车体底架下安装的设备较多，没有很大的空间来安装类似于上述的基础制动装置，因此大多数城市轨道交通车辆采用单元制动机。单元制动机和基础制动装置的制动方式完全一样，只是执行对象数量少些。它们之间各有特点：基础制动装置由于采用杠杆联运机构，所以各个轮对的制动力均匀，同步性良好；而单元制动机是单个供气动作，轻便灵活，体积小，占用空间少，灵敏度高。

任务一 认知单元制动机

学习目标

（1）熟知 PC7Y 型和 PC7YF 型单元制动机各自的结构和作用原理；
（2）熟知闸瓦间隙自动调制器结构和作用原理；
（3）掌握单元制动机日常检查与保养的方法。

学习任务

认知城市轨道交通车辆的单元制动机，主要包括 PC7Y 型单元制动机的结构和作用原理、闸瓦间隙自动调制器结构和作用原理、PC7YF 型带停放制动的单元制动机的结构和作用原理以及单元制动机的日常检修与保养。

工具设备

城市轨道交通车辆实物、PC7Y 型单元制动机实物、闸瓦间隙调整器实物、PC7YF 型单元制动机实物、模型、多媒体设备课件、图片、示教板、计算机多媒体设备等。

教学环境

轨道交通车辆理实一体化教室、车辆维修基地或现场。

基础知识

一般单元制动机都将制动缸传动机构、闸瓦间隙调节器以及悬挂装置连在一起，形成一个紧凑的作用装置。有的单元制动机做成立式的，有的则做成悬挂式的，主要取决于安装方式的不同。

上海地铁车辆目前使用较多的是由德国克诺尔制动机厂生产的单元制动机。每个转向架上装有四个单元制动机，分别对四个车轮进行制动。单元制动机分为两种型号：一种为PC7Y，另一种为PC7YF。它们的结构基本一致，只是PC7YF型多了一个弹簧制动器（又称为停放制动器），主要用于车辆停放制动。下面以PC7Y型和PC7YF型单元制动机为例，说明单元制动机的构造和功能。

一、PC7Y型单元制动机

PC7Y型单元制动机（见图5-1）由闸缸、活塞、杆杠、活塞弹簧、闸瓦间隙自动调整器、吊杆、扭簧、闸瓦托、闸瓦和壳体等组成。

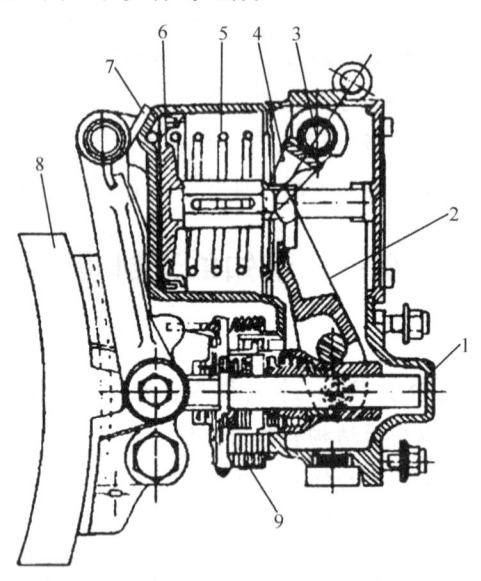

1—制动缸；2—传动杠杆；3—安装在制动缸缸体上的枢轴；4—手制动杠杆；5—缓解弹簧；6—制动缸活塞；
7—扭簧；8—闸瓦；9—闸瓦间隙自动调整器

图5-1 PC7Y型单元制动机

制动时，单元制动机的制动缸内被充入压力空气，推动活塞移动并转变为活塞杆的推力。活塞杆带动增力杠杆围绕安装在壳体上的销轴转动。由于增力杠杆的增力比为1∶2.85，所以该推力通过杠杆使力扩大近3倍后传递给闸瓦间隙自动调整器外壳，再传到主轴，最后传给闸瓦。缓解时，制动缸内的压力空气被排出，制动缸缓解弹簧和扭簧将主轴和活塞恢复原位，整个单元制动机恢复缓解状态。

闸瓦是一个磨耗件，经过一定时间的运行，闸瓦与车轮踏面之间会出现间隙，这对摩擦制动效率影响极大。对于闸瓦与踏面之间产生的间隙，不可能采用人工的方式去检测或调整。因此，单元制动机都带有一个闸瓦间隙自动调整器。闸瓦间隙自动调整器的工作原理比较复杂，下面作一些简单的介绍。

闸瓦间隙自动调整器由调节套筒、大螺距非自锁螺（t=28mm）、推力螺母、联合器螺母、行程限位套预紧力弹簧和滚针轴承等组成（见图5-2）。

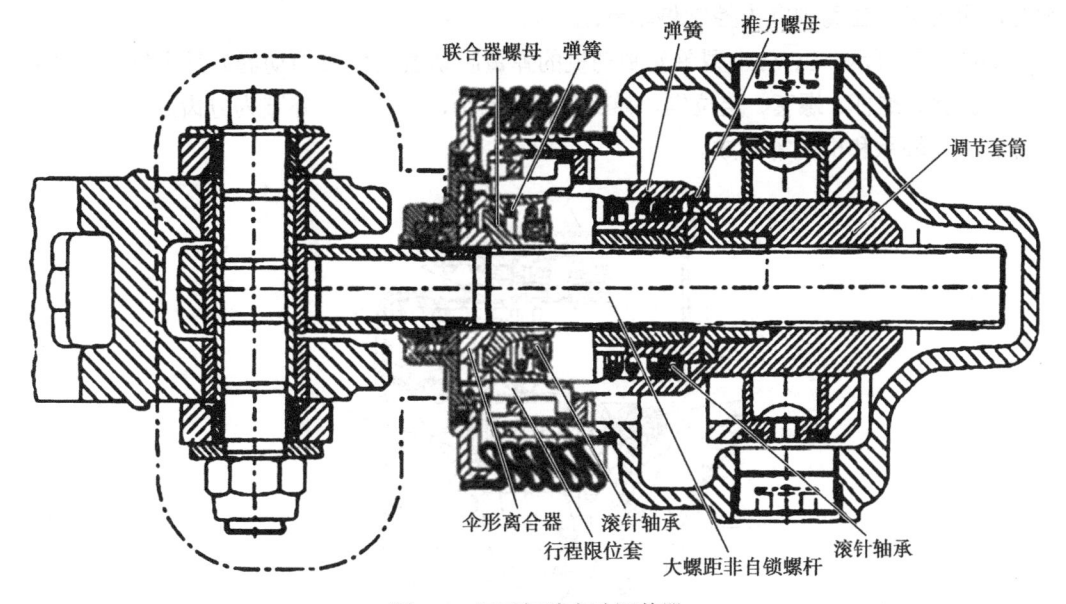

图 5-2　闸瓦间隙自动调整器

当骑跨在调节套筒上的杠杆通过调节套筒两侧的销轴带动调节套筒一起向车轮踏面方向（该方向即为闸瓦制动时的前进方向）运动时，行程限位套上两侧镶嵌在调节套筒两侧长槽中的销轴首先受到外壳止挡环的阻挡而停止向前，而闸瓦间隙自动调整器的其他部件尚未受到阻挡还在继续向前。这时行程限位套前端与联合器螺母相啮合的一副伞形离合器开始脱离，而调节套筒继续推动推力螺母前进。此时若闸瓦与车轮踏面有间隙，制动杆继续前进，联合器螺母则会在弹簧和滚针轴承作用下发生转动，在大螺距非自锁螺杆上向后移动，直到闸瓦与车轮踏面紧贴，制动杆停止前进，联合器螺母重新与行程限位套啮合而停止转动。

当制动缓解时，制动缸活塞复位弹簧与扭簧使杆杠又带动闸瓦间隙自动调整器的调节套筒向后运动。当制动杆受行程限位套和联合螺母啮合不能再后退时，调节套筒继续后退，并与推力螺母分离，推力螺母在弹簧和滚针轴承的作用下发生转动，在大螺距非自锁螺杆上向后移动，使其与调节套筒及连接环重新紧密啮合。推力螺母后退的距离与联合器螺母后移的距离相同，它们之间仍保持原来的距离，只不过两个螺母在制动螺杆上的位置都向后移动了，而后移的距离即为闸瓦磨损的间隙。这样，单元制动机自动完成了一次闸瓦磨

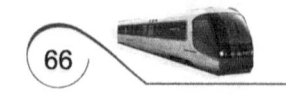

损间隙的补偿过程。

二、PC7YF 型单元制动机

PC7YF 型单元制动机的结构与 PC7Y 型单元制动机完全一样，只是多了一个停放制动器。停放制动器实际上是一个弹簧制动器，是利用释放弹簧储存的弹性势能来推动弹簧制动缸活塞，带动两级杠杆使闸瓦制动的。而它的缓解则需要向弹簧制动缸充气，通过活塞移动使弹簧压缩，从而使制动缓解。弹簧制动器一般也是用电磁阀来控制其充气和排气的。因此，司机可以在驾驶室内控制停车制动。

如图 5-3 所示，PC7YF 型单元制动机的弹簧制动器（停放制动器）是由气缸、活塞、双锥形弹簧、螺杆、螺套、定位销、弹簧盘（共两个，其中一个外圈为方齿圈）、导向杆、杠杆、平面轴承和机壳等组成。

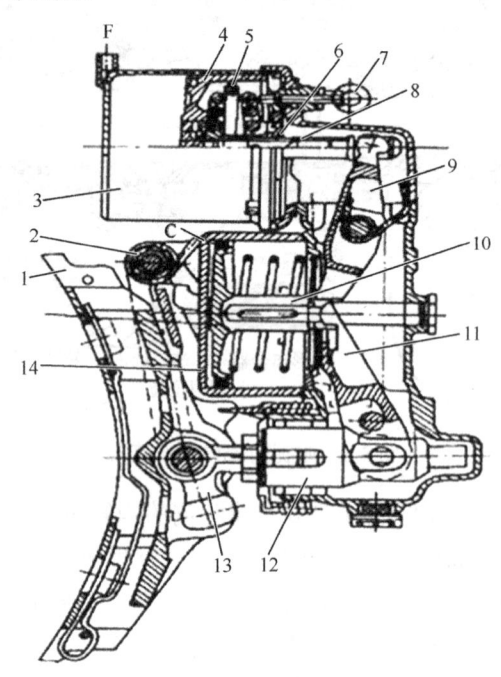

1—闸瓦托；2—吊销；3—缓解风缸；4—缓解活塞；5—停放制动弹簧；6—螺纹套筒；7—缓解拉簧；8—活塞杆；
9—停放制动杠杆；10—活塞杆；11—制动杠杆；12—闸瓦间隙调整器；13—闸瓦托吊；
F—压力空气向弹簧制动器充气时的接口；C—压力空气向制动缸充气时的接口

图 5-3　PC7YF 单元制动机

弹簧制动器的停车制动和缓解过程如下。

压缩空气从 F 口进入停放制动器的制动缸，其活塞被推右移，安装在活塞内的双锥形弹簧受压缩，而活塞中心线上的螺杆及螺套也被推动向后运动，但很快螺杆被机壳抵住不能再运动，因为螺套与机壳的距离很小。这时活塞在制动缸中还有很大一段活动距离，还在继续向前压缩锥形弹簧。由于中间的螺杆也是大螺距非自锁螺杆，只要外界有推力，螺杆就能自动旋入螺套内而保持活塞继续压缩锥形弹簧。当锥形弹簧被压缩到位后，活塞才停止运动。在活塞和螺杆向右运动时,与螺套尾部相连的杠杆顺时针转动,其另一端将常用制动的活塞杆向左推,使单元制动机处于制动缓解状态。

当停放制动缸排气时,活塞在锥形弹簧的弹力作用下向左运动,螺套及螺杆也向左移动,带动杠杆逆时针转动,使常用制动的活塞杆向右推,单元制动机处于制动状态。因为停放制动器在制动状态时不需要压缩空气,仅靠弹簧的弹力就能使单元制动机产生制动作用,所以可以用于无压缩空气的车辆(停放的列车一般都切断电源,因此空气压缩机停止工作)。但在此过程中为什么这个非自锁螺杆又会不转动而带动螺套运动呢?这是因为弹簧盘与螺杆头部之间存有一副锥形离合器,当弹簧盘被活塞带动向左运动时,锥形离合器就合上了,使弹簧盘与螺杆之间不能有相对的转动。此外,弹簧盘与锥形弹簧是紧配合,所以只要弹簧盘不转动,锥形弹簧就不会转动。这时我们再看一下锥形弹簧的另一端,另有一个弹簧盘套在制动缸盖的导向管上,它们之间是动配合。两个弹簧盘的外侧都装有平面推力轴承,因此整个锥形弹簧组件是可以灵活转动的。但在缸盖一侧的弹簧盘上带有一圈矩形齿,有一个安装在外壳上的定位销正好插在矩形齿轮中,使弹簧盘不能转动,因此整个锥形弹簧组件也就不能转动。所以,在制动缸排气时活塞能带动整个锥型弹簧组件向左运动,从而带动杠杆逆时针转动,实现弹簧力制动。

如前所述,只要向停车制动缸充气,就可以完成停车制动的缓解(释放)了。停车制动的缓解可以在驾驶室内由司机操作。

停车制动的缓解也可以由人工操作。列车在进行检修作业时,总风缸内一般无压缩空气,车辆是被弹簧制动锁住的。若需移动车辆,必须将停放制动释放。这时可将插在弹簧盘矩形齿轮内的定位销用专门工具拔出,即可使弹簧制动缓解。这是因为锥形弹簧组件在平时制动或缓解中被定位销锁住不能转动,一旦定位销被拔去,锥形弹簧组件即可自由转动并伸长,同时带动螺杆旋转并将螺套向右移动。螺套的右移使杠杆顺时针转动,推动常用制动缸活塞杆向左移动。这时,常用制动的活塞复位弹簧及吊杆扭簧也共同发挥作用,使两杠杆都对主制动杆产生向右移动的力,停车制动得到释放。

弹簧制动器经人工缓解后不会自动复位。若要复位也很简单,只需向弹簧制动缸充一次气,锥形弹簧重新被压缩,定位销将弹簧盘锁住后即可。

目前,大部分采用 PC7Y 型和 PC7YF 型单元制动机的地铁或轻轨转向架,两台带弹簧制动器的 PC7YF 型单元制动机在转向架上是呈对角线布置的,可以分别对两个轮对进行停车制动。另一个呈对角线布置的是两台 PC7Y 型单元制动机。

三、单元制动机日常检查与保养

1. 单元制动机日常检查

(1)目测检查锁紧片、橡皮保护套、闸瓦卡簧及其各螺栓、扭簧铀销卡簧,要求无异常,卡簧无断裂、脱落。

(2)检查管路及紧固件,要求管路无漏气,紧固件完好、无松动。

(3)检查闸瓦。要求闸瓦最低处厚度≥12mm,要求闸瓦未磨耗到限时,测量闸瓦与

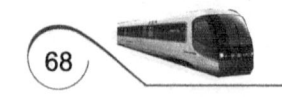

踏面间的间隙，调整间隙至 9mm±1mm。然后检查并测试停放制动功能，包括人工缓解在内。

2. 单元制动器的日常保养

（1）对单元制动器作外观清扫。

（2）松开闸瓦联接螺栓、螺母，取下挡圈环，抽出扭簧心轴，取下吊臂。

（3）拧下定位弹簧螺套，对弹簧片进行清洗，清洁后，在弹簧片上涂薄层黄油。

（4）将制动单元吊至试验台上进行功能及泄漏测试。

（5）安装吊臂扭簧、心轴扭簧，并将挡圈环扣好，其中扭簧和心轴涂上薄层黄油，螺杆表面涂黄油。

（6）将闸瓦托联接螺栓插上，并将螺母拧紧。

（7）检查、清洁皮腔，并对其润滑。

（8）更换闸瓦。

任务二　认知闸瓦

学习目标

（1）熟知闸瓦的分类；

（2）熟知铸铁闸瓦与合成闸瓦各自的性能特点；

（3）熟知合成闸瓦的结构及优缺点；

（4）掌握更换闸瓦的步骤和方法。

学习任务

认知城市轨道交通车辆的闸瓦，主要包括铸铁闸瓦、合成闸瓦，以及各自的性能特点、制作工艺、优缺点以及更换闸瓦的步骤。

工具设备

城市轨道交通车辆实物、铸铁闸瓦实物、合成闸瓦实物、模型、多媒体设备课件、图片、示教板、计算机多媒体设备等。

教学环境

轨道交通车辆理实一体化教室、车辆维修基地或现场。

基础知识

一、闸瓦的分类

闸瓦是指制动时压紧在车轮踏面上以产生制动作用的制动块。

由于城市轨道交通车辆是从铁路车辆演变过来的，与铁路车辆有太多的联系，因此闸瓦也是基本上沿用铁路车辆的闸瓦。铁路上最基本和最大量使用的就是铸铁闸瓦，但铸铁闸瓦的摩擦系数在高速时仅有 0.1 左右，而在低速时却达到 0.4 以上，与轮轨黏着系数不匹配，制动效能很低，尤其在长坡道连续制动时，易发生高温熔化，从而造成轮对抱死、轮轨擦伤以及火灾事故。因此，必须以一种性能更好的材料来替代铸铁闸瓦。为解决这个矛盾，前苏联早期的地铁列车和市郊动车，曾采用木质（桦木）闸瓦，以后发展到层压木闸瓦。在 20 世纪 50 年代，美国的柯勃拉（COBRA）、英国的菲洛杜（FERODO）以及前苏联的 6KB-10 合成闸瓦先后研制成功。据说这些闸瓦的优点是摩擦系数高，受速度影响小，耐磨，不伤车轮，等等。在 20 世纪 60 年代后期，世界上渐渐出现了能与铸铁闸瓦互换的低摩擦系数合成闸瓦，此后其发展逐渐加快，目前合成闸瓦已经得到了广泛的使用。

1973 年，苏联在全部客货车上使用 8-1-66 合成闸瓦（这种闸瓦已对早期的 6KB-10 合成闸瓦作了改进）。1974 年，美国所有新造列车全部采用合成闸瓦。日本也在积极推广高、中、低摩擦系数的合成闸瓦。据报道，日本可以按用户要求任意调整合成闸瓦的摩擦系数。西欧铁路联盟新造的联运货车有 20%采用高摩擦系数合成闸瓦，既有参加联盟各国自行制造的，也有购买美国柯勃拉和铁锚牌合成闸瓦的。

综上所述，轨道车辆上使用的闸瓦基本上分为两大类，即铸铁闸瓦和合成闸瓦。在铸铁闸瓦中，又可分为中磷铸铁闸瓦和高磷铸铁闸瓦。在合成闸瓦中，按其基本成分，可分为合成树脂闸瓦和石棉橡胶闸瓦；按其摩擦系数高低，又可分为高摩擦系数合成闸瓦和低摩擦系数合成闸瓦（简称高摩合成闸瓦和低摩合成闸瓦）。中磷铸铁闸瓦、高磷铸铁闸瓦和低摩合成闸瓦，称为通用闸瓦，可互换使用（不用改变基础制动装置的结构）。

二、铸铁闸瓦

高磷铸铁闸瓦与中磷铸铁闸瓦相比，主要是提高了含磷量。中磷铸铁闸瓦的含磷量为 0.7%～1.0%，高磷铸铁闸瓦的含磷量为 10%以上。高磷铸铁闸瓦的耐磨性比中磷铸铁闸瓦高 1 倍左右。

使用实践表明，高磷铸铁闸瓦的使用寿命约为中磷铸铁闸瓦的 2.5 倍以上。高磷铸铁闸瓦还有一个优点，就是制动时火花少。铸铁闸瓦的摩擦系数是随含磷量的增加而增大的，因此高磷铸铁闸瓦的摩擦系数大于中磷铸铁闸瓦。但含磷量过高，将增加闸瓦的脆性。试验证明，当含磷量超过 1.0%时，闸瓦如不加钢背，便有裂损的可能，所以高磷铸铁闸瓦需采用钢背补强。

三、合成闸瓦

合成闸瓦是以树脂、石棉、石墨、铁粉和硫酸钡等材料为主热压而成的闸瓦。

1. 合成闸瓦的优点

合成闸瓦与铸铁闸瓦相比，具有以下优点。

（1）摩擦性能可按需要进行调整。合成闸瓦的摩擦性能可根据需要，用改变、调整配方和工艺的办法获得较为理想的效果，从而可以充分利用轮轨间的黏着系数。

（2）耐磨性能好，使用寿命长。合成闸瓦的耐磨性能好，使用寿命一般为铸铁闸瓦的 3～10 倍。

(3) 对车轮踏面的磨耗小，可延长车轮使用寿命。

(4) 重量轻。合成闸瓦的重量一般只为铸铁闸瓦重量的 1/2～1/3。

(5) 可避免磨耗铁粉的污损及因制动喷射火星而引起的火灾事故。铸铁闸瓦的磨耗铁粉，不仅会污损车辆的电气设备，而且在制动过程中产生的红铁粉（在较长距离和较大坡度的坡道区段更为严重）喷射出来，容易引起火灾。合成闸瓦制动时没有或很少有磨耗铁粉飞散，从而能防止火灾事故，并减轻对电气设备的不良影响。

(6) 摩擦系数比较平稳并能保证有足够的制动力。铸铁闸瓦在高速制动时摩擦系数较小，可能造成制动力不足，而在低速特别是接近停车时，其摩擦系数又上升较多，很容易引起列车的纵向冲动，甚至造成滑行而擦伤车轮。而合成闸瓦具有摩擦系数比较平稳的特性，在高速时，摩擦系数值变化较小，故仍能产生足够的制动力，在速度降低时摩擦系数值增加不大，故能使停车平稳，提高旅客乘坐的舒适度，减轻或防止设备的损坏。

2. 合成闸瓦的结构

合成闸瓦由于其材料本身强度小，必须在其背部衬压一块钢板（钢背）来增加它的抗压强度。整个合成闸瓦由钢背和摩擦体两部分组成，如图 5-4 所示。钢背内侧开有槽或孔，用以提高摩擦体与钢背的结合强度。低摩合成闸瓦钢背两端的中间部分制成凸起的挡块，两侧低平，以便与闸瓦托的四爪相结合，钢背外侧中部装有用钢板焊制成的闸瓦鼻子，其外形和中磷铸铁闸瓦相同。由于高摩合成闸瓦的摩擦系数大，因此不能与通用闸瓦互换使用。为了防止混淆，将高摩合成闸瓦钢背两端的中间制成低平，两侧凸起，正好与低摩合成闸瓦相反，钢背内侧还焊有加强筋，以增加钢背的刚度。为了增加散热面积和避免闸瓦裂损、脱落，合成闸瓦摩擦体的中部压成一条或两条散热槽。

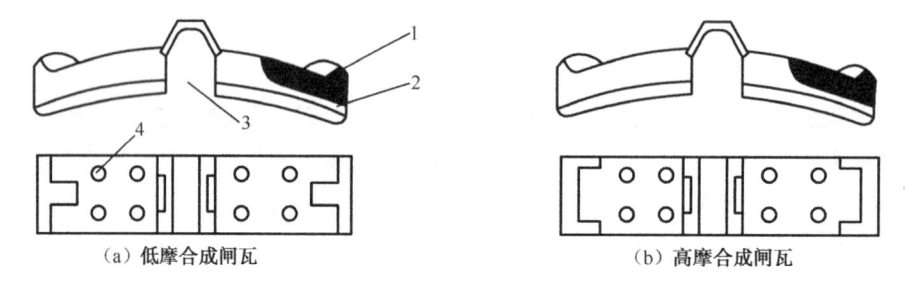

(a) 低摩合成闸瓦　　　　　　　(b) 高摩合成闸瓦

1—钢背；2—摩擦体；3—散热槽；4—冲孔

图 5-4　合成闸瓦

3. 合成闸瓦的制作材料和工艺

闸瓦制动是依靠闸瓦与车轮踏面的相互摩擦来消减列车的动能而产生制动作用的。因此，闸瓦的材料及其性能（主要是摩擦性能和对摩擦制动的效率）将直接影响到制动装置的构成和制动的效果。例如，铸铁闸瓦的摩擦系数在低速时急遽增高，所以要求高速列车制动机必须具有速度压力调节装置，以便当速度变化时能够自动地调节闸瓦压力，否则闸瓦将会被烧熔，车轮踏面也将受到很大的损伤。对于摩擦系数比较稳定的合成闸瓦，虽然不需安装速度调节装置，但是由于它目前还存在降低轮轨间黏着系数的缺点，因而必须加

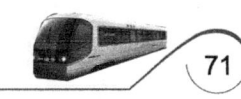

装防滑装置，以防列车在制动时车轮打滑。而且，闸瓦是一种磨耗量很大的消耗性零件，因此要求闸瓦具有良好的耐磨特性，这也是一项重要的指标。此外，由于闸瓦与车轮踏面是一对摩擦副，闸瓦的摩擦特性不仅对闸瓦本身有影响，而且对车轮踏面也有很大影响，这就要求闸瓦性能不会使车轮踏面发生热裂及不正常的磨耗而产生下凹等情况。因此，对闸瓦的成分、材质、形状和硬度等，都必须有严格的要求。更何况地铁列车的频繁制动（大约每 2 分钟制动一次），因此地铁闸瓦使用工况的恶劣程度是其他任何交通工具所无法比拟的。

合成闸瓦的发展经历了从有石棉到无石棉的过程。由于合成闸瓦属于由基体材料（树脂）、增强纤维和摩擦性能调节剂组成的三元复合材料，既是功能材料，又是结构材料，不仅涉及摩擦学，而且涉及高分子化学、高分子物理学、界面化学和金属矿物学等领域，所以能研制出摩擦性能和物理性能好的闸瓦，对充分利用摩擦系数和轮轨黏着系数提高制动效率有重要意义。

低摩合成闸瓦具有与铸铁闸瓦可互换的优点，但它的结构成分中含有大量的润滑材料，与车轮踏面接触后会遗留在车轮踏面上，再传递到轨面上，导致轮轨间黏着系数明显下降，因此无法用于重载、高速的列车。

高摩合成闸瓦与低摩合成闸瓦相比，摩擦系数高，对轮轨黏着系数的影响较小，因此提高了制动效能。但高摩合成闸瓦的增强纤维原先都选用石棉。随着石棉的危害日益受到人们的关注，1988 年美国环保局颁布了对石棉制品的禁令，我国也在 2000 年颁布了对石棉的禁令。世界发达国家的高摩合成闸瓦均改用符合环保要求的增强纤维，例如碳纤维、钢纤维、玻璃纤维和有机纤维。上海地铁车辆使用的德国原装闸瓦-JURID836 闸瓦就是无石棉闸瓦。

合成闸瓦的成分，目前见到的几乎全是由树脂、铁粉、减摩剂、石棉以及稳定剂合成的。其中的关键成分是树脂、减摩剂和稳定剂。树脂是黏结材料，一般是酚醛树脂，但实际上是由酚醛树脂经过一定的改性聚合的，例如日本用腰果壳油改性。改性以后的酚醛树脂，可以降低闸瓦的杨氏弹性模数，从而降低车轮踏面的最高温度。所谓最高温度，是指车轮踏面上出现的热斑温度，这是由于闸瓦局部与车轮踏面接触所产生的瞬时局部高温。闸瓦杨氏弹性模数降低后，闸瓦变软，使它与车轮踏面的接触面能吻合良好，这样就可以改善闸瓦和踏面发生局部高温的情况。树脂改性也可以在酚醛树脂中加入丁腈橡胶或其他树脂。腰果壳油可能使改性后的酚醛树脂特性更好一些。铁粉的作用是调节摩擦系数与速度之间的关系。减摩剂则用于降低闸瓦摩擦系数。目前，我国采用石墨做减摩剂，但石墨含量过多会大幅度降低轮轨间的黏着系数。滑石粉与锡粉也可以作为减摩剂，只是价格可能高了一些。用于稳定摩擦系数的稳定剂，目前国内尚未研究，所以国产合成闸瓦在高温或低温时的差别就很大。由于闸瓦摩擦系数不稳定，容易造成列车在制动过程中打滑。

合成闸瓦生产过程中的热处理与合成闸瓦的耐磨性也有很大的关系。有些合成闸瓦不耐磨，原因是生产时压制时间不足，如果在压制时，经过一定时间的热处理后，耐磨性能就有了显著的提高。合成闸瓦容易发生金属镶嵌，这个问题与车轮踏面的瞬时局部高温有关。降低闸瓦杨氏弹性模数后，局部高温有所下降，可能解决这一问题，同时车轮踏面的

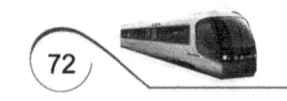

热裂也可以减少。当然,车轮踏面热裂和闸瓦摩擦面上金属镶嵌的发生,与车轮材质也有一定的关系。

由此可见,影响闸瓦摩擦性能的因素是很多的,在制造工艺方面,有材质成分、压制时间、热处理温度和外形尺寸等;在使用方面,有运行速度、制动初速、表面沾水和制动缸压力等。

4. 合成闸瓦的缺点

虽然合成闸瓦具有很多优点,但它对车轮也有很大的影响,主要有以下几种情况。

(1) 热龟裂。由于闸瓦与车轮的接触不良,因而在车轮踏面上产生局部过热,形成热斑点,在个别情况下会发生热龟裂。

(2) 车轮的沟状磨耗。在制动频繁的区段上使用合成闸瓦会使车轮温度升高。车轮踏面呈现有沟状磨耗,这是由于合成摩擦材料局部摩擦热膨胀引起的。温度越高时,这种磨耗在车轮踏面的外侧越容易发展。沟状磨耗是闸瓦横向摩擦造成的。研究制动时的踏面温度分布,便可以判断车轮踏面容易发生沟状磨耗的位置。

(3) 车轮的凹形磨耗。在冬季积雪地区使用合成闸瓦时,会发生这种磨耗。这是由于水介入到闸瓦摩擦表面所引起的。除上述现象外,合成闸瓦对车轮踏面造成的常见的影响有毛细裂纹、热裂纹、滑行裂纹和踏面剥离等。

四、闸瓦的更换步骤

(1) 用止轮器对列车双向采取防溜措施;在列车车体两侧插红旗防护。

(2) 将插在弹簧盘矩形齿轮内的定位销用专门工具拔出,使车辆缓解或操纵列车制动阀使列车缓解。

(3) 关闭该车辆截断塞门。

(4) 取出闸瓦扦下开口销或圆销,将闸瓦扦由上部抽出。

(5) 将旧闸瓦从闸瓦托取出,新闸瓦安装到闸瓦托上,并使闸瓦背部孔与闸瓦托孔对齐。

(6) 将闸瓦扦从上向下经闸瓦托孔穿下,使闸瓦与闸瓦托固定。

(7) 在闸瓦扦下穿上开口销或圆销。

(8) 打开截断塞门,拆除防溜措施和防护措施。

任务三 认知盘形制动

学习目标

(1) 熟知盘形制动的结构和作用原理;

(2) 熟知盘形制动的分类和盘形制动的优点;

(3) 掌握盘形制动装置的日常检查与维护方法和制动盘的安装方法。

学习任务

认知城市轨道交通车辆的盘形制动,主要包括盘形制动的结构、作用原理、盘

项目五　基础制动装置

形制动方式的分类、盘形制动的优点及盘形制动装置的日常检查和维护。

工具设备

城市轨道交通车辆实物、带盘形制动的转向架实物、模型、多媒体设备课件、图片、示教板、计算机多媒体设备等。

教学环境

轨道交通车辆理实一体化教室、车辆维修基地或现场。

基础知识

闸瓦制动的结构虽然简单可靠，但其制动功率不大。特别是高速列车在电制动故障时，必须完全依靠空气摩擦制动使车辆停下来，这样大的制动功率会使闸瓦熔化，车轮踏面过热剥离或热裂，这些都会危及行车安全。因此，必须计算在故障情况下的制动热容量。当热容量超过一定标准极限，就不能使用闸瓦制动装置，必须采用较大制动功率的盘式制动了。

一、盘形制动的结构和原理

盘式制动装置一般由单元制动缸、夹钳装置、闸片和制动盘等组成。制动时，制动缸活塞杆推出，制动缸体和活塞杆带动两根杠杆，通过杠杆和支点拉板组成的夹钳，使闸片同时夹紧制动盘的两个摩擦面，产生制动作用。盘式制动装置按其安装形式的不同，可分为轴盘式和轮盘式。在转向架空间位置较大的情况下，一般采用轴盘式制动装置（见图5-5）。

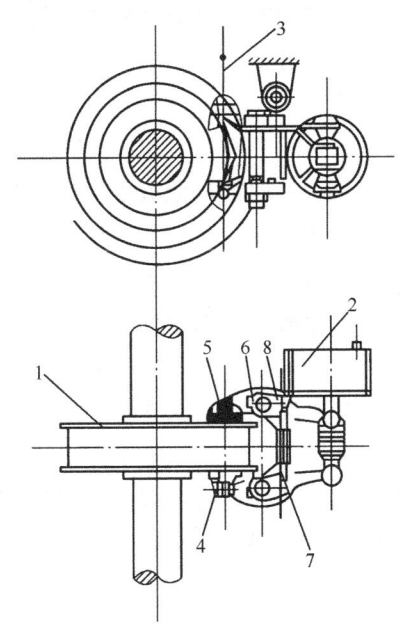

1—制动盘；2—单元制动缸；3—吊杆；4—闸片；5—闸片托；6、7—杠杆；8—支点拉板

图5-5　克诺尔盘式制动机

二、盘形制动的分类

盘形制动包括两种，一种是轴盘式，如图 5-6 左图所示，制动盘固定在车轴上，制动时，单元制动缸的压力空气的压力使制动夹钳夹紧制动盘两侧的制动盘片，制动夹钳与制动盘两侧制动盘片摩擦，消耗列车的动能产生热能，消散到大气当中去；另一种是轮盘式，如图 5-6 右图所示，制动盘片固定在车轮两侧，制动时，制动夹钳夹紧车轮两侧，与制动盘片摩擦，产生制动力。轴盘式通常用于拖车轮对上，动车的车轴上由于安装了牵引电机，没有足够的空间，所以采用轮盘式。

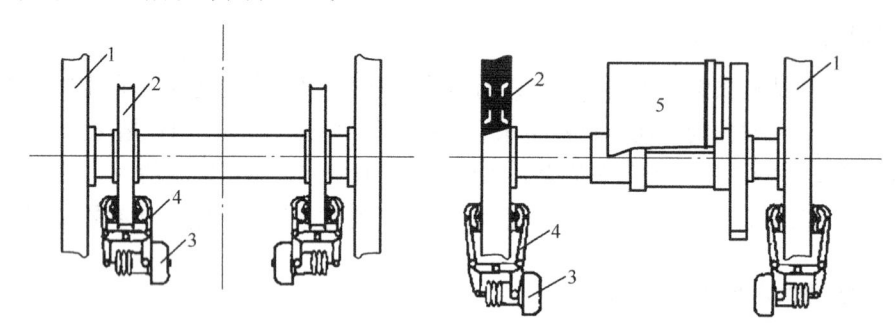

1—轮对；2—制动盘；3—单元制动缸；4—制动夹钳；5—牵引电机

图 5-6　盘形制动

盘形制动的优点是双向摩擦副，摩擦面积大，从而制动功率大；盘形制动对车轮踏面没有磨耗；制动盘所在的位置相比踏面制动有更好的通风条件，加上盘形制动的摩擦接触面积大，使得盘形制动有更好的散热性能。

三、制动盘的安装方法

制动盘以某种形式固定在车轴上：通常是把盘毂用过盈配合压装在车轴上，再把制动盘用螺栓紧固在盘毂上。一根车轴可布置 2~4 个制动盘。当轴盘式制动装置无安装空间时，就只能采用轮盘式制动装置。轮盘式制动装置如图 5-7 所示，制动盘与过渡钢盘径向连接，过渡钢盘用螺钉安装在车轮轮毂上。制动盘的材料有铸铁、铸钢和锻钢等，闸片采用合成材料、粉末冶金等各种材料。城市有轨车辆一般采用铸铁盘和合成闸片。对合成闸片材料的选择，除了要满足制动摩擦性能的要求外，还必须考虑摩擦产生的粉末对环境污染的影响。对车速较高的城郊有轨车辆，如果超过每小时 160km 或更高，可增加制动盘的数量，来满足高速制动的要求。如果增加制动盘数量有困难，则可通过改变制动盘和闸片的材料，如选择钢盘、粉末冶金闸片来满足制动要求。

四、盘形制动的特点

盘式制动装置代替闸瓦制动装置，没有闸瓦对车轮踏面的摩擦，因此不存在对踏面的烧损，也减少了车轮的磨耗。盘式制动的设计可以通过计算选择制动盘和闸片的材料，使制动配合获得较高的摩擦系数和最佳的制动效果。盘式制动的最大优点是散热性好，因此摩擦系数稳定,制动力恒定,热容量大,允许其具有较大的制动功率。这对于城市轨道交通车辆运行时速度高、载客多、启动制动频繁的行车特点,更具有安全保障作用。

但盘式制动代替闸瓦制动后,使轮轨间的黏着系数有所下降,这是它的最大缺点。

盘形制动的特点:

(1) 可以大大减轻车轮踏面的热负荷和机械磨耗,延长车轮使用寿命。

(2) 制动性能比较稳定,可减少车辆纵向冲动。

(3) 通过双向选择摩擦副可以得到比闸瓦制动更大的制动功率,满足高速制动的要求,保证运行安全。

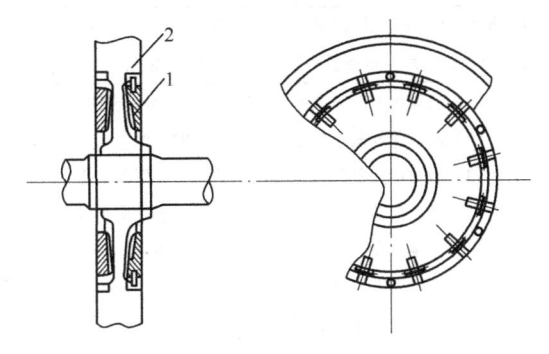

1—过渡钢盘;2—制动盘

图 5-7 盘形制动的安装方式

(4) 车轮踏面没有闸瓦的摩擦,将使轮轨黏着系数下降。

(5) 制动盘使簧下重量及冲击振动增大,运行中消耗牵引功率。

五、盘形制动装置的日常检查与维护

(1) 检查制动钳单元是否有变形或锈蚀等损坏情况。

(2) 检查制动钳单元紧固至构架的紧固件上的标志。如果紧固件松脱,则应对其重新紧固。

(3) 检查制动闸片支座是否有变形或腐蚀,如有损坏更换所有损坏的部件。

(4) 检查底座是否紧固,确认固定制动闸片支座紧固件的销钉是否损坏。如有损坏,更换销钉。

(5) 检查用于弹簧制动器排气的通气塞是否阻塞,必须用螺丝刀等杆形工具对螺纹孔进行清洁。

(6) 检查制动闸片是否损坏,在制动闸片磨损至小于 5mm 的最小厚度之前必须对其进行更换。在安装了新的制动闸片后,应反复施加和缓解车辆制动,检查它们是否操作正常。最后检查制动闸片与制动盘之间的间隙应为 1.5mm。

对盘形制动装置进行检查与维护时,应注意:关闭制动截断塞门,完全排空常用制动气缸中的空气。对于带有弹簧制动器的制动钳单元,须遥控操作紧急缓解装置,以手动方式缓解弹簧制动器。

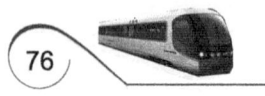

任务四　基础制动装置的操作运用

【操作运用案例】　基础制动装置的操作运用

1. 实训项目教师工作活页

实训项目教师工作活页　　　　　　　　　　　　　　　　NO：_____

实训项目	基础制动装置的操作运用			
学　时	2	班　级	略	
实训场所	机车车辆设备综合仿真实验室或车辆维修基地现场			
工具设备	城市轨道交通车辆实物、带踏面制动的转向架、带盘形制动的转向架、铸铁闸瓦实物、合成闸瓦实物、模型、多媒体设备课件、图片、示教板、计算机多媒体设备等			
教学目标	专业能力	（1）能说出 PC7Y 型和 PC7YF 型单元制动机的结构和作用原理 （2）能对单元制动机进行更换闸瓦的操作 （3）能对单元制动机进行日常的检查和保养工作 （4）能说出铸铁闸瓦和合成闸瓦各自的结构组成和性能特点 （5）能说出盘形制动的结构和作用原理 （6）能对盘形制动机进行更换闸片和制动盘的操作 （7）能对盘形制动装置进行日常的检查与维护工作		
教学目标	方法能力	（1）能综合运用专业知识，通过利用专业书籍、多媒体课件和图片资料获得帮助信息 （2）能根据实训项目学习任务确定实训方案，从中学会表达及展示活动过程和成果		
	社会能力	（1）能在实习训练活动中保持积极向上的学习态度 （2）能与小组成员和教师就学习中的问题进行交流和沟通 （3）能与他人共享学习资源，具有较好的合作能力和团队协作精神		
教学活动	略（详见教学活动设计）			
教学评价	学生活动：① 以 5～7 人小组为单位开展实训活动，根据本组同学在实训过程中的能力表现及结果进行自评组内互评；② 根据其他小组同学在成果展示活动中的表现及结果进行互评 教师活动：① 教师组织学生开展评价活动和总结；② 对学生本实训项目单元成绩做出综合评价			
教学资料	（1）城市轨道交通车辆制动系统教材 （2）城市轨道交通运输设备教材 （3）实训项目学生学习活页（附页）			
指导教师		教学时间	年　　月　　日	

2. 实训项目学生学习活页

实训项目学生学习活页　　　　　　　　　　　　　　　　NO：_____

实训项目　基础制动装置的操作运用

班级：_____　姓名：_____　学号：_____　时间：_____

一、实训目标

1. 专业能力目标

（1）能说出 PC7Y 型和 PC7YF 型单元制动机的结构和作用原理

续表

(2) 能对单元制动机进行更换闸瓦的操作
(3) 能对单元制动机进行日常的检查和保养工作
(4) 能说出铸铁闸瓦和合成闸瓦各自的结构组成和性能特点
(5) 能说出盘形制动的结构和作用原理
(6) 能对盘形制动机进行更换闸片和制动盘的操作
(7) 能对盘形制动装置进行日常的检查与维护工作
2．方法能力目标
(1) 能综合运用专业知识，通过利用专业书籍、多媒体课件和图片资料获得帮助信息
(2) 能根据实训项目学习任务确定实训方案，从中学会表达及展示活动过程和成果
3．社会能力目标
(1) 能在实习训练活动中保持积极向上的学习态度
(2) 能与小组成员和教师就学习中的问题进行交流和沟通
(3) 能与他人共享学习资源，具有较好的合作能力和团队协作精神

二、知识总结
1．对照图 5-1 简要说 PC7Y 型单元制动机的工作原理

2．对照图 5-3 简要说出 PC7YF 型单元制动机的工作原理

3．简要说出合成闸瓦的优点和缺点

4．简要说出盘形制动的优点

三、操作运用
1．右图为合成闸瓦的结构图，根据图完成下面填空
(1) 1 是_____起_____的作用
(2) 2 是_____起_____的作用
(3) 3 是_____起_____的作用

续表

2. 右图为盘形制动的示意图，看图填空

(1) 1 是＿＿＿＿＿＿

(2) 2 是＿＿＿＿＿＿

(3) 3 是＿＿＿＿＿＿

(4) 4 是＿＿＿＿＿＿

3. 对单元制动机进行日常的检查和保养工作

4. 对盘形制动装置进行日常的检查与维护工作

四、实训小结

＿＿＿

＿＿＿

五、成绩评定

1. 学生评价

评价等级	A—优	B—良	C—中	D—及格	E—不及格
学生自评					
组内互评					
他组互评					

2. 教师评价

评价等级	A—优	B—良	C—中	D—及格	E—不及格
专业能力					
方法能力					
社会能力					

3. 综合评价

评价等级	A—优	B—良	C—中	D—及格	E—不及格
评价结果					

注：按照学生自评占10%、组内互评占10%、他组互评占20%、教师评价60%的比例计分。其中，A—100分，B—85分，C—75分，D—60分，E—50分。

项目五 基础制动装置

续表

等级	行为表现描述
A	能圆满高效地完成实训任务的全部内容
B	能顺利完成实训任务的全部内容
C	能完成实训任务的全部内容，但需要一些帮助和指导
D	自己只能完成实训任务的部分内容，但在现场的指导下，已经能完成任务的全部内容
E	不能完成实训任务的全部内容

4. 评价量规

课后巩固

1. 什么是基础制动装置？采用单元制动机的城市轨道交通车辆的基础制动装置包括哪些？
2. 结合图 5-1 简述 PC7Y 型单元制动机的结构和原理。
3. 结合图 5-3 简述 PC7YF 型单元制动机的结构和原理。
4. 简述合成闸瓦有何优缺点。
5. 结合图 5-6 简述盘形制动的结构和原理。

项目六 制动与防滑控制技术

制动控制系统是空气制动系统的核心,它接收司机或自动驾驶系统(ATO)的指令,并采集车上各种与制动有关的信号,将指令与各种信号进行计算,得出列车所需的制动力,再向动力制动系统和空气制动系统发出制动信号。动力制动系统进行制动时将实际制动力的等值信号反馈给制动控制系统,制动控制系统通过运算协调动力制动和空气制动的制动量。空气制动系统将制动控制系统发来的制动力信号经流量放大后使执行部件产生相应的制动力。这就是制动控制系统的主要功能。

动力制动和强力制动装置的采用,带来了因制动力过大而导致列车制动滑行的倾向。列车制动滑行会产生普遍的轮轨发热、轮轨擦伤现象,严重时还会使线路失稳,产生胀轨跑道事故。因此,有效防止列车制动滑行极为重要。

任务一 认知制动控制系统的组成和原理

学习目标

(1)熟知电子制动控制单元的主要功能;
(2)掌握电子制动控制单元的检修方法;
(3)熟知空气制动控制单元的主要组成和作用原理;
(4)熟知电气指令系统的种类和基本原理。

学习任务

认知制动控制系统的组成和基本作用原理,包括电子制动控制单元、空气制动控制单元和电气指令系统的基本作用原理;掌握电子制动控制单元的检修方法。

工具设备

EP阀、中继阀、空重车调整阀、城市轨道交通车辆实物、多媒体设备课件、图片、示教板、计算机多媒体设备等。

教学环境

轨道交通车辆理实一体化教室、车辆维修基地或现场。

基础知识

制动控制系统主要由电子制动控制单元(EBCU)、空气制动控制单元(BCU)和电气指令单元等组成。它在整个制动系统中的位置如图 6-1 所示。

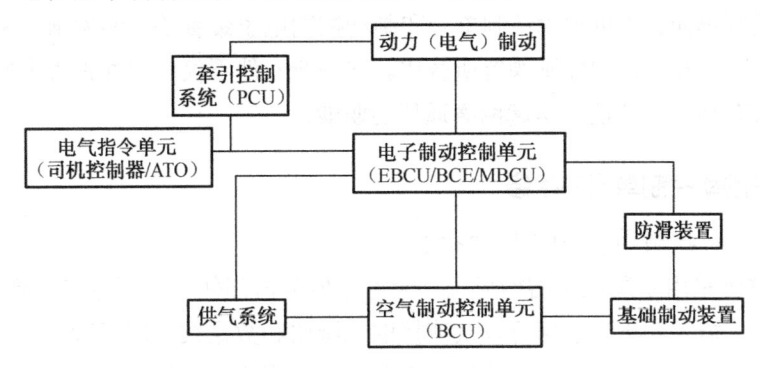

图 6-1 制动控制系统的组成

一、电子制动控制单元 EBCU

对过去的轨道车辆来说，电子制动控制单元是不存在的。因为那时的列车仅以压缩空气作为唯一的制动源而没有电气制动。电磁式制动机虽然采用电气指令控制，但它们只是通过司机制动控制器（电空制动控制器）进行励磁和消磁，从而控制列车制动或缓解，根本没有其他功能。

随着电子技术的迅速发展，特别是微机技术的发展，列车制动控制再也不靠司机的头脑判断了，而由微机综合列车运行中的所有参数，经过判断和运算，给制动系统发出精确的指令。以微机为中心的电子控制装置被称为电子制动控制单元（EBCU）、微机制动控制单元（MBCU）或制动控制电子装置（BCE）等。

电子制动控制单元的主要功能如下。

（1）接收司机控制器或 ATO 的指令，与牵引控制系统协调列车的制动和缓解。设有紧急制动电路，当紧急制动指令发出时，列车能迅速调用全部空气制动能力实行紧急制动。

（2）将接收到的动力（电气）制动实际值经 EP 转换，将电信号转换成为气动信号发送给空气制动控制单元。在保证电制动优先作用下，空气制动能自动进行列车制动力的补偿，将制动所需压力传递给基础制动装置，从而使列车制动力保持不变。

（3）控制供气系统中空气压缩机组的工作周期，监视主风缸输出压力等参数。如果供气系统中某台设备发生故障，它能及时调用备用设备填补。

（4）在列车制动过程中始终收集列车所有轮对速度传感器发来的速度参数，对轮对在制动中出现的滑行进行监视。一旦发现滑行，立即发出防滑信号并采取防滑措施。

（5）对列车制动时的各种参数和故障进行监视和记录。故障记录可以在列车回库后用便携式计算机读出。

其实，电子制动控制单元从硬件上来说只是一台微机和一些输入输出设备，而更主要的是控制软件。制动控制程序软件的编制水平不断提高，使得电子制动控制单元的功能越来越完美。

近年来，列车网络通信已经成为车辆控制技术的新宠，电子制动控制单元也成为列车

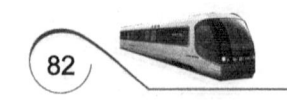

控制网络中的重要一环。集成电子技术越来越多地融入制动系统，机电一体化元件的出现，使电子制动控制单元、微机制动控制单元和制动控制电子装置等已经逐渐被机电一体化组合件智能阀、网关阀和远程控制阀等所替代。这些新元件不仅保留并扩大了原先电子制动控制单元的所有功能，还能承担起网络通信的职能。

二、电子制动控制单元的检修

1. 电子制动控制单元 EBCU 的拆装

EBCU 整体采用单层机箱结构形式，无论是拆装内部任一印刷电路板还是整件拆装，都相当方便，只需要卸下安装螺钉以及连接的电源线和数据线，即可顺利抽出。当 EBCU 处于带电状态时，绝不要抽出任一块印刷电路板，否则将造成损坏。

2. 电子制动控制单元 EBCU 的检修

（1）双周检

① 检查两位数字故障显示代码，读取故障存储器数据。

② 执行防滑试验。

（2）年检

① 根据测量出的车轮直径，检查轮径设定值，若参数需更改，则重新设定。

② 执行防滑试验。

③ 检查 EBCU 单元继电器触头的正确动作。

（3）架修、大修

对机箱和内部印刷电路板进行清洁，不需要其他特别的检修。

3. 电子制动控制单元 EBCU 的试验

EBCU 配有专门的测试装置，可以对整件或单块印刷电路板进行功能测试试验。同时，由于 EBCU 具有自诊断功能，对于故障维修后的电路板，也可以直接安装回列车上状态良好的 EBCU 机箱中，进行通电试验。

三、空气制动控制单元

空气制动控制单元是制动系统中电气制动和空气制动的联系点，也是电子、电气信号与气动信号的转换点。因此，在过去许多制动技术论述中将其称为中继阀或 EP 阀。一般空气制动控制单元由各种不同功能的电磁阀和气动阀组成。虽然它们的详细内部结构不尽相同，但一般都由以下几种零部件构成。

（1）内部有腔室及连通腔室大小通路的阀体。

（2）控制腔室与各通路的活塞和阀门。

（3）控制活塞和阀门的膜板、弹簧、顶杆和铁芯。

（4）控制（吸引）顶杆和铁芯的电磁线圈。

（5）与阀体内部大小通路相连接的输入、输出气管接头。

（6）气—电或电—气转换元件。

空气制动控制单元组成部分根据各制造厂商的产品系列和电气指令的模式不同也有很大的不同，但基本上分为 EP 阀、中继阀和空重车调整阀等几种。

1. EP 阀

EP 阀又称为控导阀，也称为模拟转换阀。其实它主要是一个电—气转换阀。一般 EP 阀由电磁线圈、铁芯、顶杆和活塞等组成。当它的电磁线圈没有励磁时，铁芯和连杆落在阀底，通路阻断或通路与大气连通。当线圈励磁，铁芯被吸引上移，推动顶杆和活塞上移，通路与储风缸压力空气连通。如果励磁线圈电流增大，铁芯吸引力也增大，阀腔内形成的空气压力信号也相应增大；反之，励磁线圈电流减小，阀腔内形成的空气压力信号也相应减小。

从功能上来看，EP 阀具有将一个电流信号转换成一个空气压力信号的功能，并且空气压力信号与励磁电流成线性关系。

2. 中继阀

中继阀是对空气制动控制单元中最重要的电磁阀的统称。它的结构大都是上部是给排阀，下部是腔室。腔室中是活塞和膜板，活塞和膜板带动有空心通路的顶杆上下移动。有些中继阀的腔室大些，数量多些，活塞和膜板也多些，结构复杂一点。由于充气腔室的数量不同，活塞和膜板的截面积不同，因此共同作用在顶杆上的移动力也不同。经过电磁阀的励磁和消磁的不同组合，可以引起多个充气腔室充气或不充气的组合。这些组合造成输出通路会输出与预充气腔室压力相等的空气压力。

中继阀也是一个将电信号转换成压力空气的电磁阀，只是电信号的变化不是励磁电流的变化，而是通过电磁阀励磁线圈励磁和消磁状态的不同组合，将多个电信号输入转换成对应空气压力输出。此外，中继阀还具有气流放大的作用。北京地铁车辆使用的 SD 制动系统中的七级中继阀是最典型的中继阀，它的详细功能将在本书项目九中介绍。

3. 空重车调整阀

空重车调整阀的作用是根据车辆载重的变化，即根据乘客的多少，输出一个空气压力信号，并通过中继阀使单元制动机风缸保持一个恒定的制动力。

空重车调整阀的输入是车辆二系弹簧（空气弹簧）的空气压力信号。考虑到车辆载重的不平衡，一般采取前后转向架对角的两个空气弹簧压力为输入信号，这样就能比较准确地使空重车调整阀的输出压力信号与乘客负载成一定比例关系。

由于电子技术的发展，现在许多空重车信号已经直接将空气弹簧压力转换成电子信号输入 BCE 或 MBCU，空重车调整阀输出的空气压力信号在常用制动时根本不起作用。但是在紧急制动时，空重车调整阀输出的空气压力信号还是可以越过中继阀，对紧急制动起到限制冲动的作用。

从以上介绍中我们可以了解到，空气制动控制单元虽然是一个以气动元件和气路为主组成的系统，但它的控制不仅有腔室、膜板、活塞和弹簧等气动控制方式，而且有电磁线圈、铁芯和电—气转换元件等电气控制方式；给定值或预置量并不都是空气压力信号，也有电流值、电压值等模拟量，还有数字量（如电磁阀励磁线圈组合）。由于空气制动控制单元结构复杂、制作困难、维修成本高，而受到越来越多新的机电一体化元件冲击。与电子制动控制单元一样，空气制动控制单元也将被机电一体化元件所替代。

为了节约空间和减轻重量，现在空气制动控制单元都实现了集成化，即把所有的部件都安装在一块铝合金的气路板上，犹如电子分立元件安装在一块印刷线路板上一样，这样可以避免用管道连接而造成泄漏，同时元件所占空间也大大减少。这些空气制动控制单元还在气路板上装置了一些测试接口，如果需要测量各个控制点压力或风缸压力，只要在这块气路板上就可测得，这样日常的检修保养工作就很方便。如果空气制动控制单元在运营中发生故障，也可以将整个控制单元的气路板更换下来，列车可以马上重新投入运营，故障气路板则带回检修，处理故障和检修都很快捷。

四、电气指令单元

现代城市轨道交通车辆的制动系统无一例外地采用电气指令单元来快速、准确、可靠地传递司机控制器的指令。电气指令单元从根本上改变了传统上使用压力空气作为制动信号传递和制动力控制的介质。早期的城市轨道交通车辆也曾使用过电磁直通式空气制动机，司机通过控制器对每节车上的制动电磁阀和缓解电磁阀进行励磁和消磁，以控制直通管的空气压力使各车辆中继阀工作，最终获得制动缸压力。但是电气指令的产生非常简单，传递方式依靠有触点电器，准确性差，故障率也很高。随着电子技术的迅速发展，出现了新的电气指令传递方式，即采用电气指令控制线的方式。采用电气指令控制线的主要目的是：使列车制动、缓解迅速，停车平稳无冲动，缩短制动距离。采用这种方式的制动系统被称为电气指令制动控制系统。按指令方式分类，电气指令制动控制系统有数字式和模拟式两种。

1. 数字式电气指令制动控制系统

数字式电气指令制动控制系统是指 0 和 1 两个数字，在组成三位数字时，除 000 外，还有 001、010、011、100、101、110、111 共七组组合。这样的数字式指令实际上是使用三根常用制动电气指令线并通过对应的三个电磁阀各自得电（相当于 1）或失电(相当于 0)组成的组合，从而获得七档制动指令。因此，数字式指令实际上是开关指令的组合，属于分档控制。这样的分档制动指令通过具有多块气动膜板的中继阀的动作，使制动缸获得恒定的七级压力。如果采用更多的指令线，可获得更多的制动指令，但根据一般的经验或操作，七级制动档数已基本足够。

数字式电气指令制动控制系统操纵灵活，可控性能好。我国自行制造的北京地铁车辆使用的 SD 型制动系统即为数字式电气指令制动控制系统。

2. 模拟式电气指令制动控制系统

模拟式电气指令制动控制系统可以实现无级制动和连续操纵。常用的模拟电信号有电流、电压、频率和脉冲等，这些模拟量可以传递制动控制的信号。理论上，模拟式电气指令制动控制系统的操纵比数字式的更方便，但它对指令传递的设备性能要求较高。如果设备性能不能满足要求，其精度会下降，从而影响制动效果。

目前，绝大部分城市地铁使用的电气指令制动控制系统为模拟式电气指令制动控制系统。从司机控制器发出的指令经调制器转换为脉冲宽度信号（即采用脉冲宽度调制方法，简称 PWM），不同的脉冲宽度表示不同的制动等级。制动指令传递到每节车的微机制动控制单元。微机制动控制单元采集列车的运行速度和本车的负载量，对制动指令修正给出制动力值，并根据动力制动优先的原则，计算出所需补充的空气制动力的数值，用电气指令传送给电—空转换单元（EP 阀）。电—空转换单元向中继阀输出空气压力指令。中继阀起着压力空气流量放大的作用，它将足够的压力空气冲入制动缸，以实现不同等级的制动作用；或者将压力空气排出制动缸，以实现不同程度的缓解作用。

从目前趋势来看，城市轨道交通车辆采用脉冲宽度调制（PWM）的模拟式电气指令制动控制系统，应当是较为先进的列车制动控制系统。

任务二　认知防滑系统的组成和原理

学习目标

（1）熟知防滑系统的组成和工作原理；
（2）熟知速度传感器的结构和原理；
（3）熟知防滑阀的结构和原理；掌握防滑阀的检修方法；
（4）熟知防滑系统判断滑行的依据。

学习任务

认知防滑系统的组成和基本作用原理，包括速度传感器和防滑阀的结构的基本作用原理以及判断滑行的依据；认知防滑阀的检修工艺。

工具设备

速度传感器、防滑阀、城市轨道交通车辆实物、多媒体设备课件、图片、示教板、计算机多媒体设备等。

教学环境

轨道交通车辆理实一体化教室、车辆维修基地或现场。

基础知识

由第一章制动力的形成原理可以知道，黏着失去的根本原因是制动力大于所能实现的黏着力。恢复黏着的有效手段是使制动力减小，以满足"制动力小于所能实现的黏着力"这个平衡条件。前面已得出结论，黏着一旦被破坏，单靠轮轨系统本身是不可能恢复的。必须需要外部因素的介入，才能使黏着恢复，而电子防滑控制装置实质上就是一种非常合适的外部干预，以帮助轮轨间的黏着恢复。

防滑控制装置的功能是：一旦检测到因外界因素或较大的制动力引起黏着系数下降时，就立即实施控制，尽快使黏着恢复。而这种恢复应尽量接近当时条件所允许的最佳程度，即再黏着恢复必须充分提高黏着利用率。

一、防滑系统的基本结构和原理

典型的防滑控制系统主要由控制单元、速度传感器与机械部件防滑阀组成。其中控制单元是防滑控制系统的核心部分，图6-2为电子防滑控制装置的示意图。

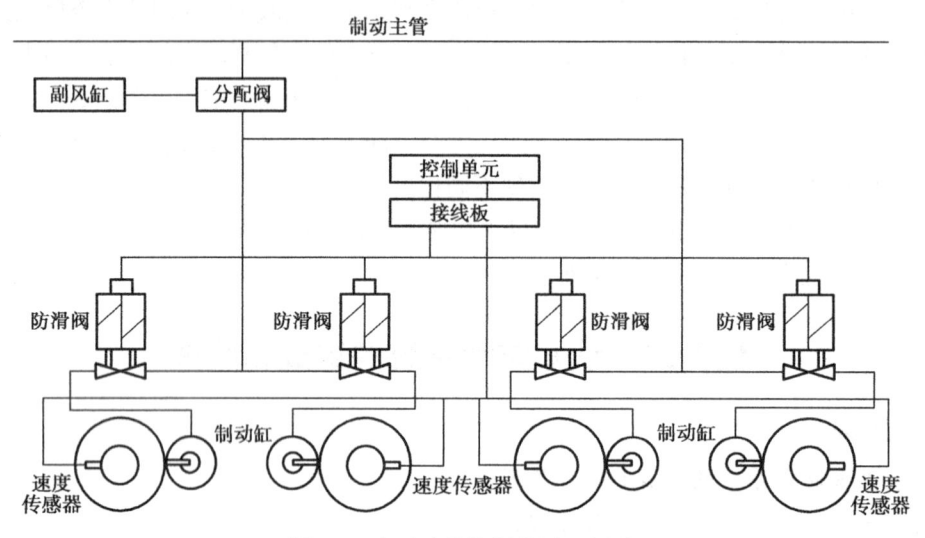

图6-2 电子防滑控制装置示意图

防滑控制系统的形式是多种多样的，但工作原理基本相同。列车制动时，当车轮由于轨道污染、气候潮湿或者制动力过大而被"抱死"，轮轨间立即产生滑行。在这一瞬间，该车轮的减速度必然大大超过列车的减速度，而达到一个相当大的值。也就是说，被"抱死"的车轮与其他正常运行的车轮之间有一个很大的速度差。防滑控制系统可以通过速度传感器检测出列车的正常速度，以及列车与"抱死"车轮间的速度差。这两个检测信号被传送到防滑控制系统的微处理器，微处理器根据比较和判断，然后发出防滑控制指令。防滑控制系统的执行装置按指令采取措施，使该车轮的制动力迅速下降，快速缓解车轮的滑行。当滑行消失，微处理器得到速度信号后，重新发出指令，恢复该车轮的制动力。防滑控制系统的工作原理框图如图6-3所示。

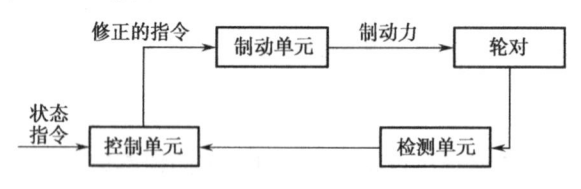

图6-3 防滑控制系统的工作原理框图

二、速度传感器

用于检测列车速度和轮对速度的装置称为速度传感器，又称为速度信号发生器。它安装在每个轮对上，无论是拖车还是动车。其结构原理如图6-4所示。速度传感器由测速齿轮和速度传感器探头以及电缆线组成。测速齿轮与速度传感器探头之间有一个间隙，永磁式的传感器会在间隙中产生感应磁力线。当齿轮转动时，齿顶、齿谷交替切割磁力线，从而在永磁式的传感器中产生一个频率正比于运行速度的电脉冲信号。这个电脉冲信号就是送入微处理器的速度信号。

三、防滑阀的结构及原理

防滑阀的结构虽然形式各异，但就国内和国外现有的防滑阀来说，其设计要求和工作原理都几乎相同。当防滑控制系统不发出防滑指令时，防滑阀对正常的制动和缓解不产生不利的影响；当防滑控制系统发出防滑指令而具有防滑功能时，通过控制防滑阀的励磁线圈使铁芯运动，改变防滑电磁阀内的压力空气通路，排放制动缸的压力空气或恢复制动缸压力，以实现减压防滑功能。

（一）二位式防滑阀

上海地铁车辆空气制动系统中使用的防滑电磁阀 WMV-20/2 ZG 是一种间接控制的二位三通阀，其特点是能控制和改变压力空气连接，使其工作范围在 $(0\sim10)\times10^5$ Pa。当防滑阀处于关闭位（见图 6-5）时，电磁阀无信号，处于失电位。这时预控阀座 V_1 到活塞的通路被切断，活塞上方的压力腔内的压力经阀座 V_2 排到 O。在压缩弹簧 9 的压力下，活塞保持在上端位。与活塞连成一体的垫圈 D_2 紧靠阀座 V_4。进气口 A 和排气口 B 的通路被打开，排气口 B 到排气口 C 的通路被切断。进气口 A 和排气口 B 分别与制动储风缸和单元制动机的制动缸连接，对正常制动不起作用。排气口 C 与大气相通，也对制动无任何作用。

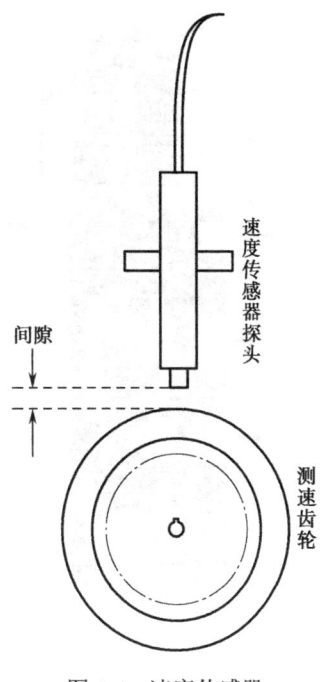

图 6-4　速度传感器

当电磁阀线圈励磁后（见图 6-6），磁铁被电磁线圈吸起。预控阀座 V1 被打开，阀座 V2 关闭。从连接端口 Z 进入阀体，再经过预控阀座 V1 加在活塞上的空气压力使活塞克服压缩弹簧 9 的压力向下运动到下位端。垫圈 D1 压在 V3 上，V4 打开。进气口 A 和排气口 B 的通路被切断，与排气口 B 连接的单元制动机制动缸内的压力空气经过阀座 V4 和排气口 C 向大气排气，使制动缓解，实现减压防滑功能。

（二）双防滑阀

1. 双防滑阀的结构

双防滑阀实际上是两个完全对称的单防滑阀的组合，因此每个转向架只要配置一个，就能控制两个轮对。双防滑阀的结构如图 6-7 所示。

单防滑阀上部有两个电磁阀：一个称为通气电磁阀，另一个称为排气电磁阀。通过对通气电磁阀和排气电磁阀的得电和失电组合，可以形成防滑阀的三种工况，即通气、保压和排气。

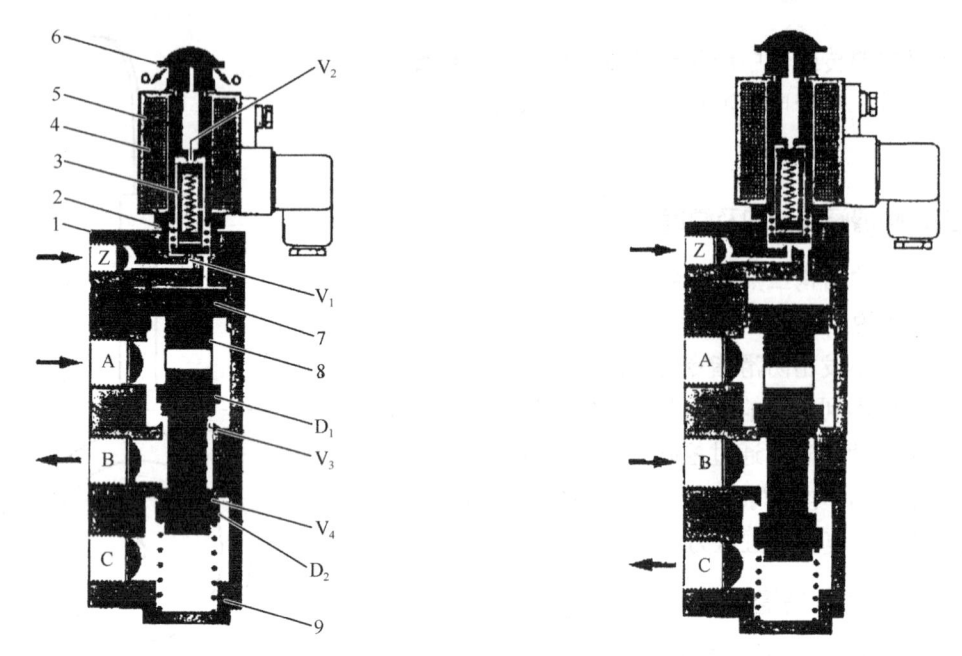

1—上部壳体；2—压缩弹簧；3—衔铁；4—电磁线圈；5—反向衔铁；6—排气滤网；7—下部壳体；8—活塞；9—压缩弹簧；D1，D2—密封垫；V1~V4—阀座

图 6-5 防滑电磁阀失电　　　　　　　　　　图 6-6 防滑电磁阀得电

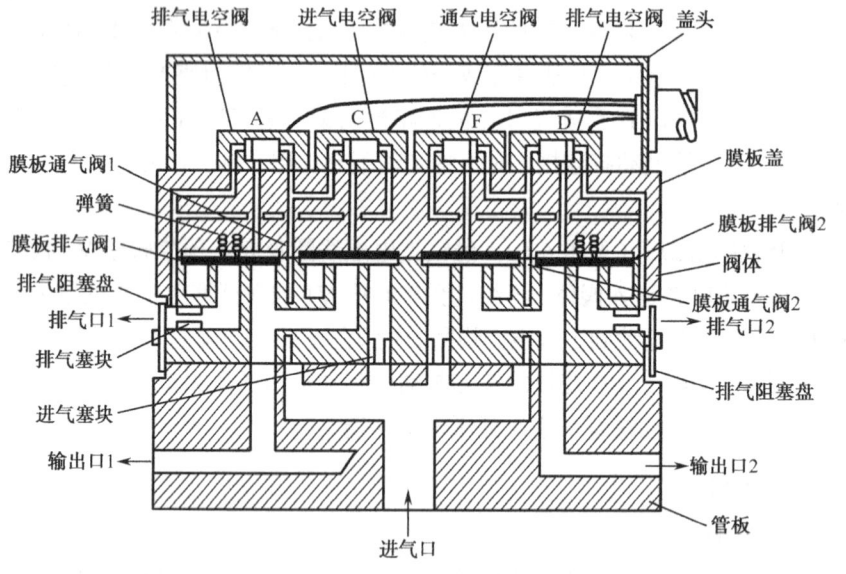

图 6-7 双防滑阀

2. 双防滑阀的作用原理

（1）通气工况

排气电磁阀 A 失电。阀板向左，使压力空气穿过底部的进气口，再经过排气电磁阀作用到膜板排气阀 1 的顶部，加上弹簧的向下顶力，膜板排气阀 1 下压关闭排气口 1 和输出

口 1。同时，通气电磁阀 C 也失电，阀板向左，穿过底部进气口的压力空气不能进入通气电磁阀 C。通气电磁阀 C 的另一端通排气口 1，不能作用在膜板通气阀 1 上。进气口的压力空气顶开膜板通气阀 1 的底部，把阀芯抬离阀座，进气口和输出口 1 形成通路，从 BCU 来的压力空气通过防滑阀，被送到单元制动机的风缸内。

（2）保压工况

排气电磁阀 A 失电，阀板向左，压力空气从进气口穿过，作用在膜板排气阀 1 顶部。在弹簧的顶压下，该压力关闭膜板排气阀 1，并关闭排气口 1 和输出口 1。同时，通气电磁阀 C 得电，阀板向右，穿过底部进气口的压力空气进入通气电磁阀 C，作用到膜板通气阀 1 顶部，关闭膜板通气阀 1，并关闭了进气口和排气口的通路，使防滑阀保持压力，也就保证了单元制动机风缸的压力。

（3）排气工况

通气电磁阀 C 得电，阀板向右，压力空气进入通气电磁阀 C，作用到膜板通气阀 1 顶部，关闭膜板通气阀 1，并关闭进气口和排气口的通路。同时，排气电磁阀 A 得电，阀板向右，从膜板排气阀 1 顶部来的进气压力被切断。原先进入单元制动机风缸的压力反过来克服弹簧的向下顶力，顶开膜板排气阀 1，使输出口的压力空气从排气口排出。膜板排气阀 1 顶部的压力也经排气电磁阀 A 送入大气。从进气口来的压力空气不能通过防滑阀，而原先进入单元制动机风缸的压力空气被排放到大气中。

（三）三位式防滑阀

1. 三位式防滑阀的结构

三位式防滑阀主要包括一个带有两个转换隔板的阀套、一对阀磁体、连接阀磁体和阀罩的两个侧板及一个阀座。

阀罩包括两个阀座，每个阀座均通过其中一个隔板相应的分别打开或关闭，D 隔板提供了从 D 室（分配阀）至 C 室（制动缸）打开或关闭的路径，C 隔板用于建立 C 室与 O（大气）间的联系。

成对的阀磁体由两个二位三通电磁阀（VM1 和 VM2）组成，在通用的塑料套里有线圈，大气连接管脚与外壳铸为一体。在不得电的情况下，电枢的弹簧力使两个电枢处于内部阀座打开（见图 6-8），外部阀座密封的状态。

2. 三位式防滑阀的作用原理

（1）没有防滑功能时的制动施加及制动缓解（阀磁体 VM1 及 VM2 不得电）

① 初始制动缓解

阀 D 处无压力空气，弹簧将 D 隔板紧密地固定在阀座 VD 上。

② 制动施加

D 处的压力空气作用在 D 隔板上，此隔板在控制室 SD 保持减压的状态下，克服弹簧的作用力，处于靠右最极端位置，此时阀座 VD 打开。另一方面，通过磁体 VM1 打开内部阀座，控制室 SC 开始增压，C 隔板靠右移动，阀座 VC 关闭。此时，由 D 至 C 的通路打开，实现车辆制动施加。

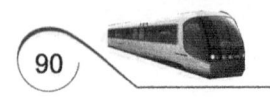

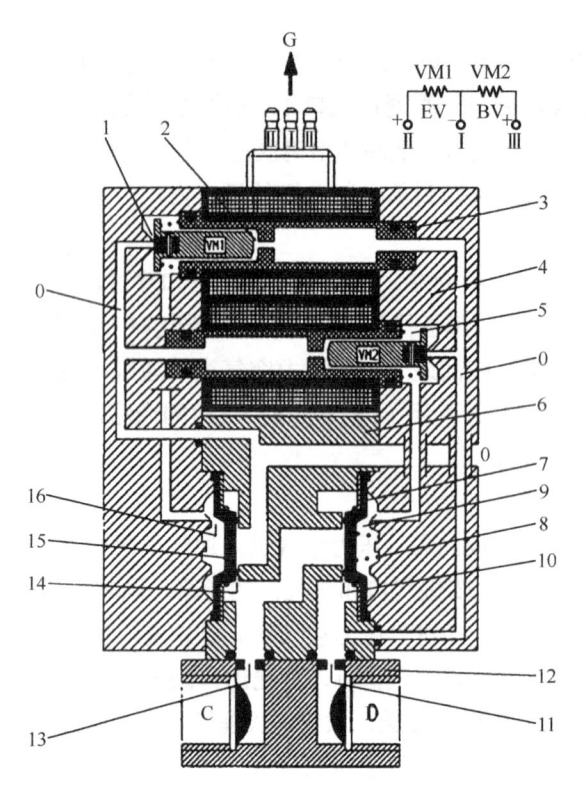

1—外部阀座；2—内部阀座；3—成对的阀座；4—侧板；5—电磁阀弹簧；6—壳；7—D隔板；8—圆锥弹簧；9—控制室SD；10—阀座VD；11—喷嘴dD；12—阀座；13—喷嘴dC；14—阀座VC；15—隔板C；16—控制室SC；C—连接制动缸；D—连接空气制动控制单元；G—来自防滑控制单元的指令

图6-8 三位式防滑阀

③ 制动缓解

在制动缓解时，D处压力减小，C处压力空气回流，此时D与C之间的通路无障碍。当弹簧力大于D压力，D隔板关闭。同时，D压力不断减小，C压力通过阀座VC完全缓解。

（2）有防滑功能时的制动缓解

此时阀磁体VM1及VM2均得电。控制室SD通过阀磁体VM2开始增压，在D隔板处压力平衡，弹簧挤压隔板，使阀座VD关闭，D处压力被切断。

控制室SC开始充风，C处外压力向左侧挤压C隔板，阀座VC打开，通过VC压力降为0。

（3）有防滑功能时的再次施加制动

此时两个阀磁体VM1和VM2均不得电，过程与没有防滑功能时制动施加的情况相同。

（4）有防滑功能时的保压

此时阀磁体VM1不得电，VM2得电，两个控制室（SD，SC）开始增压。隔板封闭了阀座VD及VC，相对的D及O的压力被切断。在相应的阀磁体的控制下，充风及充电阶段可以产生连续的升压步骤。因而可能实现快速（无压力步骤）或慢速（增压步骤）控制增压或减压,它取决于防滑控制逻辑学的要求。充电及充风(无压力步骤)的压力坡度取决于喷嘴 dD 和 dC,喷嘴的尺寸取决于 C 室,它是可控的。

四、三位式防滑阀的检修

防滑系统的检修主要是定期检查气路有无泄漏,并对防滑电磁阀进行检修。

1. **防滑电磁阀分解**

(1) 除标准工具之外,还需要一个微调转矩扳手(5N·m)。

(2) 有些部件在拆下后或在每次检修时,原则上都以新的部件来替换。这些需替换部件应该在分拆设备时挑出另放。

(3) 按照规定的步骤拆卸该阀。

2. **清洁**

(1) 用化学清洁剂在一个 70℃~80℃的热清洁池中清洗所有金属部件(不包括橡胶金属复合件),然后用压缩空气吹干。在清洗铝合金部件时,化学清洁剂腐蚀率必须符合有关技术规定。

(2) 必须注意清洁剂生产厂家给出的使用说明书。

(3) 在温肥皂水中清洗阀用电磁铁的电枢、排气阀和阀门支架,并立即用清水冲洗,然后用压缩空气吹干。

(4) 用一块干布清洁阀用电磁铁的线圈架。

(5) 用石油醚(即清洁用去污轻汽油)清洁滤网。

(6) 防滑阀外表上的腐蚀产物和程度严重的脏污可用一把金属软刷去除。

(7) 原则上检修时必须更换的部件不需要清洗。检修时所有橡胶部件和隔膜都需要更换,所以无需清洁。

3. **检查**

(1) 应对已清洁的部件认真地进行一次目测。如果查出部件有裂纹、变形、腐蚀或螺纹变形等影响部件继续使用的损伤,则应予以更换。

(2) 有些部件除必须进行目检以外,还需要其他的检查或再加工,必须符合规定的尺寸和表面粗糙度的要求,否则应更换相应的部件。

① 外壳及阀座:外壳及阀座上的轻度划痕可通过二次抛光去除。必须达到表面粗糙度要求,否则应更换。

② 阀用电磁铁:检查金属密封面和电枢的橡皮阀座是否有损伤,如果有损伤或橡胶凹下,隆起 0.3mm 以上,则须更换阀用电磁铁;检查线圈盒是否有损伤或裂缝,并检查接地连接情况;检查电枢套筒的内阀座以及电枢座孔的状态是否完好,电枢套筒在线圈盒中必须能轴向灵活转动,外壳上的孔与电枢套筒的直径之间的游隙必须至少为 0.2mm。

③ 压缩弹簧:弹簧长度及弹力必须符合相关的技术规定,否则应更换压缩弹簧。

(3) 对于带喷嘴的防滑阀,还要检查喷嘴是否损坏。必要时更换喷嘴。

(4) 如果铭牌已模糊不清,予以更换。更换铭牌时要使用新的带槽柳钉。

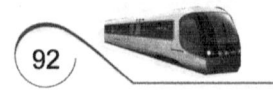

4. 组装

（1）组装按照与分拆相反的顺序进行。组装必须按有关规范进行。

（2）待用的阀用电磁铁必须已经过检修及检验合格备用。

（3）安装阀用电磁铁时，必须根据电接触销的位置将其正确放置。电枢的衔铁弹簧不允许装错。

（4）组装之前应给所有密封环、O形环、压缩弹簧以及各个滑动面和导向面涂上少量润滑脂（阀用电磁铁的电枢及隔膜安装时应当没有油脂）。

（5）组装防滑阀时应按照规定拧紧螺纹连接件。

5. 检验

防滑阀的减压应按照相关的检验说明来进行。在通过检验的防滑阀上贴上一个不易脱落的检验标志。

五、防滑控制依据

防滑控制是在制动力即将超过黏着力时，降低制动力，使车轮恢复处于滚动或滑、滚混合状态，避免车轮滑行。然而防滑控制的关键是：首先要正确判断什么时候为"滑行"。判断早了，会使制动力损失过大，无法充分利用轮轨间的黏着，使制动距离延长；判断晚了，就会产生滑行，造成踏面擦伤，起不到防滑的作用。

目前，各种防滑控制系统在判断滑行时，使用了许多判据。这些判据主要有速度差、减速度、减速度微分和滑移率等。其中速度差和减速度使用最为普遍。但无论采用哪一种判据，都把防滑和充分利用黏着作为主要目的。有时，两种防滑系统采用相同的判据，但效果却不同，这主要是由于判据参数的选取以及对制动力的控制过程不同造成的。

1. 速度差判据控制

速度差是某一根轴的速度与车辆速度的差值，防滑可针对速度差制定滑行检测标准。对于速度差标准，车轮磨耗的允许值就有 6%～7%，再加上其他公差，因此速度差范围很大。如果速度差标准定得太高，会造成防滑控制系统误动作；但如果速度差标准定得太低，也会导致灵敏度降低(日本一般取速度差标准值为 10km/h)。如果按高速范围制定速度差标准，到低速时就不能保证正常的防滑作用。因此，速度差标准不能是一个固定值，而应该是速度的函数。也就是说，速度差是应随列车速度的减小而逐渐减小，确定速度差是否超限的标准值是随列车速度变化而变化的下坡函数，这就使系统变得复杂。

速度差控制就是：当一节车的四个轮对（四根轴）中的一个轮对发生滑行时，该轮对的车轴的速度必然低于其他没有滑行的轮对的车轴的速度，将该轴速度与其他各轴速度进行比较并判定滑行轴的速度与参考速度之间的差值，当比较差值大于滑行判定标准时，该车轴的防滑装置动作，降低它所控制的该轴制动缸的压力，此时该轴的减速度逐渐减小；当比较差值达到某个预定值时，防滑装置使制动缸保压，让车轴速度逐渐恢复；当其速度差值小于滑行判定标准时,防滑装置使制动缸压力恢复。

2. 减速度判据控制

一节车的某一根轴滑行或四根轴以接近速度同时滑行,用速度差是判别不到的,这时需要采用减速度判据进行控制。当车轮速度发生突变时,减速度值相应增大。当减速度值大于预定值时,防滑装置降低它所控制的制动缸压力;当减速度值逐渐减小,恢复到预定值时,防滑装置使制动缸保压;当减速度值进一步恢复,小于预定值时,防滑装置使制动缸压力逐渐恢复。

减速度标准是相对独立的标准,被检测的轴与其他轴无关。由于具有这个特点,所以绝大多数防滑控制系统(无论是机械离心式防滑器或电子防滑器)都采用此标准。

减速度判据值的确定对黏着利用也十分重要,部分防滑控制系统一般在减速度达到 3~4（m/s²）时降低制动缸压力,而且作为定值,不受速度变化的影响。

3. 减速度微分判据控制

但是,使用减速度判断也有缺点。由于防滑机械部分动作的延迟使制动缸的压力变化作用滞后,有的防滑控制系统,例如安装在法国 TGV 车上的防滑器,在使用减速度判断的同时,引入了减速度微分进行辅助判断。因为当减速度达到判断标准时,虽然防滑装置动作,但需经过延迟时间 Δt 后,制动缸压力才开始变化。延迟时间内减速度的变化快慢会不同,即减速度的微分不同,这就有可能造成减速度变化快的防滑作用不良,而减速度变化慢的黏着利用不良。

引入减速度微分控制后,就有可能解决上述问题。减速度微分控制的判据是

$$\left[a + \frac{d_a}{d_t} \Delta t \right]$$

式中,a——开始检测计算时的减速度值;

d_a/d_t——对减速度微分;

Δt——延迟时间。

假如判据达到"滑行"判断值,则防滑系统动作,经过延迟时间后,无论减速度变化快还是变化慢,制动缸压力开始变化时的减速度值都是相同的。控制制动缸压力开始变化时的减速度,可以保证良好的防滑作用和充分利用黏着。但这种判断方式对防滑系统要求较高,控制单元要有相当快的计算速度。

4. 滑移率判据控制

滑移率是某一轴的速度与参考速度的差值与参考速度的比值。国外的试验表明:滑移率与黏着系数是密切相关的,控制滑移率可达到充分利用黏着的目的。日本进行了专门试验,试验中把滑移率维持在 10%以下。当滑移率低于 5%时,瞬时黏着系数变化很小;当滑移率超过 5%时,黏着系数趋于下降。这表明,如果制动缸压力能被准确地控制,即车轮的滑移率能维持在确定水平,黏着就能得到有效利用,相应也可防止滑行的产生。在日本 883 系摆式车组(最大速度为 130km/h)的制动试验中,使用常规防滑器,制动距离延长 15%;而采用滑移率控制的防滑器,仅延长 3%以内。

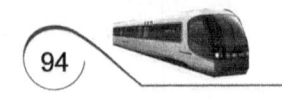

综上所述，根据轮轨间极限摩擦力水平，滑行控制的出发点是：在合理控制滑移率量值的基础上，充分利用和挖掘列车的黏着潜力，根据滑移率控制制动力，即通过控制制动力使车轮滑移率保持在一定范围内，完全能在防止滑行的基础上，充分利用黏着，防止制动距离延长过大。

任务三 制动控制与防滑系统的操作运用

【操作运用案例】 制动控制与防滑系统的操作运用

1. 实训项目教师工作活页

实训项目教师工作活页 NO：_____

实训项目	制动控制与防滑系统的操作运用			
学　时	2	班　级	略	
实训场所	机车车辆设备综合仿真实验室或车辆维修基地现场			
工具设备	城市轨道交通车辆实物、电子制动控制单元、EBCU实物、速度传感器实物、防滑阀实物、带防滑系统的转向架、模型、多媒体设备课件、图片、示教板、计算机多媒体设备等			
教学目标	专业能力	（1）能说出电子制动控制单元的主要功能 （2）能对电子制动控制单元EBCU进行检修 （3）能说出防滑系统的组成和工作原理 （4）能说出速度传感器的结构和原理，并能对速度传感器进行拆解和安装 （5）能说出防滑阀的结构和原理，并能对防滑阀进行拆解和组装 （6）能对防滑阀进行检修		
教学目标	方法能力	（1）能综合运用专业知识，通过利用专业书籍、多媒体课件和图片资料获得帮助信息 （2）能根据实训项目学习任务确定实训方案，从中学会表达及展示活动过程和成果		
	社会能力	（1）能在实习训练活动中保持积极向上的学习态度 （2）能与小组成员和教师就学习中的问题进行交流和沟通 （3）能与他人共享学习资源，具有较好的合作能力和团队协作精神		
教学活动	略（详见教学活动设计）			
教学评价	学生活动：① 以5~7人小组为单位开展实训活动，根据本组同学在实训过程中的能力表现及结果进行自评组内互评；② 根据其他小组同学在成果展示活动中的表现及结果进行互评 教师活动：① 教师组织学生开展评价活动和总结；② 对学生本实训项目单元成绩做出综合评价			
教学资料	（1）城市轨道交通车辆制动系统教材 （2）城市轨道交通运输设备教材 （3）实训项目学生学习活页（附页）			
指导教师		教学时间	年　　月　　日	

2. 实训项目学生学习活页

实训项目学生学习活页　　　　　　　　　　　　　　　NO：_____

实训项目　制动控制与防滑系统的操作运用

班级：_____　姓名：_____　学号：_____　时间：_____

一、实训目标

1．专业能力目标

（1）能说出电子制动控制单元的主要功能

（2）能对电子制动控制单元 EBCU 进行检修

（3）能说出防滑系统的组成和工作原理

（4）能说出速度传感器的结构和原理，并能对速度传感器进行拆解和安装

（5）能说出防滑阀的结构和原理，并能对防滑阀进行拆解和组装

（6）能对防滑阀进行检修

2．方法能力目标

（1）能综合运用专业知识，通过利用专业书籍、多媒体课件和图片资料获得帮助信息

（2）能根据实训项目学习任务确定实训方案，从中学会表达及展示活动过程和成果

3．社会能力目标

（1）能在实习训练活动中保持积极向上的学习态度

（2）能与小组成员和教师就学习中的问题进行交流和沟通

（3）能与他人共享学习资源，具有较好的合作能力和团队协作精神

二、知识总结

1．对照图 6-1 简述制动控制系统由哪些部分组成

2．简述数字式电气指令制动系统的基本原理

3．简述模拟式电气指令制动系统的基本原理

4．结合图 6-2 简述防滑系统的基本工作原理

续表

5. 结合图 6-5、6-6 简述二位式防滑阀的工作原理

6. 结合图 6-7 简述双防滑阀的工作原理

7. 结合图 6-8 简述三位式防滑阀的工作原理

三、操作运用

1. 对电子制动控制单元 EBCU 进行检修

2. 对三位式防滑阀进行检修

三、实训小结

_____
_____
_____

四、成绩评定

1. 学生评价

评价等级	A—优	B—良	C—中	D—及格	E—不及格
学生自评					
组内互评					
他组互评					

2. 教师评价

评价等级	A—优	B—良	C—中	D—及格	E—不及格
专业能力					
方法能力					
社会能力					

3. 综合评价

评价等级	A—优	B—良	C—中	D—及格	E—不及格
评价结果					

注：按照学生自评占 10%、组内互评占 10%、他组互评占 20%、教师评价 60% 的比例计分。其中，A—100 分，B—85 分，C—75 分，D—60 分，E—50 分。

项目六　制动与防滑控制技术

续表

等　级	行为表现描述
A	能圆满高效地完成实训任务的全部内容
B	能顺利完成实训任务的全部内容
C	能完成实训任务的全部内容，但需要一些帮助和指导
D	自己只能完成实训任务的部分内容，但在现场的指导下，已经能完成任务的全部内容
E	不能完成实训任务的全部内容

4. 评价量规

课后巩固

1. 电子制动控制单元的主要功能有哪些？
2. 防滑控制装置的主要功能是什么？
3. 结合图 6-2 简述防滑控制系统的结构和原理。
4. 结合图 6-5 和 6-6 简述二位式防滑阀的结构和原理。
5. 结合图 6-8 简述三位式防滑阀的结构和原理。

项目七　SD 型制动控制系统

城市轨道交通由于站距短，加速及停车频繁，故要求列车制动系统动作快、制动距离短、操纵灵活、停车平稳和准确。此外，由于城市轨道交通车辆自重轻，乘客负载的变化对车辆制动率影响很大，因此必须在各种变化条件下使车辆保持制动率恒定不变。

近 20 年来，城市轨道交通车辆逐步采用功率电子逆变器进行电制动（包括再生制动和电阻制动），但在施行电制动的过程中，开始的电制动电流上升有一定的延迟，而接近停车时，电制动电流下降又很快。在上述两种情况下，列车的恒功率制动都需要由空气制动来进行补偿。为了适应城市轨道交通车辆的特殊要求，早期北京地铁列车使用的空气制动系统是一种由长春客车工厂和铁道科学研究院等单位共同研制的国产 SD 型电空制动机。经过多年的运行考验，表明它完全适应和满足地铁车辆的特殊要求，运行可靠，所以直至今日仍有部分北京地铁列车在继续使用。

任务一　认知 SD 型制动控制系统的结构原理

学习目标

（1）熟知空重车调整阀结构和作用原理；
（2）熟知七级中继阀结构和作用原理；
（3）熟知控导阀结构和作用原理；
（4）熟知空电转换器结构和作用原理；
（5）熟知紧急阀结构和作用原理；
（6）熟知故障缓解电磁阀结构和作用原理；
（7）熟知备用制动电磁阀结构和作用原理；
（8）熟知双向阀结构和作用原理；
（9）熟知安全阀结构和作用原理。

学习任务

认知 SD 型数字式电气指令制动控制系统主要阀件的结构和原理：包括空重车调整阀、七级中继阀、控导阀、空电转换器、紧急阀、故障缓解电磁阀、备用制动电磁阀、双向阀、安全阀。

项目七　SD 型制动控制系统

工具设备

城市轨道交通车辆实物、空重车调整阀、控导阀、空电转换器、紧急阀、故障缓解电磁阀、备用制动电磁阀、双向阀、安全阀、多媒体设备课件、图片、示教板、计算机多媒体设备等。

教学环境

轨道交通车辆理实一体化教室、车辆维修基地或现场。

基础知识

北京地铁 SD 型电空制动机，是仿制当时 Westing house 公司的韦斯特科德制动系统，属直通式电空制动机制式，数字式电气指令，控制单元为七级膜板中继阀。它由制动控制器、空重车调整阀、七级中继阀、控导阀、空电转换器、紧急电磁阀、故障缓解电磁阀、备用电磁阀和双向阀等组成（见图 7-1）。

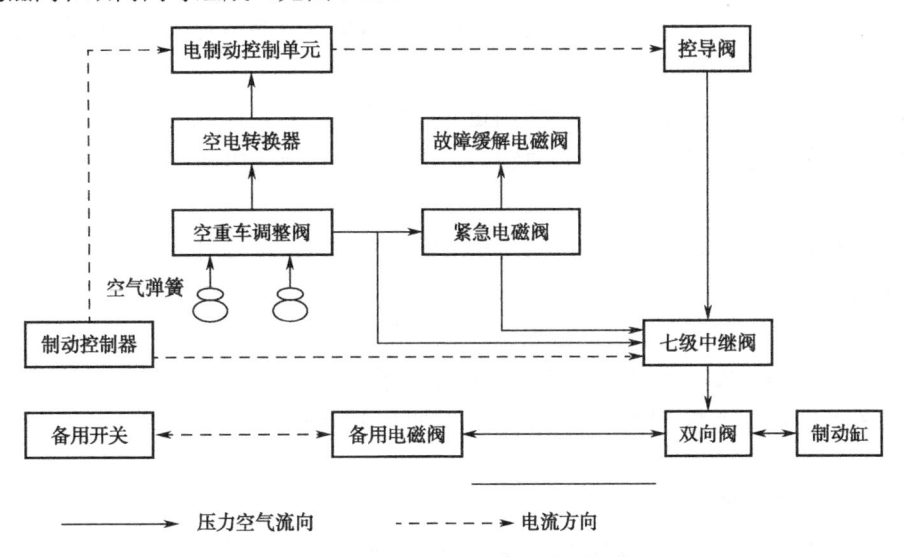

图 7-1　SD 型电空制动机系统框图

制动控制器在司机的操纵下向列车的制动控制系统发出制动或缓解命令，即向电制动控制单元和七级中继阀发出指令。空重车调整阀相当于一个称重装置，它根据空气弹簧的压力信号（也就是车辆负载的大小），输出相应的空气压力，并经七级中继阀来控制进入制动缸的空气压力，使车辆保持恒定的制动率。如 5.1 节的介绍，七级中继阀是一个将电信号转换成压力空气的电磁阀，它将来自制动控制器的指令信号，通过三个电磁阀的交互作用，把空气压力输入膜板室，按不同的组合方式输出七个逐级增量的常用制动空气压力值和一个紧急制动空气压力值提供给制动缸。此外，控导阀（EP 阀）也将电制动的信号变为空气压力值输入到七级中继阀的混合器中，通过混合器的减法运算，减去电制动产生的制动力，使七级中继阀最终输出的是补充电制动不足部分的空气制动压力值。因此，七级中继阀实际上相当于一个空气加减法运算器。

空电转换器是把车辆负载变化信号输送给电制动系统的一个空-电信号变换器,其作用是使电制动和牵引电流能与车辆负载相匹配。紧急电磁阀是为保证行车安全而设置的一种装置。当司机施行紧急制动或制动系统发生故障以及列车意外分离时,紧急电磁阀失电动作,并通过七级中继阀产生紧急制动作用。备用电磁阀是当正常翻动系统发生故障时,司机仍能操纵列车制动、缓解,保证列车运行不中断的装置。双向阀是为七级中继阀与备用制动系统交替使用而设置的一个切换阀。故障缓解电磁阀是在正常制动系统发生故障而进行紧急制动后,改用备用制动系统时的一个缓解装置。

与以往各种自动式电空制动机相比,SD型电空制动机具有以下优点。

(1) 该制动系统装有空重车调整装置,可根据车辆负载调节制动力,因此能实现列车恒定减速度,减少列车纵向冲动,使停车平稳。

(2) 常用制动控制有七级,各级空气压力值变化均衡、上升时间基本一致,调速稳定、准确,操纵灵活、方便。

(3) 与列车自动控制系统的连接十分容易,与电制动配合简单。在保证电制动优先作用下,空气制动能自动进行补偿,从而使列车制动力基本保持不变。这样既减少了闸瓦磨耗,又提高了乘客的舒适度。

(4) 对制动和缓解指令反应快,作用迅速,空走时间短,因此制动距离短。

(5) 设有紧急电磁阀,当列车紧急制动时,列车能迅速调用全部空气制动能力实行紧急制动。

(6) 设有备用制动系统,当常用制动系统发生故障时,可启用备用制动系统,保证列车不中断运行。

(7) 系统结构简单,集成度高,重量较轻,维修简单。

当然,SD型电空制动机也有缺点,由于采用有级控制,决定了它的控制精度较低。此外,控导阀的制作较复杂,因此其受材料和工艺的影响极大。

一、空重车调整阀

空重车调整阀的作用是根据车辆载重的变化(即根据乘客的多少),自动输出一个空气压力信号,并通过七级中继阀使车辆保持恒定的制动率。空重车调整阀的输入信号是车辆上二系弹簧(空气弹簧)传来的压力信号。考虑到车辆载重的不平衡,采取前后转向架对角的两个空气弹簧压力为输入信号,这样就能准确地使空重车调整阀的输出压力信号与乘客的多少呈一定比例关系。

空重车调整阀的构造如图7-2所示,由上部的压力供排部分、中部的弹簧调整部分和下部的空气弹簧压力平均运算部分共同组成。

压力供排部分由弹簧、给排阀、均衡活塞杆、节流孔、均衡活塞和膜板组成。

弹簧调整部分由上调整弹簧、上调整螺母、下调整弹簧和下调整螺母组成。空气弹簧压力平均运算部分由活塞杆、大活塞、大膜板、小活塞和小膜板组成。空重车调整阀共有五条空气通路:通路(24)连接总风缸;通路(27)连接空重车调整阀输出;中间孔通大

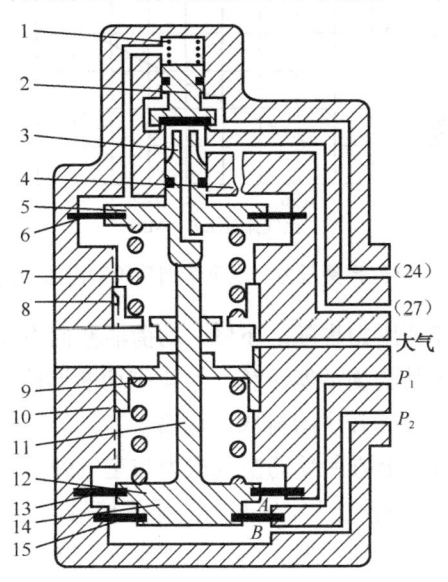

气；P_1 和 P_2 分别连接两个转向架空气弹簧的压力信号输出。

1—弹簧；2—给排阀；3—均衡活塞杆；4—节流孔；5—均衡活塞；6—膜板；7—上调整弹簧；8—上调整螺母；
9—下调整弹簧；10—下调整螺母；11—活塞杆；12—大活塞；13—大膜板；14—小活塞；15—小膜板

图 7-2　空重车调整阀的构造

当车辆处于空车状态时，由于空气弹簧的空气压力作用，将大膜板和小膜板向上推，其向上的推力与下调整弹簧的反力相平衡，使大膜板和小膜板处于水平位置，这时活塞杆刚好与均衡活塞杆相接触而无作用力，因此不能推动均衡活塞杆向上移动。空重车调整阀的输出压力可由上调整弹簧来调整，在上调整弹簧作用下，均衡活塞杆向上移动，打开给排阀，同时关闭了通大气的通路，使压力空气经过打开的给排阀，再经过通路（27）供给七级中继阀。同时，由总风缸来的压力空气又经过节流孔送到均衡活塞的上方。当活塞上方的空气压力与下方的上调整弹簧的作用相平衡时，均衡活塞下移，给排阀在弹簧的作用下向下移动而关闭阀口，停止向通路（27）供风，即不向七级中继阀输出压力空气。七级中继阀输出的压力空气值相当于上调整弹簧的调整压力值。当空气弹簧压力为 0.26MPa 时，空重车调整阀输出压力设计值为 0.3MPa。

当车载加重时，空气弹簧压力随乘客增加而升高，作用在大膜板和小膜板下部的空气压力也随之增大，下调整弹簧受压缩，使活塞杆推动均衡活塞上移，关闭通大气的通路，同时打开给排阀，使总风缸的压力空气经通路（24）向通路（27）供风，流向七级中继阀。同时，经节流孔流向均衡活塞的上方。当活塞上方作用力与空气弹簧作用力及调整弹的作用力相平衡时，空重车调整阀停止输出空气压力。当两个空气弹簧压力均为 0.42MPa 时，空重车调整阀输出压力设计值为 0.42MPa。空气弹簧压力与空重车调整阀输出压力的关系如图 7-3 所示。

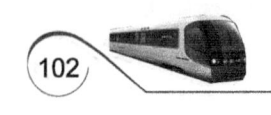

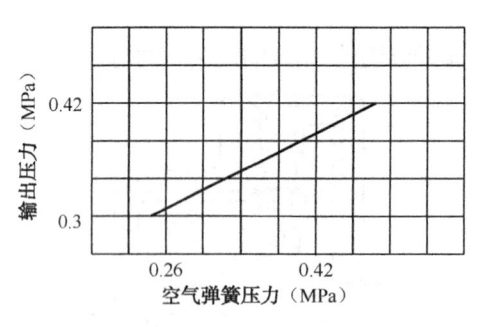

图 7-3　空气弹簧压力与空重车调整阀输出压力的关系

当乘客减少时，空气弹簧压力也随之下降，均衡活塞向下作用力就大于空气弹簧及上调整弹簧的向上作用力，于是均衡活塞下移，给排阀切断通路（24）至通路（27）的空气通路。而均衡活塞杆向下移动离开了给排阀，通路（27）的空气压力经均衡活塞杆的空气孔排向大气。直到均衡活塞杆上方所受的空气压力与空气弹簧作用在大膜板和小膜板的力相平衡为止，于是均衡活塞杆再次上移，使其与给排阀接触，切断大气通路成为平衡状态。如果因为空气弹簧破裂而无空气压力时，由于上调整弹簧的作用，能在任何情况下保证空重车调整阀输出空车时的压力为 0.3MPa。

为使空重车调整阀输出的压力和载重呈比例关系，在设计膜板时，各膜板必须有一定的比例。已知空车时，空气弹簧压力为 0.26 MPa，空重车调整阀输出压力为 0.3MPa；重车时，空气弹簧压力为 0.42MPa，空重车调整阀输出压力为 0.42MPa。根据空重车调整阀的输出和空气弹簧的压力变化，来选择三个膜板的面积比（见图 7-4）。

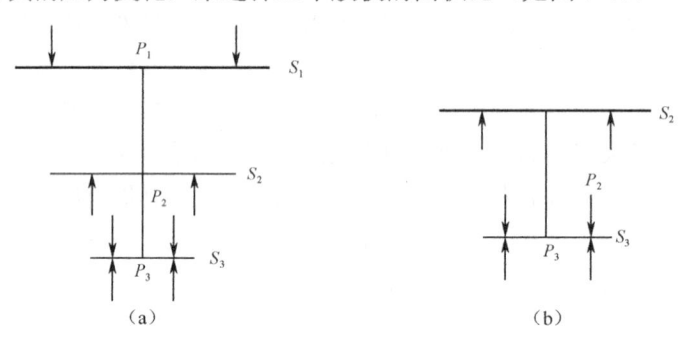

图 7-4　膜板压力和面积的比例关系

由空车到重车时，空气弹簧的压力变化为：
$$P_2 = 0.42 - 0.26 = 0.16\text{MPa}$$
由空车到重车时，空重车调整阀输出压力变化为：
$$P_1 = 0.42 - 0.3 = 0.12\text{MPa}$$
根据保压时三个膜板作用力的平衡条件，建立如下方程：
$$P_1 S_1 + P_2 S_2 = P_3 S_3 + P_2 S_2$$
如果 $P_2 = P_3$，则得
$$P_1 S_1 = P_2 S_2$$

将 P_1、P_2 代入上式，则得

$$1.2S_1=1.6S_2$$

所以

$$\frac{S_2}{S_1}=\frac{1.2}{1.6}=0.75$$

S_3 可按如下方法求出：当两个空气弹簧压力不同时，空重车调整阀输出压力应与两个弹簧的空气压力平均值相适应，如图 7-4（b）所示，可得：

$$P_2S_2+P_3S_3-P_2S_3=\frac{P_2+P_3}{2}S_2$$

$$S_3(P_3-P_2)=\frac{P_2+P_3}{2}S_2-P_2S_2$$

$$S_3=\frac{P_3-P_2}{2(P_3-P_2)}S_2$$

$$S_3=\frac{S_2}{2}$$

由上式可得出 S_3 膜板面积应是 S_2 膜板面积的 1/2，S_2 膜板面积是 S_1 膜板面积的 3/4，即：$S_1:S_2:S_3=1:0.75:0.375$

二、七级中继阀

七级中继阀是一个用电气控制的，并能进行加减法运算的电空阀。来自自动控制器的指令信号，通过三个电磁阀的相互励磁和消磁，使压力空气进入七级中继阀的膜板室内，按不同的组合方式相加减，可以得到七个逐级增量值的空气压力，输出后供给制动缸产生制动和缓解作用。

1. 七级中继阀的构造

七级中继阀的上部是三个常用电磁阀（CZF1、CZF2、CZF3）和压力给排部分，中部是混合器，下部是膜板组（见图 7-5）。

常用的电磁阀是三个 Q23×D 型电磁阀，工作电压为直流 110V。它由阀体、线圈、铁芯和弹簧组成。此外，有三个空气通道，由空重车调整阀输出的压力空气经通道（28）进入电磁阀下部阀口，上部阀口通大气，侧面通路则通向膜板组的膜板室。

压力给排部分是连通总风缸到制动缸或制动缸通大气的机构，由给排阀弹簧、给排阀、大阀口、作用杆、节流子 L、均衡活塞和均衡膜板组成。当膜板室冲入压力空气时，作用杆向上移动，首先关闭排气阀口，然后打开给排阀，再打开大阀口，使从通路（43）传来的压力空气经通路（20）进入制动缸。当膜板室的压力空气排出时，作用杆向下移动，给排阀落在大阀口上，作用杆上的排气口离开了给排阀，使制动缸内的压力空气经排气口排于大气。当均衡膜板上方 M 室的压力空气与作用在膜板组上的压力空气平衡时，作用杆处于中间位置，给排阀压在大阀口上，作用杆上的排气口仍与给排阀接触，制动缸压力空气处于保压状态。给排阀柱塞上装有两个 O 形密封圈，柱塞上方与制动缸相通，其目的是减少给排阀的背压。作用杆上装有两个 O 形密封圈，作用杆的空心通路与大气相通，均衡活

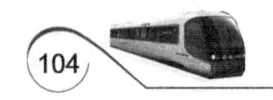

塞下方通大气。作用杆下端与混合器活塞杆相接触。

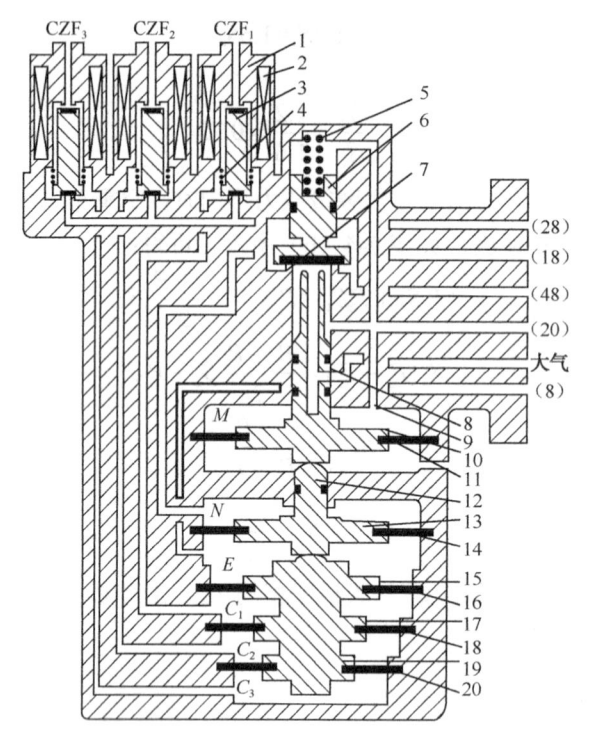

1—阀体；2—线圈；3—铁心；4—弹簧；5—给排阀弹簧；6—给排阀；7—大阀口；8—作用杆；9—节流孔；10—均衡活塞；11—均衡膜板；12—活塞杆；13—活塞；14—混合器膜板；15—常用制动膜板组活塞；16—常用上膜板；17—活塞；18—常用中膜板；19—活塞；20—常用下膜板；(8)、(13)、(20)、(28)、(43)—通路

图 7-5　七级中继阀

混合器由活塞杆、活塞和混合器膜板组成。膜板上方 N 室通控导阀，膜板下方 E 室通紧急电磁阀。

膜板组由三个膜板及活塞组成，即常用制动膜板组活塞和常用上膜板、中活塞和常用中膜板、下活塞和常用下膜板。各膜板的有效作用面积比为：

$$S_上 : S_中 : S_下 = 7 : 6 : 4$$

膜板组构成三个空气室，即 C_1、C_2 和 C_3，它们分别与 CZF_1、CZF_2 和 CZF_3 三个常用电磁阀相通。

七级中继阀的阀座上有六条通路（见图 7-5）：通路（28）与空重车调整阀连通；通路（13）与控导阀连通；通路（43）与总风缸连通；通路（20）与制动缸连通；通路（8）与紧急电磁阀连通；还有一条与大气连通。

2. 七级中继阀的作用原理

常用制动时由司机操纵控制器，使三个常用电磁阀 CZF_1、CZF_2 和 CZF_3 交替励磁和消磁，三个膜板室 C1、C2 和 C3 分别充气和排气。根据其组合的不同，制动缸有七个压力值。当发出一级制动指令信号时，仅 CZF_1 常用电磁阀励磁，此时空重车调整阀的输出压

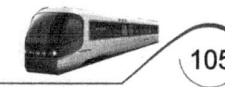

力空气经 CZF_1 电磁阀的下阀口进入 C1 室，空气压力作用在常用上膜板和常用中膜板上，常用上膜板受向上作用力，而常用中膜板受向下作用力。由于两个膜板面积比为 $S_上:S_中=7:6$，所以常用上膜板的作用力大于常用中膜板的作用力，使膜板组受到向上的作用力，该作用力为一个逐级增量值，它通过活塞杆传递给作用杆，使作用杆向上移动，打开给排阀，使总风缸内的空气压力通过大阀口进入制动缸和给排阀的上端，并经节流孔进入均衡活塞上方 M 室，以实现平衡作用。

当进入制动缸的压力空气，即作用在均衡膜板上的压力空气与作用在膜板组上的压力空气的作用力平衡时，作用杆向下移动，在给排阀弹簧的作用下关闭大阀口，使七级中继阀处于保压状态，制动缸压力保持不变。当制动缸压力需要增高或降低时，给排阀均能自动排除增高的压力空气或自动补偿降低的压力空气，以保持制动缸压力不变。

缓解时，CZF_1 电磁阀消磁，C_1 室内的压力空气经 CZF_1 电磁阀的上方排气孔排向大气。由于均衡膜板受到向下的空气压力作用，此时，推动均衡活塞及作用杆向下移动，作用杆与给排阀离开，打开了制动缸通大气的通路，制动缸的空气经通路（20），再经作用杆内的空心通路排向大气，同时给排阀上端和均衡活塞 M 室的空气经节流孔排向大气，使制动缸呈缓解状态。

常用制动及缓解作用 1～7 级的动作过程完全一样，通过常用电磁阀的交替励磁和消磁，使制动缸得到 1～7 个逐级增量值的压力值。

常用制动 1～7 级电磁阀励磁和消磁及膜板室排列组合如表 7-1 所示。在维修过程中，为了迅速查找出常用制动故障，要求维修人员熟记下列各位吸合顺序：一位（1）、二位（2）、三位（1）（2）、四位（3）、五位（1）（3）、六位（2）（3）、七位（1）（2）（3）。

表 7-1 常用制动 1～7 级电磁阀励磁和消磁及膜板室排列组合表

司机控制器手柄位置		电磁阀消、励磁			充气膜板室	输出压力等级		
		CZF_1	CZF_2	CZF_3				
运转位		—	—	—	无	无		无
制动区	1	O	—	—	C_1	7～6		1
	2	—	O	—	C_2	6～4		2
	3	O	O	—	C_1+C_2	(7～6) + (6～4)		3
	4	—	—	O	C_3	4		4
	5	O	—	O	C_1+C_3	(7～6) +4		5
	6	—	O	O	C_2+C_3	(6～4) +4		6
	7	O	O	O	$C_1+C_2+C_3$	(7～6) + (6～4) +4		7
紧急制动区		—	—	—	E	8		8

注："O"表示有电励磁，"—"表示无电消磁。

当载重不变即空重车调整阀输出压力一定时，制动缸各级压力值如图 7-6 所示。

紧急电磁阀是经常励磁的，当实行紧急制动时，紧急电磁阀消磁，由空重车调整阀输出的压力空气经通路（8）进入七级中继阀 E 室，推动均衡活塞上移，打开给排阀，这时与常用制动时的过程一样，使总风缸压力空气通向制动缸。同时，制动缸的压力空气经节流孔进入均衡活塞上方的 M 室。紧急制动时制动缸压力比常用制动 7 级的压力高 10%左右。当常用制动后转紧急制动时，为防止压力叠加，C_1、C_2 和 C_3 室内没有压力空气。

3. 空气制动与电制动的配合

当空气制动与电制动（再生制动和电阻制动）配合使用时，就要求在电制动力增加时，空气制动的制动缸压力减少；而在电制动力随着速度下降而减小时，空气制动的制动缸压力能自动上升，以补偿电制动力的不足，使总的制动力保持恒定。

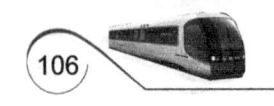

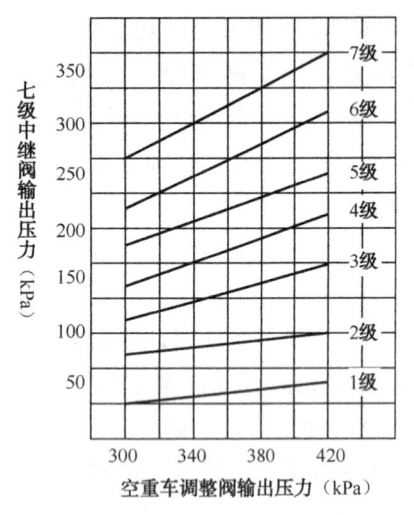

图 7-6 空重车调整阀输出压力

七级中继阀中的混合器就是用于完成这个任务的。例如，当 7 级常用制动时（1～6 级常用制动与此类同），电磁阀 CZF_1、CZF_2 和 CZF_3 均动作，膜板室 C_1、C_2 和 C_3 均充气，假如其充气压力为 P_1，这时七级中继阀向制动缸充气压力为 P_2，如果没有电制动力，即混合器膜板上方 N 室没有空气压力，则有如下关系：

$$P_1 S_1 = P_2 S_M$$

式中，S_1——膜板组最大一块膜板的有效面积；

S_M——均衡膜板的有效面积。

如果有电制动力，则通过控导阀转换成相对应的空气压力 P_3。当混合器膜板的面积为 S_M 时，则改变为如下关系：

$$P_1 S_1 = P_2 S_M + P_3 S_N$$

式中，P_2——有了电制动后制动缸压力的下降值；

P_3——控导阀输出压力；

S_N——混合膜板有效面积。

由 $P_2 S_M = P_1 S_1 - P_3 S_N$ 可见，制动缸压力 P_2 与对应电制动力的空气压力 P_3 直接相关。

当电制动充分发挥作用时，对应的电制动力的空气压力经通路（13）进入混合膜板室 N，其向下作用力与作用在 C_1、C_2 和 C_3 室的向上空气压力相减，以推动作用杆，打开给排阀，使总风缸的压力空气进入制动缸，使制动缸保持 0.06MPa 左右的预压力，以便克服制动缸缓解弹簧力，使闸瓦紧贴车轮，做好随时迅速增加制动力的准备。

当电制动力衰减时，对应的电制动力的七级中继阀 N 室内的空气压力也随之下降，而制动缸压力即随之增加，以实现空气制动补偿电制动的不足，达到总制动力不变的目的。

三、控导阀

控导阀是一个电-空转换装置，它将电制动时（再生制动和电阻制动）检测出的电流信号按一定的比例关系变换为空气压力信号，然后将该压力信号在七级中继阀的混合器内与制动控制器所操纵相应级别的空气指令压力值作比较，以便确定空气制动来补偿电制动力的不足。这样就可以达到空气制动和电制动的协调配合，在整个制动过程中保持制动力不变。

控导阀由空气作用部分和电磁部分组成（见图7-7）。

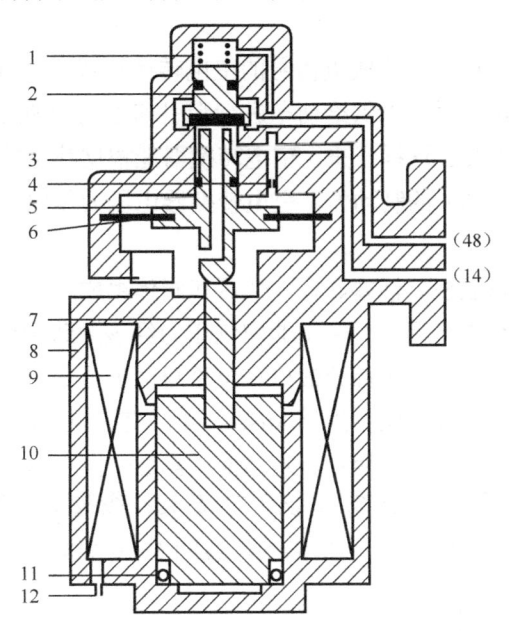

1—弹簧；2—给排阀；3—作用杆；4—节流孔；5—活塞；6—膜板；7—顶杆；8—外壳；
9—线圈；10—铁芯；11—钢球；12—引线

图 7-7 控导阀

空气作用部分主要由弹簧、给排阀、作用杆、节流孔、活塞和膜板组成。它有两条通路，其中通路（48）与总风缸管相通，通路（14）与七级中继阀的混合器 N 室相通。

电磁部分主要由顶杆、外壳、线圈、铁芯、钢球和引线组成。

当控导阀线圈在无电状态时，铁芯连同顶杆处于最下端位置，活塞坐落在顶杆上，这时七级中继阀的混合器 N 室经通路（14），再经打开的作用杆内的空心通路与大气连通。给排阀在弹簧的作用下关闭阀口，切断供风通路（14）。

当控导阀线圈在有电状态时，即当使用电制动时，线圈有电流通过，铁芯被吸引而向上作用，推动顶杆和活塞向上移动，首先给排阀关闭作用杆到大气的通路，然后顶开了给排阀，使总风缸管的压力空气经通路（48）及打开的阀口，再经通路（14）流到七级中继阀中混合器的 N 室参加运算。与此同时，通路（14）的空气经节流孔到活塞上方气室，当铁芯向上的吸力与活塞向下的作用力平衡时，给排阀在弹簧的作用下关闭阀口，切断总风缸经通路（48）向七级中继阀混合器 N 室的供风，使控导阀呈保压状态。

当线圈中的电流增加时，铁芯又继续向上移动打开给排阀，与上述过程一样又向七级中继阀的混合器 N 室供风。向 N 室供风的大小与线圈中的电流有关，电流越大，供给 N

室内的空气压力越高；反之，当线圈中的电流减小时，供给 N 室内的空气压力就下降。

必须指出，控导阀的输出压力与电制动时输出的电流信号不呈线性关系，这是由磁性材料的特性决定的，为此采用了一套控制线路使控导阀输出压力与电制动力具有较好的线性关系。

四、空电转换器

空电转换器是将空气压力变换成电信号的空电转换装置，它的作用是将空重车调整阀的输出空气压力转换为电信号，以供给动车进行牵引和电制动使用，使牵引力和电制动力也随着车辆载重不同来改变。这样一来，空电转换器能根据载重的大小来调整牵引力和电制动（再生制动和电阻制动）的制动力。空电转换器由压力传感部分和差动变压器部分组成（见图 7-8）。

压力传感部分由 S 形膜板、活塞、杆、弹簧和阀体组成。空电转换器仅有一条连通空重车调整阀的通路。从空重车调整阀输出的空气压力经该通路到达活塞下方的腔。

差动变压器部分是把压力传感部分的机械位移量转换为相应的电压或电流值。差动变压器的线圈采用二段式，初级线圈供给 400Hz、24V 交流电；次级的两组线圈是反接的，铁芯处于中间状态时，其输出电压为零。差动变压器部分主要由引线抽头、线圈、铁芯和外壳组成。图 7-9 是差动变压器的接线图。该图中，E_s 为次级线圈的输出电压，$E_s = E_{s_1} - E_{s_2}$，其中，E_{s_1} 为次级线圈 3、4 端电压，E_{s_2} 为次级线圈 5、6 端电压。

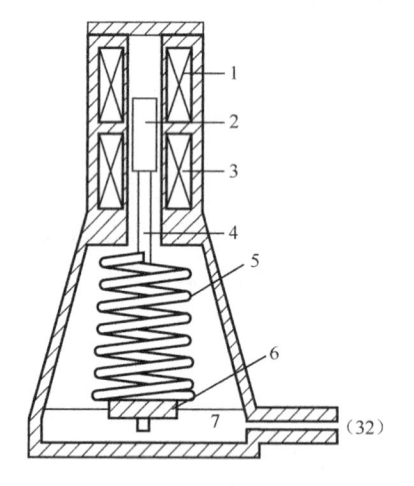

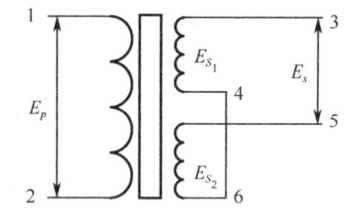

1—线圈；2—铁芯；3—阀体；4—杆；5—弹簧；6—活塞；7—S 形膜板

图 7-8　空电转换器　　　　　　　图 7-9　差动变压器接线图

空重车调整阀的输出压力经通路进入空电转换器活塞下方的腔室内，推动活塞向上移动，并压缩弹簧使杆带动铁芯产生一定的位移，这时在差动变压器的初级线圈中，由于有了一定的交流电压，使线圈励磁，即产生以铁芯为磁路中心的交变磁通，次级线圈感应出交流电压，感应出的次级电压随着铁芯位移而变化。当铁芯在中心位置时，次级的差值电压值 E_s 为零；铁芯位置离开铁芯的中心位移越大，次级电压 E_s 值成比例增加。反之，当上述位移减小时，则 E_s 值也随着减小。图 7-10 所示为空电转换器空气压力与差动变压器输出电压的关系。

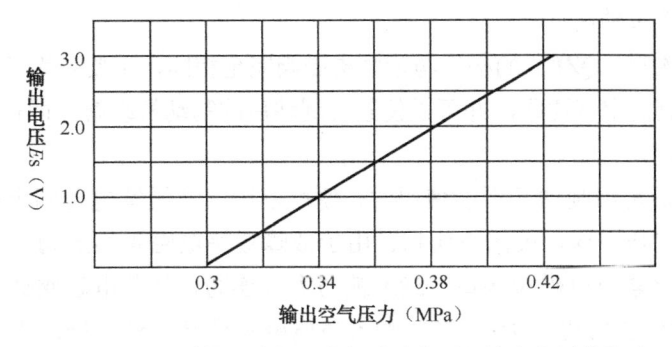

图 7-10　空电转换器空气压力与差动变压器输出电压的关系

五、电磁阀及气动阀

1. 紧急电磁阀

紧急电磁阀（GZF）是当常用制动发生故障时，为保证行车安全使列车紧急停车的一种电磁阀。

电磁阀一般在下述情况下发生紧急制动作用：

（1）司机控制器手柄转至紧急位时；

（2）整列车中某个车钩分离时；

（3）主控制线路断线时；

（4）常用制动电气指令突然中断时；

（5）列车自动控制系统发出紧急制动指令时。

紧急电磁阀是经常带电的制动装置，它的电磁铁可在 79～127V 的电压范围内工作，其工作范围大于直流 110V 电压波动（79～124V）。

紧急电磁阀主要由阀体、线圈、铁芯、上阀口、阀、弹簧 和下阀口等组成，它有两个接口（即图 7-11 中的（55）和（58）两个接口），还有一条经上阀口上部直通大气的通路。

紧急电磁阀通常是带电的，线圈通有 110V（额定值）的直流电，线圈通电后产生磁力，把铁芯压在下阀口上，关闭通路（58），使通路（55）与大气相通，这样使七级中继阀的紧急室 E 通向大气。

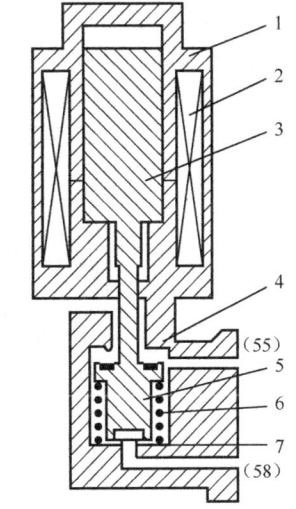

1—阀体；2—线圈；3—铁芯；4—上阀口；5—阀；
6—弹簧；7—下阀口

图 7-11　紧急电磁阀

当进行紧急制动时，电磁阀无电消磁，则弹簧推动阀，关闭上阀口，使通路（58）与通路（55）连通，这样，由空重车调整阀输出的压力与七级中继阀的 E 室相通，产生紧急制动作用。

当紧急电磁阀恢复供电后，铁芯又被吸而向下移动，推动阀，关闭下部阀口，切断通

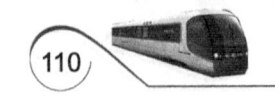

路（55）和通路（58），并使通路（55）与大气相通，七级中继阀紧急室 E 的压力空气经七级中继阀输出接口（8）进入紧急电磁阀的通路（55）再排向大气，制动机缓解。

2. 故障缓解电磁阀

故障缓解电磁阀（QZF）的构造与紧急电磁阀完全相同，主要是为了切断由空重车调整阀到紧急电磁阀的空气通路，并可以使紧急制动后的制动机缓解，即排出七级中继阀 E 室内的压力空气。

当紧急制动后常用制动又不能使用时，便可使用故障缓解电磁阀进行缓解，使故障缓解电磁阀励磁，压下阀，关闭下阀口。由于故障缓解电磁阀的上阀口与紧急电磁阀的下阀口连通，因此紧急电磁阀接口（58）就与大气连通，紧急电磁阀铁芯下落，使七级中继阀 E 室的空气压力仍经接口（8）和紧急电磁阀通路（55）排向大气，从而使车辆强迫缓解。

在使用备用制动系统过程中，故障缓解电磁阀一直保持在励磁状态。

3. 备用制动电磁阀

为确保行车安全，地铁车辆上面必须设有备用制动系统。当常用制动系统因故障不能使用时，可以使用备用制动系统，以保证乘客和列车的安全。备用制动系统的电磁阀有两个，分别为备用制动电磁阀 BZF_1 和备用保压电磁阀 BZF_2，它由 MFZ1-4D 型 110V 直流电磁阀和由 O 形密封圈柱塞阀构成的压力供排部分组成（见图 7-12）。

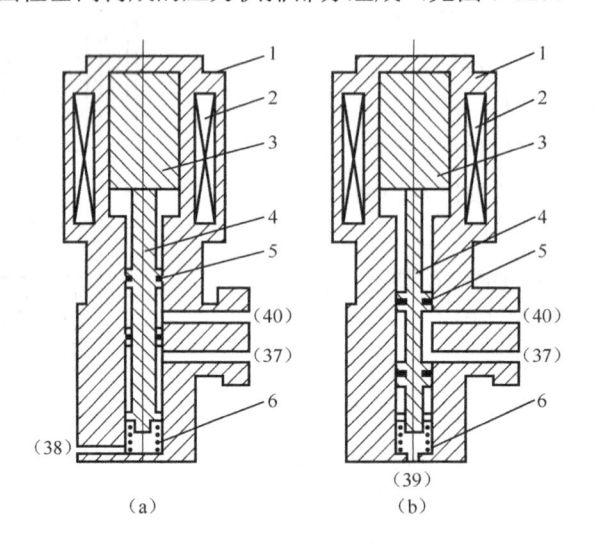

1—阀体；2—线圈；3—铁芯；4—柱塞；5—O 形密封圈；6—弹簧；(33)、(36)、(37)、(38)、(39)、(40)—通路

图 7-12 备用制动电磁阀和备用保压电磁阀

备用制动系统是直通型的电空制动，它根据两个电磁阀通电时间长短来获得不同的制动缸压力。两个电磁阀的交替励磁，可以获得阶段制动和阶段缓解。

备用制动电磁阀 BZF_1 和备用保压电磁阀 BZF_2 的结构形式基本相同，它们主要由阀体、线圈、铁芯、柱塞、O 形密封圈和弹簧等组成。备用制动电磁阀 BZF_1 有三条通路：通路

(40)通向总风缸管；通路(37)与备用保压电磁阀 BZF$_2$ 的通路(36)相连通；通路(38)通向大气。备用保压电磁阀 BZF$_2$ 也有三条通路：通路(36)连通备用制动电磁阀的通路(37)；通路(33)连通双向阀和安全阀并通向制动缸；通路(39)通向大气。

当使用备用制动系统时，首先应把备用开关置于缓解位。故障缓解电磁阀励磁，排出紧急制动后的制动缸压力，同时切断空重车调整阀至紧急制动后电磁阀的空气通路。

当备用制动开关置于制动位时，备用制动电磁阀 BZF$_1$ 励磁，铁芯被吸下，压迫柱塞下移，连通通路(40)与通路(37)，关闭通路(37)通大气的通路；备用保压电磁阀 BZF$_2$ 消磁，通路(36)与通路(33)相通，从总风缸来的压力空气经两个电磁阀，再经双向阀进入制动缸，产生制动作用。

当备用制动开关置于保压位时，备用制动电磁阀 BZF$_1$ 消磁，柱塞受弹簧的反力向上移动，切断通路(40)与通路(37)；备用保压电磁阀 BZF$_2$ 励磁，铁芯被吸下，压迫柱塞下移，切断了通路(36)与通路(33)，停止向制动缸供风，制动缸处于保压状态。

当备用制动开关置于缓解位时，备用制动电磁阀 BZF$_1$ 和备用保压电磁阀 BZF$_2$ 均消磁，备用制动电磁阀 BZF$_1$ 切断了通路(40)与通路(37)，备用保压电磁阀 BZF$_2$ 沟通通路(36)与通路(33)，使制动缸压力空气经双向阀的通路(17)、通路(63)及备用保压电磁阀 BZF$_2$ 的通路(33)、通路(36)和备用制动电磁阀 BZF$_1$ 的通路(37)排向大气，制动缸呈缓解状态。

4. 双向阀

双向阀是为处于制动系统转向备用制动系统，改变制动缸进气通路而设置的，其结构如图 7-13 所示。双向阀由阀体、阀芯和 O 形密封圈组成。它有三个通路：通路(19)通七级中继阀；通路(17)通制动缸；通路(63)通备用保压电磁阀 BZF$_2$。

当七级中继阀产生制动作用时，七级中继阀的输出压力经过通路(19)进入双向阀阀芯的左端，将阀芯推向右方，切断备用制动系统通制动缸的通路，压力空气沿通路(19)和通路(17)进入制动缸；反之，也可以使制动缸的压力空气经通路反方向排向大气。

当使用备用制动系统时，总风缸的压力空气经备用制动电磁阀 BZF1 和备用保压电磁阀 BZF2，由通路(63)进入双向阀阀芯的右端，将双向阀阀芯推向左方，切断通向七级中继阀的通路(19)，使总风缸传来的压力空气沿通路(63)和通路(17)进入制动缸；反之，也可使制动缸的压力空气经通路反方向排向大气。

5. 安全阀

使用备用制动系统时，因总风缸管直接向制动缸充风，为防止制动缸压力过高，而设置了安全阀。安全阀由调整螺柱、阀体、弹簧和钢球组成（见图 7-14）。当使用备用制动系统时，若制动缸压力超过规定压力（规定压力值为 3.0MPa），压力空气推开钢球并压缩弹簧，将超过规定压力的空气排向大气。调整螺柱可以调整弹簧对钢球的压力，通常调到规定的安全压力。压力调好后应施加铅封。

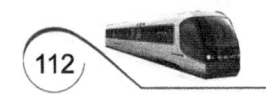

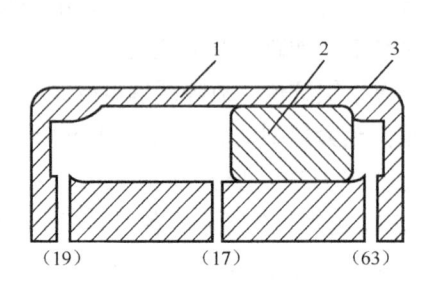

1—阀体；2—阀芯；3—O形密封圈；
（17）、（19）、（63）—通路

图7-13 双向阀

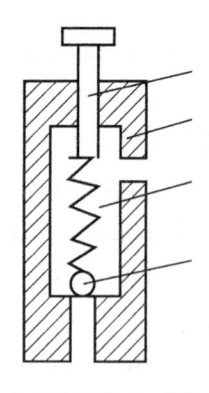

1—调整螺柱；2—阀体；
3—弹簧；4—钢球

图7-14 安全阀

任务二　认知 SD 型制动控制系统的控制过程

学习目标

（1）熟知 SD 型电空制动机运转位作用原理；
（2）熟知 SD 型电空制动机常用制动位作用原理；
（3）熟知 SD 型电空制动机紧急制动位作用原理；
（4）熟知 SD 型电空制动机备用制动位作用原理。

学习任务

认知 SD 型电空制动机的作用原理和过程，包括运转位、常用制动位、紧急制动位和备用制动位的作用原理和过程。

工具设备

SD 型电空制动机集成模块、城市轨道交通车辆实物、多媒体设备课件、图片、示教板、计算机多媒体设备等。

教学环境

轨道交通车辆理实一体化教室、车辆维修基地或现场。

基础知识

SD 型电空制动机的制动原理和过程（见图 7-15）。

一、运转位

制动控制器手柄置于运转位时，七级中．继阀的常用电磁阀 CZF_1、CZF_2、CZF_3 均消磁，仅通常情况下带电的紧急电磁阀 GZF 励磁。七级中继阀各膜板室的压力空气分别由各常用电磁阀的排气口排向大气，制动缸的压力空气经双向阀、七级中继阀作用杆的空心通

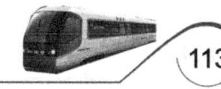

路排向大气，制动机呈缓解状态。其通路如下。

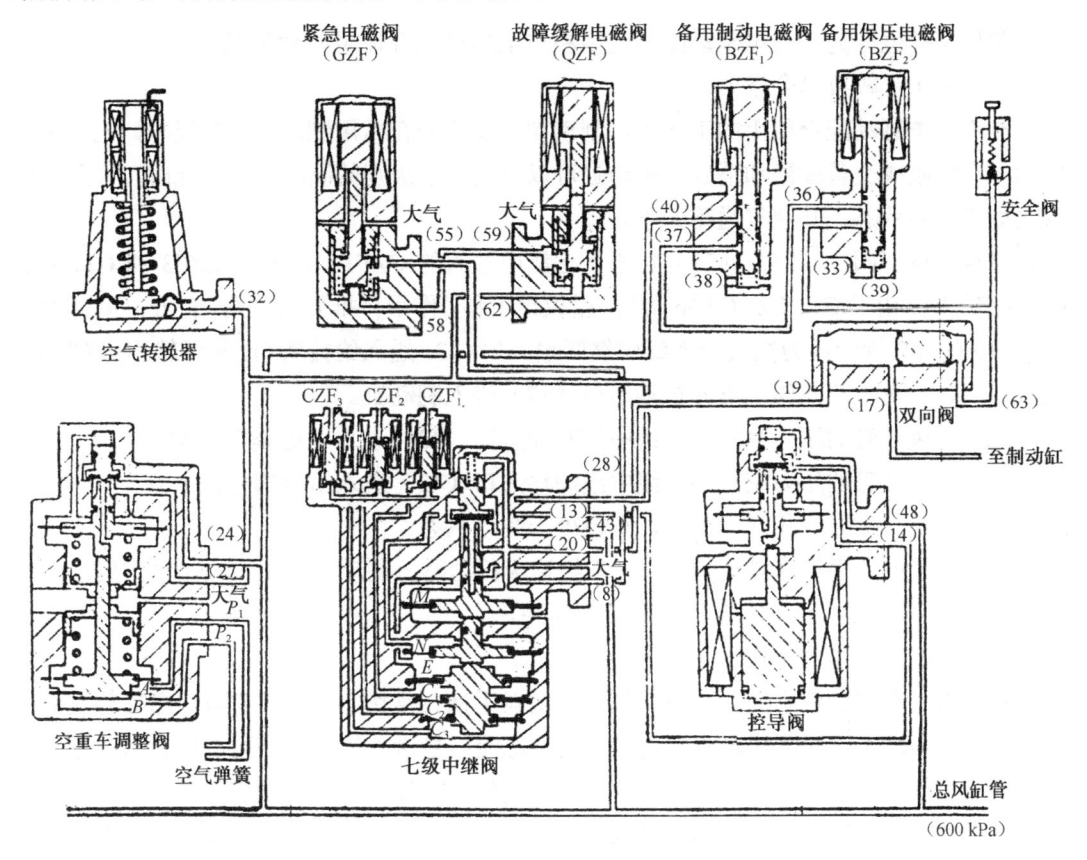

图 7-15　SD 型电空制动机的制动原理和过程

(1) 七级中继阀膜板室 C_1、C_2、C_3 的压力空气分别通过 CZF_1、CZF_2、CZF_3 通向大气。七级中继阀 E 室的压力空气经通路(8)和通路(55)进入紧急电磁阀 GZF 后再通向大气。七级中继阀 N 室的压力空气经输出通路(13)和控导阀输入口(14)，再经控导阀作用杆通向大气。

(2) 制动缸的压力空气经双向阀的通路(17)和通路(19)与七级中继阀的输入口(20)进入七级中继阀的作用杆空心通路再通向大气。

(3) 空重车调整阀根据空气弹簧的压力（即车辆载重）输出相应压力的压力空气，经下列通路输送到各处，以备应用。

① 通过空重车调整阀的输出口(27)进入七级中继阀的输入口(28)到 CZF_1、CZF_2、CZF_3 各阀口下。

② 通过空重车调整阀的输出口 27 经空电转换器输入口(32)到 D 室。

③ 通过空重车调整阀的输出口 27 经故障缓解电磁阀输入口(62)和输出口(59)，到紧急电磁阀输入口(58)，再到紧急电磁阀的下阀口。此时，控导阀、备用制动电磁阀、备用保压电磁阀和故障缓解电磁阀均不发生作用。

二、常用制动位

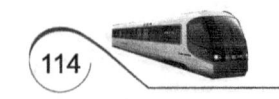

常用制动位分为不与电制动配合使用和与电制动配合使用两种工况。

1. 不与电制动配合使用

在不与电制动配合使用的工况下,制动控制器手柄在常用制动 1～7 级时,七级中继阀的三个电磁阀交替励磁和消磁,制动缸可以得到七个级别的制动压力。此时,紧急电磁阀仍处于励磁状态,其空气通路如下。

空重车调整阀经（27）、（28）口进入七级中继阀的 CZF1、CZF2、CZF3 和 C1、C2、C3 各空气室。由于 C1、C2、C3 室充气,膜板组上移,作用杆推开给排阀,打开下列通路。

（1）总风缸管的压力空气经七级中继阀输入口（43）进入给排阀口,再经输出口（20）、输入口（19）进入双向阀,再通过输出口（17）进入制动缸。

（2）总风缸管的压力空气经七级中继阀输入口（43）进入平衡膜板室 M。

（3）总风缸管的压力空气经七级中继阀输入口（43）进入给排阀柱塞上方。

其他通路与运转位相同。此时,车辆处于制动状态。

当制动控制器手柄在制动位由 1～7 级逐级移动时,制动机发生阶段制动作用;而由 7～1 级逐级移动时,制动机发生阶段缓解作用。

2. 与电制动配合使用

在与电制动配合使用的工况下,制动控制器手柄在常用制动 1～7 级,电制动发生作用。这时经制动电流检测线路检测出的电制动电流信号送入控导阀,通过控导阀把电流信号转换成空气压力,此压力空气进入七级中继阀的混合器,其空气通路如下。

（1）总风缸管经输入口（48）进入控导阀的给排阀,再通过（14）、（13）口进入七级中继阀混合器 N 室。

（2）总风缸管经输入口（48）进入控导阀的给排阀,再进入平衡膜板上侧室。

（3）进入七级中继阀混合器 N 室的压力空气向下的作用力与膜板组向上的作用力相减之后,此作用力之差使膜板上移,作用杆顶开给排阀,总风缸向制动缸充气。制动缸压力即为补偿电制动力不足所需要的压力。

三、紧急制动位

当制动控制器手柄置于紧急制动位时,七级中继阀的三个常用电磁阀全部失磁,紧急电磁阀也失磁,制动机发生紧急制动作用,其空气通路如下。

空重车调整阀经（27）、（62）口进入故障缓解电磁阀,再经（59）、（58）口进入紧急电磁阀,再通过（55）、（8）口进入七级中继阀 E 室。由于 E 室充气,混合器活塞向上移动,作用杆被推上移,顶开给排阀,打开下列通路:

（1）总风缸管经（43）口到七级中继阀的给排阀口,再经（20）、（19）口进入双向阀,再通过（17）口进入制动缸。

（2）总风缸管经（43）口到七级中继阀的给排阀口,再到 M 室。

（3）总风缸管经（43）口到七级中继阀的给排阀口,再到给排阀柱塞上侧室。制动缸可得到较常用制动 7 级时高 10%左右的压力。

当正常制动系统或电气线路部分发生故障、列车分离和不按规定放置头中尾开关时，紧急电磁阀无电，发生紧急制动作用。当列车正处于常用制动状态而发生紧急制动时，三个常用电磁阀断电失磁，膜板室 C_1、C_2、C_3 中的压力空气都排向大气，仅 E 室充有压力空气，这就避免了紧急制动和常用制动同时作用。

四、备用制动

运行中，当正常制动系统失灵时，司机可以操纵备用制动系统继续运行。备用制动开关有四个位置，即运转位、故障缓解位、保压位和制动位。操纵备用制动开关时，备用制动电磁阀 BZF_1、备用保压电磁阀 BZF_2 和故障缓解电磁阀 QZF 的励磁和失磁情况如表 7-2 所示。

表 7-2　各类电磁阀的励磁与失磁情况

操纵位置	备用制动电磁阀 BZF_1	备用保压电磁阀 BZF_2	故障缓解电磁阀 QZF
运转位			
故障缓解位			O
保压位		O	O
制动位	O		O

注　"O"表示励磁；"—"表示失磁。

在使用正常制动系统时，备用开关应置于运转位，备用制动电磁阀 BZF_1 和备用保压电磁阀 BZF_2 均无电，其铁芯和柱塞处于上端位置，其通路是：总风缸管经（40）口到备用制动电磁阀 BZF_1。

故障缓解电磁阀 QZF 也是无电失磁，其铁芯处于上端位置，故通大气的通路被切断，（62）口至（59）口通路开放。

当正常制动系统因故失灵，发生紧急制动后，使用备用制动系统时，先将备用制动开关置于故障缓解位，故障缓解电磁阀 QZF 通电激磁后，铁芯被吸下，其阀关闭通路（62），沟通下列通路：七级中继阀 E 室经（8）、（55）口到紧急电磁阀 GZF（失磁），再经（58）、（59）口到故障缓解电磁阀 QZF 阀口，再通向大气。E 室压力空气排入大气，因而制动缸内压力空气经（17）口进入双向阀，再经（19）、（20）口进入七级中继阀，通过作用杆空心通路通向大气。

备用制动开关置于保压位时，备用制动电磁阀 BZF_1 断电失磁，备用保压电磁阀 BZF_2 和故障缓解电磁阀 QZF 通电激磁。（40）口与（37）口、（36）口与（33）口之间的通路均被切断，制动缸压力停止上升，呈制动保压状态。

当保压制动开关置于故障缓解位时，备用制动电磁阀 BZF_1 和备用保压电磁阀 BZF_2 均无电失磁，它们沟通下列通路：制动缸经（17）口—双向阀—（63）口—（33）口—备用保压电磁阀 BZF2—（36）口—（37）口—备用制动电磁阀 BZF1—（38）口—大气。

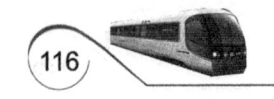

通过长期运行考验和不断改进，SD 型数字式电气指令电空制动机系统在北京地铁车辆上得到了良好的使用。

任务三　认知 SD 型制动控制系统的特点

学习目标
熟知 SD 型制动控制系统的特点。

学习任务
认知 SD 型制动控制系统的特点。

工具设备
SD 型电空制动机集成模块、城市轨道交通车辆实物、多媒体设备课件、图片、示教板、计算机多媒体设备等。

教学环境
轨道交通车辆理实一体化教室、车辆维修基地或现场。

基础知识
SD 型制动控制系统具有以下特点。

（1）制动和缓解作用快，空走时间短，从而可以缩短制动距离。

（2）制动缸压力具有七级变化，各级制动缸压力上升时间基本一致，而且稳定准确，操纵灵活，有利于调速。

（3）设有空重车调整装置，可根据乘客多少自动调节制动力。因此，制动时能得到恒定的减速度，减少列车冲动，使停车平稳。

（4）空气制动能与电制动互相配合。当电制动力不足时，空气制动能自动进行补偿，使整个制动过程中的制动率基本保持不变，从而提高了旅客的舒适度。

（5）能与列车自动控制装置配合，实现定位停车。

（6）设有紧急电磁阀，当列车发生分离和断电故障时，能自动施行紧急制动以保证行车安全。

（7）除装有正常制动装置外，还设有备用制动装置。当正常制动装置发生故障时，仍能保证车辆正常运行。

（8）整个装置结构简单，除制动控制器、备用制动开关等外，其他装置均装在一块集成板上，简化了管路，减轻了重量，制动装置中广泛采用了 O 形密封圈、橡胶膜板，使结构简单，作用可靠，维修简便，并可延长检修期。

（9）由于是数字式的制动信号，制动力的上升和下降都呈台阶式的，不能对制动力大小进行无级调节。

项目七　SD 型制动控制系统

任务四　SD 型制动控制系统的操作运用

【操作运用案例】　SD 型制动控制系统的操作运用

1. 实训项目教师工作活页

实训项目教师工作活页　　　　　　　　　　　　　　　　NO：_____

实训项目	SD 型制动控制系统的操作运用				
学　时	2		班　级		略
实训场所	机车车辆设备综合仿真实验室或车辆维修基地现场				
工具设备	城市轨道交通车辆实物、空重车调整阀、控导阀、空电转换器、紧急阀、故障缓解电磁阀、备用制动电磁阀、双向阀、安全阀、模型、多媒体设备课件、图片、示教板、计算机多媒体设备等				
教学目标	专业能力	(1) 掌握空重车调整阀结构和作用原理，并能进行简单的拆解和组装 (2) 掌握七级中继阀结构和作用原理，并能进行简单的拆解和组装 (3) 掌握控导阀结构和作用原理，并能进行简单的拆解和组装 (4) 掌握空电转换器结构和作用原理，并能进行简单的拆解和组装 (5) 掌握紧急阀结构和作用原理，并能进行简单的拆解和组装 (6) 掌握故障缓解电磁阀结构和作用原理，并能进行简单的拆解和组装 (7) 掌握备用制动电磁阀结构和作用原理，并能进行简单的拆解和组装 (8) 掌握双向阀结构和作用原理，并能进行简单的拆解和组装 (9) 掌握安全阀结构和作用原理，并能进行简单的拆解和组装 (10) 了解 SD 型电空制动机运转位作用原理 (11) 了解 SD 型电空制动机常用制动位作用原理 (12) 了解 SD 型电空制动机紧急制动位作用原理 (13) 了解 SD 型电空制动机备用制动位作用原理			
教学目标	方法能力	(1) 能综合运用专业知识，通过利用专业书籍、多媒体课件和图片资料获得帮助信息 (2) 能根据实训项目学习任务确定实训方案，从中学会表达及展示活动过程和成果			
	社会能力	(1) 能在实习训练活动中保持积极向上的学习态度 (2) 能与小组成员和教师就学习中的问题进行交流和沟通 (3) 能与他人共享学习资源，具有较好的合作能力和团队协作精神			
教学活动	略（详见教学活动设计）				
教学评价	学生活动：① 以 5～7 人小组为单位开展实训活动，根据本组同学在实训过程中的能力表现及结果进行自评组内互评；② 根据其他小组同学在成果展示活动中的表现及结果进行互评 教师活动：① 教师组织学生开展评价活动和总结；② 对学生本实训项目单元成绩做出综合评价				
教学资料	(1) 城市轨道交通车辆制动系统教材 (2) 城市轨道交通运输设备教材 (3) 实训项目学生学习活页（附页）				
指导教师			教学时间	年　月　日	

2. 实训项目学生学习活页

实训项目学生学习活页　　　　　　　　　　　　　NO：_____

实训项目　SD 型制动控制系统的操作运用

班级：_____　姓名：_____　学号：_____　时间：_____

一、实训目标

　　1. 专业能力目标

　　（1）掌握空重车调整阀结构和作用原理，并能进行简单的拆解和组装

　　（2）掌握七级中继阀结构和作用原理，并能进行简单的拆解和组装

　　（3）掌握控导阀结构和作用原理，并能进行简单的拆解和组装

　　（4）掌握空电转换器结构和作用原理，并能进行简单的拆解和组装

　　（5）掌握紧急阀结构和作用原理，并能进行简单的拆解和组装

　　（6）掌握故障缓解电磁阀结构和作用原理，并能进行简单的拆解和组装

　　（7）掌握备用制动电磁阀结构和作用原理，并能进行简单的拆解和组装

　　（8）掌握双向阀结构和作用原理，并能进行简单的拆解和组装

　　（9）掌握安全阀结构和作用原理，并能进行简单的拆解和组装

　　（10）了解 SD 型电空制动机运转位作用原理

　　（11）了解 SD 型电空制动机常用制动位作用原理

　　（12）了解 SD 型电空制动机紧急制动位作用原理

　　（13）了解 SD 型电空制动机备用制动位作用原理

　　2. 方法能力目标

　　（1）能综合运用专业知识，通过利用专业书籍、多媒体课件和图片资料获得帮助信息

　　（2）能根据实训项目学习任务确定实训方案，从中学会表达及展示活动过程和成果

　　3. 社会能力目标

　　（1）能在实习训练活动中保持积极向上的学习态度

　　（2）能与小组成员和教师就学习中的问题进行交流和沟通

　　（3）能与他人共享学习资源，具有较好的合作能力和团队协作精神

二、知识总结

　　1. 结合图 7-2 简述空重车调整阀的结构和原理

　　2. 结合图 7-5 简述七级中继阀的结构和原理

续表

3. 结合图 7-7 简述控导阀的结构和原理

4. 结合图 7-8 简述空电转换器的结构和原理

5. 结合图 7-11 简述紧急阀的结构和原理

6. 结合图 7-15 叙述 SD 型电空制动机的制动原理

三、实训小结
_____
_____
_____

四、成绩评定
  1. 学生评价

评价等级	A—优	B—良	C—中	D—及格	E—不及格
学生自评					
组内互评					
他组互评					

  2. 教师评价

评价等级	A—优	B—良	C—中	D—及格	E—不及格
专业能力					
方法能力					
社会能力					

  3. 综合评价

评价等级	A—优	B—良	C—中	D—及格	E—不及格
评价结果					

  注：按照学生自评占 10%，组内互评占 10%，他组互评占 20%，教师评价 60% 的比例计分。其中，A—100 分，B—85 分，C—75 分，D—60 分，E—50 分。

续表

4. 评价量规	
等　级	行为表现描述
A	能圆满高效地完成实训任务的全部内容
B	能顺利完成实训任务的全部内容
C	能完成实训任务的全部内容，但需要一些帮助和指导
D	自己只能完成实训任务的部分内容，但在现场的指导下，已经能完成任务的全部内容
E	不能完成实训任务的全部内容

课后巩固

1. 如果有四个常用电磁阀和四个空气室，SD型电空制动机能调出多少档制动力？
2. 结合图7-2简述空重车调整阀的结构和原理。
3. 结合图7-5简述七级中继阀的结构和原理。
4. 结合图7-15叙述SD型电空制动机的制动原理。

项目八　KBWB 型制动控制系统

上海 AC03 型列车采用的 KBWB 模拟式电气指令制动系统是原来英国的 Westinghouse 公司（现已并入克诺尔制动机公司）设计的制动系统。该系统按照整车模块化原则设计，集成度较高。它将微机制动控制单元、空气制动控制单元、风缸和风源等全部安装在一个架上（见图 8-1），维护简单、重量轻，并具有自我诊断及故障保护显示功能。

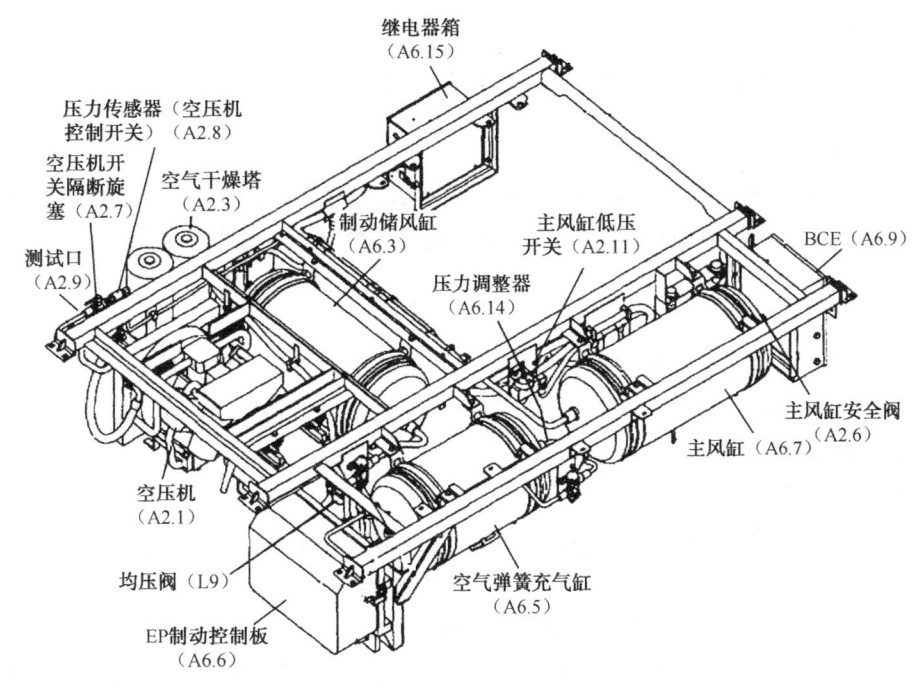

图 8-1　KBWB 模拟式电气指令制动系统集成化布置图

为适应城市轨道车辆运行速度高、站间距短、启制动频繁等要求，KBWB 模拟式电气指令制动系统具有反应迅速、制动力大、制动距离短、停车精度高、安全可靠的特点。该制动系统由电制动（动力制动）系统和空气制动系统组成，采用 PWM 信号传递制动指令，是模拟式电气指令制动系统。其制动控制单元的 EP 转换采用四个电磁阀对控制室充放气的闭环控制方法。

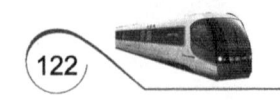

任务一　认知 KBWB 型制动控制系统的结构原理

学习目标

（1）熟知 KBWB 型制动控制系统组成；
（2）熟知 KBWB 型制动控制系统主要部件的结构和作用原理。

学习任务

认知 KBWB 型制动控制系统的结构和作用原理，包括供气单元、电子制动控制单元、空气制动控制单元、防滑控制单元及基础制动装置的基本作用原理。

工具设备

空气压缩机、空气干燥器、EBCU 机箱、EP 控制板、主控阀、称重阀、双防滑阀、单元制动机、城市轨道交通车辆实物、多媒体设备课件、图片、示教板、计算机多媒体设备等。

教学环境

轨道交通车辆理实一体化教室、车辆维修基地或现场。

基础知识

KBWB 模拟式电气指令制动系统的空气制动系统主要分为供气单元、微机制动控制单元、制动控制单元、防滑控制单元、基础制动装置及空气悬挂辅助装置等。

一、供风单元

每辆带司机室的拖车上装有 1 套供气单元，每列车有 2 套。供气单元按司机室启用位置定义主供气单元或辅助供气单元。每套供气单元由空气压缩机组、空气干燥器及控制装置等组成（见图 8-2）。

1. 空气压缩机组

空气压缩机（A2.1）选用 VV120 型，由三个往复式压缩气缸、中间和后冷却器以及驱动电机组成。理论上，在 $10×10^5Pa$ 的压力下，它能为列车制动系统提供约 950L/min 的冷却空气。驱动电机由静态辅助逆变器输出的 AC400V/50Hz 的三相交流电源供电。空气压缩机仅安装在拖车上，并通过弹簧索弹性地吊在车辆底部作为供气和制动控制组合模块（A1）的一部分。这些措施能有效地缓冲并降低车体的振动。

空气压缩机是 W 形结构，由两个低压活塞和一个单一的高压活塞以及一根通用曲轴组成。电机和空气压缩机通过连轴节的中间法兰相互连接。活塞在经空气冷却的风缸中运动，润滑方式为飞溅润滑。安装在曲轴箱呼吸器上的外接过滤器单元对溅到曲轴箱呼吸器上的润滑油进行分离、干燥，然后润滑油流回曲轴箱。通过可视玻璃可检查油量。测油杆必须插在可视玻璃里，如果油量太少可能引起过热，如果油量太少会导致气阀炭化。

空气先通过纸质过滤器经低压活塞压缩，流过中间冷却器，压力下降，温度升高。高压活塞对低压空气进一步压缩，经后冷却器流入气路系统，最后由空气干燥器（A2.3）干燥。

项目八　KBWB型制动控制系统

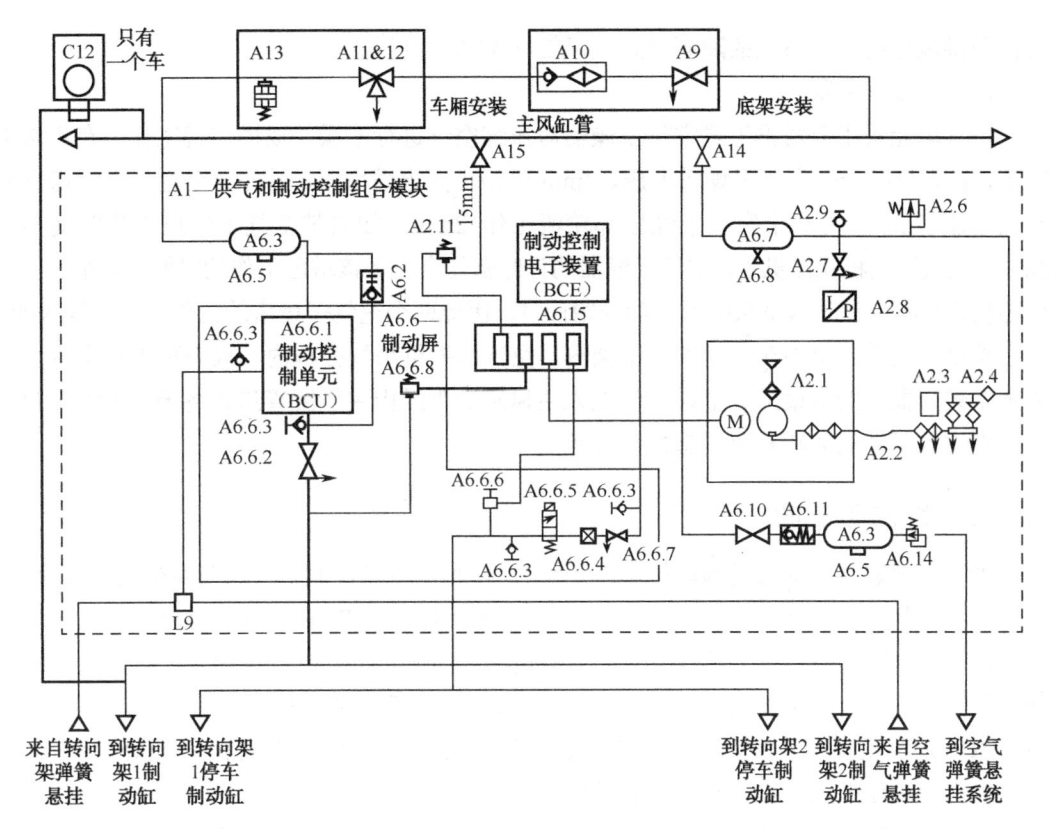

A2.1—空气压缩机；A2.6—主风缸安全阀；A6.6.1—制动控制单元；A6.6.5—停放制动实施电磁阀；A6.6.6—停放制动缓解电磁阀；A6.7—主风缸；A6.9—制动控制电子装置（BCE）；A13—制动实施和缓解电磁阀；A6.15—继电器阀箱；L9—压力均衡阀

图8-2　空气制动系统

空气压缩机通过两个安全阀得到过载保护：一个位于低压活塞与中间冷却器之间（设定值为 $5×10^5$Pa），另一个位于高压活塞与后冷却器之间（设定值为 $14×10^5$Pa）。在正常情况下，如果一个压缩机能够满足向列车供气的需求，则仅启动主供风单元的空气压缩机，即只启用一台空气压缩机。在辅助模式或降级模式下，需同时启动主、辅供风单元的空气压缩机。主司机室的确认信号通过列车FIP网络传送给微机制动控制单元（BCE）。主司机室发生变更，空气压缩机的启用也随之变更。长期以这种方式使用，可使空气压缩机的工作周期比较均等。

2. 控制装置

空气压缩机的启停控制是通过微机制动控制单元（BCE）来实现的。每个供气单元和制动控制组合模块配有一个压力传感器（A2.8），用于检测总风管（靠近主空气压缩机侧的主风缸）的压力并且传送信号给BCE。BCE根据压力传感器显示的总风管压力信号（通常在 $8.4×10^5$~$9.5×10^5$Pa）来决定空气压缩机的启停和启用台数，并通过控制空气压缩机电机继电器的吸合或断开来实现。如果监测到主风缸压力持续下降到 $0.6×10^5$Pa，列车安全保护系统会自动触发紧急制动。

该供风单元还装有安全阀（A2.6）来保证制动系统的安全。安全阀动作压力为 $10.5×10^5$Pa，

防止因供风自动控制系统故障而导致主风缸（A6.7）过压。

3. 空气干燥器

供气单元采用双塔再生式空气干燥器对压缩空气进行干燥，双塔交替工作。在正常工况下，首先只有一个空气干燥塔增压，2min 后停止向该塔增压，另外一个空气干燥塔立即开始增压 2min，每一个空气干燥塔都轮流工作 2min。如果某空气干燥塔工作时间不到 2min，空气压缩机就停机了，空气干燥器的计时器便会记下该塔已工作的时间。当空气压缩机再次启动时，计时器将从中断时刻开始计时，因此两个空气干燥塔的工作时间是均等的。

整个供气单元集中在一个安装框架内，空气压缩机吊挂在框内，双塔再生式空气干燥器则安装在框外的横梁上。干燥空气充入主风缸后再经由主风缸管送入各节车的主风缸，再分别进入制动储风缸和空气悬挂风缸等。

二、微机制动控制单元

每节车都装有一套微机制动控制单元（BCE）用于制动控制，它是双列车线需求信号、空气制动控制单元（BCU）和牵引系统之间的界面和桥梁。BCE 控制所有空气制动的常用制动，包括随需求信号和车辆载荷变化而变化的压力值。如果使用电制动，BCE 为电制动和空气制动的混合控制提供了界面划分，以形成一个完整的制动系统。

BCE 还提供正常运行管理和故障检测，这些信息通过 FIP 数据线传给 TIMS 系统。数据线也可通过便携式计算机接口做简单的诊断和维修。

常用制动时，BCE 接受所有车辆的空气弹簧平均压力信号，根据该信号计算出车辆制动所需的制动力，同时将反映车辆重量的载荷信号传送给 FIP 网络系统，拖车载荷信号通过 FIP 网络传送到动车的 BCE 和牵引控制装置。动车的载荷信号也通过 PWM 线传送到相应的牵引控制电子装置，牵引控制电子装置经过综合计算后将决定制动力的分配。对于动车，动力制动系统和空气制动系统是同时存在的，两种制动系统都是由司机控制器或 ATO 自动驾驶装置控制。无论采用哪种控制，动车都能随时得到连续的动力制动和空气制动。如果制动需求值超过动力制动能力，这时空气制动根据总的制动力要求补充动力制动的不足部分。混合制动要求制动缸的压力可以不一样，只要动力制动和空气制动的和达到制动所需求的值即可。

BCE 还对空气压缩机（A2.1）和空气干燥器（A2.3）进行控制。

三、空气制动控制单元

安装在拖车 A 和动车 B、C 上的制动控制单元（BCU）由于车辆载重不同而略有不同。制动控制单元（BCU）可分为三个部分，即 EP 控制板、称重阀和主控阀（见图 8-3）。

（一）EP 控制板

EP 控制板是制动控制单元（BCU）的基座。它是一个阳极氧化铝的管道接口座，除管道接口外，座上还安装了称重阀、主控阀等其他部件 EP 控制板的钢盖涂灰色油漆，装在管道接口座的前端，以保护其中设备。钢盖由两个不锈钢插销定位锁住，盖上还有两个安全挂钩以保证在插销失效时钢盖不会跌落。

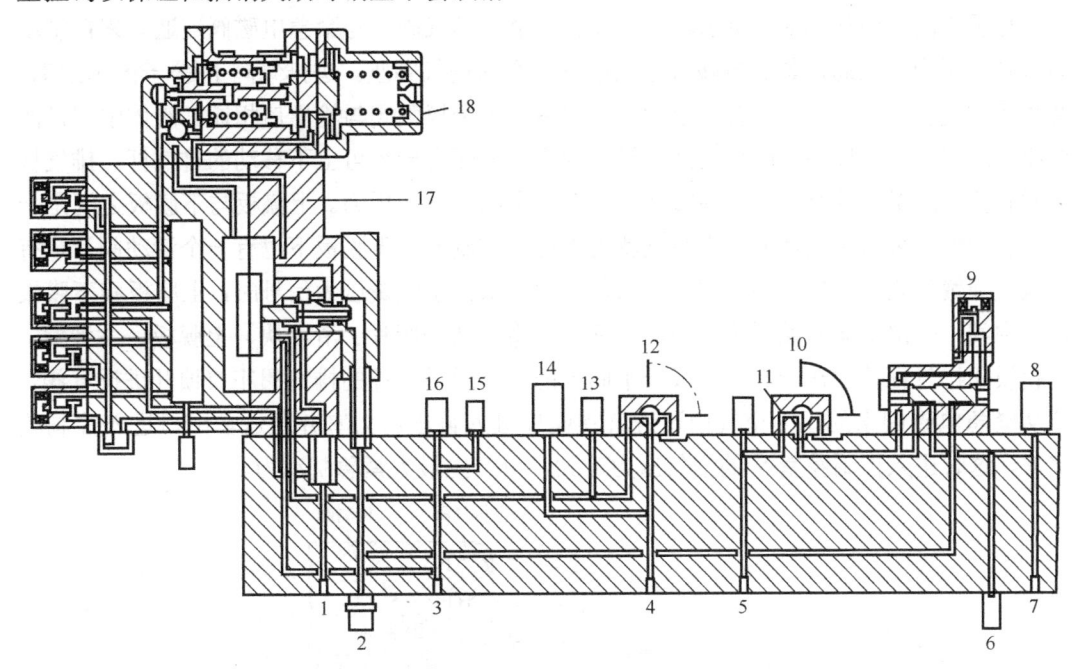

1—制动风缸接口；2—制动机消声器；3—空气弹簧接口；4—制动机压力接口；5—主风缸压力接口；6—停车制动测试点；7—停车风缸接口；8—停车制动缓解开关；9—停车制动消声器；10—停车制动截断塞门；11—主风缸测试点；12—主风缸截断塞门；13—制动机压力测试点；14—制动机压力开关；15—空气弹簧压力转换器；16—空气弹簧压力测试点；17—主控阀；18—称重阀

图 8-3　空气制动控制单元（BCU）

在管道接口座的背面有五个气路连接口，分别连接主风缸（MR）、空气簧（AS）、制动储风缸（BSR）、停放制动风缸（PB）和单元制动机风缸（BC）。每个接口都是内螺纹 BSP 型接口。除了这些接口，还有一个制动风缸排气端口，该端口前装有一个消声器。

管道接口座的背面有两个 19 路的电气接口插座，空气压力转换信号接口为 Cl，BCU 驱动信号接口为 C2。

管道接口座的背面还有一个 M10 的安装孔，用于安装接地线；在端盖下部有两个 M6 的安装孔，是用于元件接地的端口。

管道接口座有四个压力测试点，其中一个在背面，三个在前面。压力测试点可以在不拆除端盖的情况下使用。其测试对象为空气弹簧压力、单元制动机风缸压力、主风缸压力和停放制动风缸压力。

（二）称重阀

称重阀是一种混合压力限制装置，它接受来自空气弹簧系统的控制压力信号（车辆的载重信号），限制 BCU 向单元制动机输出的空气压力。如果空气弹簧压力信号因种种原因消失，称重阀就假定超载性能，BCU 给出最大超载信号使列车紧急制动。称重阀有三种规

格，可根据车辆载重进行选择。

称重阀的构造如图 8-4 所示。其上部有一个进排气阀，与紧急电磁阀连通。来自制动储风缸的压力空气通过紧急电磁阀进入进排气阀的进气阀座。进排气阀下是一个输出口，通往控制腔室 Y。此外，还有一个输出压力室和一个检测阀与输出口相通。阀体中间是两个膜板腔室，主膜板与上膜板之间是排气腔室，里面有一个可上下移动的排气杆。排气杆中间有排气通道，并有一个主弹簧使其具有恒定的向上作用力。上膜板与下膜板之间是一个控制腔室，来自空气簧的压力空气就进入这个控制室。下膜板下也有一个活动阀片，有个偏置弹簧使它具有向上的作用力。当称重阀无来自空气簧压力信号时，上膜板和下膜板都与中间一个滑动块密贴无间。因此，偏置弹簧、活动阀片、滑动块、上膜板、主弹簧、主膜板和排气杆叠加在一起，形成一个向上的力，用排气杆的排气阀座口顶开进排气阀，使从紧急电磁阀来的压力空气通过进气阀座口进入输出压力室并通过输出口进入控制腔室 Y。这时进入控制腔室 Y 的空气压力最大，可产生最大紧急制动力。

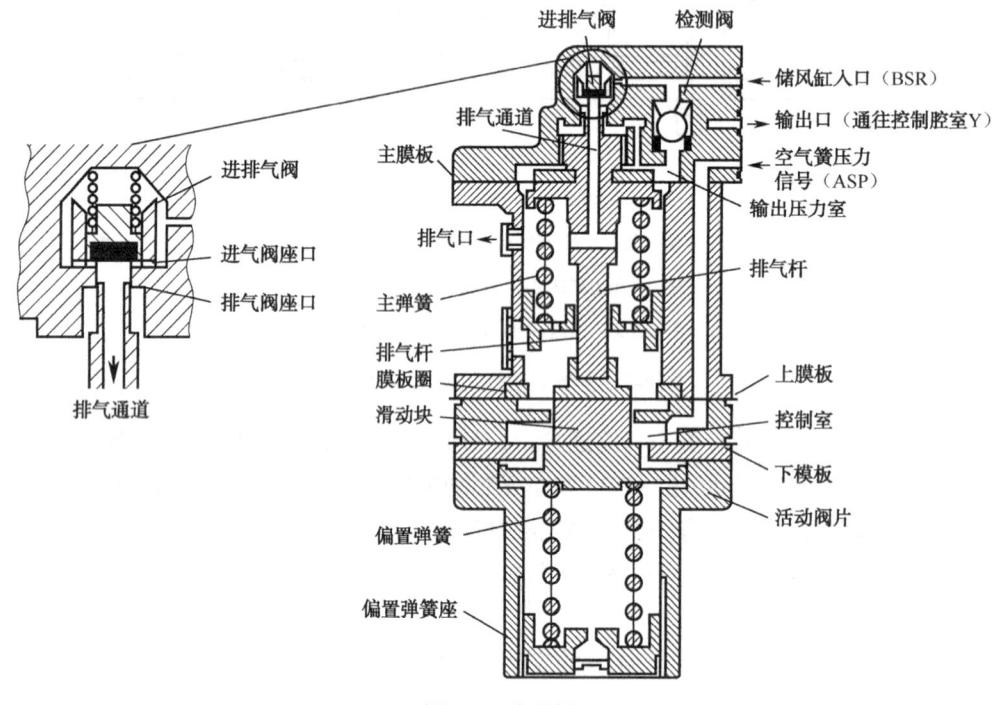

图 8-4 称重阀

当称重阀有来自空气簧压力信号时，上膜板和下膜板都与中间滑动块分离，它们之间充满压力空气。压力空气对下膜板和偏置弹簧有向下反作用力，对上膜板和排气杆仍有向上作用力，但作用力减小，并与空气簧压力信号成正比。这时进入控制腔室 Y 的空气压力随空气簧压力变化，可以产生与车辆负载成正比的制动力。

（三）主控阀

主控阀与气-电转换器、制动储风缸、空气弹簧、单元制动机和称重阀等制动设备气路连接。

主控阀实际上由两部分组成：一个部分是电-气转换部分，类似于第十章介绍的 EP 阀；另一个部分是输出放大部分，类似于第十章介绍的均衡阀（见图 8-5）。

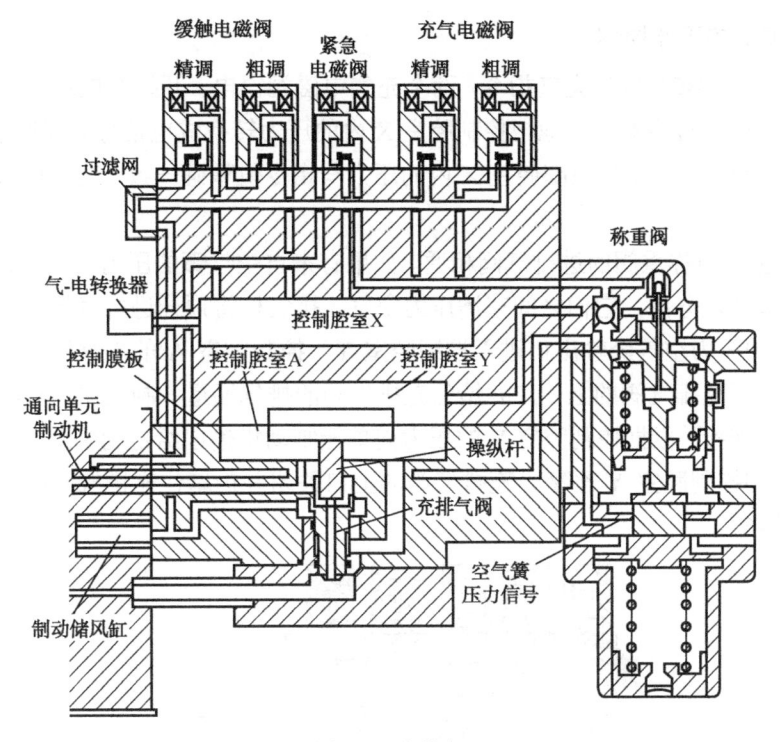

图 8-5　主控阀

1. 电-气转换部分

电-气转换部分主要包括五个电磁阀、控制腔室 X 和气-电转换器。

五个电磁阀分别是两个缓解电磁阀、两个充气电磁阀和一个紧急电磁阀。缓解电磁阀和充气电磁阀分成粗调和精调。五个电磁阀的一端都与控制腔室 X 连接，两个缓解电磁阀的另一端通大气；两个充气电磁阀的另一端与制动储风缸连接；紧急电磁阀的另一端则与称重阀连接。

控制腔室 X 除与电磁阀连通外，还接有一个气-电转换器，将腔室内的气压转换成电信号，反馈给 BCE。

2. 输出放大部分

输出放大部分主要包括控制膜板、控制腔室 Y、控制腔室 A、操纵杆和充排气阀。控制膜板将主控阀下部隔成两个控制腔室，即控制腔室 Y 和控制腔室 A，控制腔室 Y 通过称重阀与控制腔室 X 连接。

控制腔室 A 内上部有一个操纵杆固定在控制膜板下面，下部有一个充排气阀。操纵杆在控制膜板的动作下，向下可顶开充排气阀的上口并堵住充排气阀的排气通道；向上则关闭充排气阀并打开排气通道。当充排气阀上口被顶开时，制动储风缸和控制腔室 A 与单元

制动机连接，根据控制腔室 Y 的压力向单元制动机输出给定的制动压力空气，施加制动；当充排气阀上口关闭时，制动储风缸和控制腔室 A 与单元制动机的连接被切断，排气通道被打开，单元制动机的制动压力空气从排气通道排出，制动缓解。

（四）BCU 的工作原理

常用制动时，BCE 发出充气指令，两个充气电磁阀得电，开始对控制腔室 X 充气。在充气过程中，气-电转换器不断地把控制腔室 X 内的压力转换成电信号并反馈给 BCE。BCE 也不断发出调整指令，直到控制腔室 X 内的压力与指令值精确一致。这时紧急电磁阀处于得电状态。

控制腔室 X 与称重阀的进排气阀相通。如果有来自空气簧的压力信号，上膜板和下膜板都与中间滑动块分离，它们之间充满压力空气。排气杆将顶开进排气阀进气阀座口，使控制腔室 X 的压力空气经输出口进入控制腔室 Y。控制腔室 A 的操纵杆在控制膜板的动作下，向下顶开充排气阀的上口并堵住充排气阀的排气通道，制动储风缸和控制腔室 A 与单元制动机连接，根据控制腔室 Y 的压力向单元制动机输出给定的制动压力空气，直到控制腔室 A 和控制腔室 Y 平衡，充排气阀的上口关闭并仍堵住充排气阀的排气通道（见图 8-5 和图 8-6）。

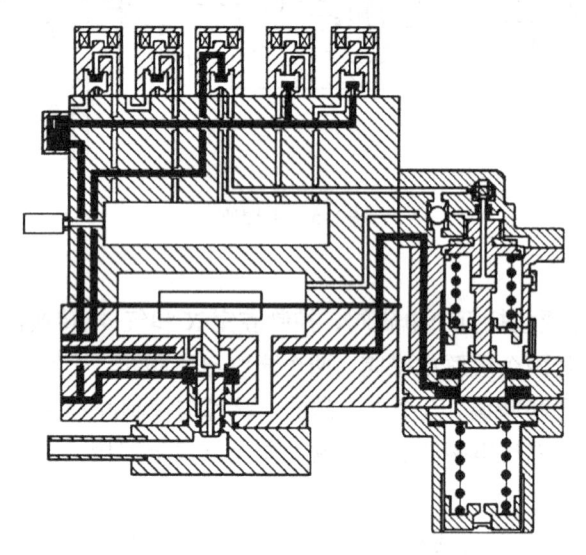

图 8-6　常用制动位

称重阀主要用来限制过大的制动力。由于控制腔室 X 内的压力受 BCE 的控制，而 BCE 的制动指令本身又是根据车辆的负载、车速和制动要求给出的，因此，在常用制动中称重阀几乎不起作用，仅起预防作用，以防主控阀的五个电磁阀控制失灵。

称重阀的主要作用是在紧急制动时发挥（见图 8-5 和图 8-7）。在紧急制动时，紧急电磁阀失电，压力空气从制动储风缸直接经紧急电磁阀到达称重阀，中间未受主控阀的控制，而紧急电磁阀也仅仅作为通路的选择，不起压力大小的控制作用。这时，如果有来自空气的压力信号，上膜板和下膜板都与中间滑动块分离，它们之间充满压力空气。称重阀的排气杆顶开进排气阀进气阀座口，压力空气从制动储风缸进入输出控制室和控制腔室 Y。输出控制室里的压力克服主弹簧和上膜板与中间滑动块间的压力，将排气杆向下压，直到上膜板与中间滑动块间的压力消失，进排气阀进气阀座口关闭。控制腔室 Y 的压力比常用制动时要高，并且空气簧的压力信号越大，控制腔室 Y 的压力也越高。控制腔室 A 的操纵杆在控制膜板的动作下，向下顶开充排气阀的上口并堵住充排气阀的排气通道，制动储风缸和控制腔室 A 与单元制动机连接，根据控制腔室 Y 的压力向单元制动机输出给定的制动压力空气，直到控制腔室 A 和控制腔室 Y 平衡，充排气阀的上口关闭并仍堵住充排气阀的排气通道，施加的制动力即为受称重阀限制的紧急制动压力。

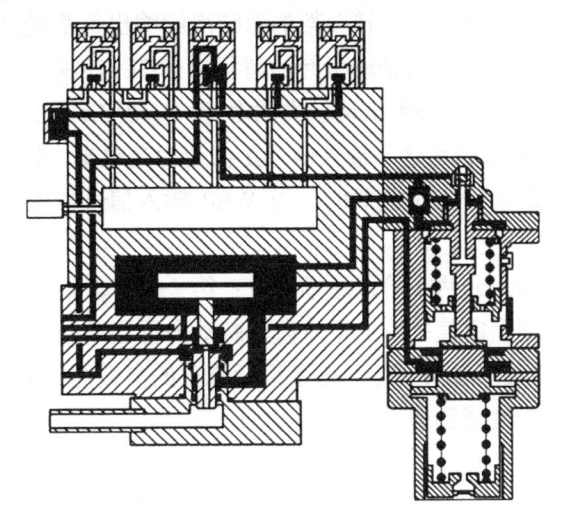

图 8-7　紧急制动位

四、防滑控制单元

防滑控制单元（WSP）是 BCE 中的一部分。

列车每根车轴的一侧轴箱内都装有一个速度传感器，列车制动时，速度传感器将检测到的速度信号送入 BCE。BCE 中的 WSP 接受到速度信号后进行以下两项计算和比较。

（1）一根车轴的减速度是否超过了先前设定的参数。

（2）所有车轴相对速度水平与预设值比较。

一旦 WSP 监测到某根车轴减速度过快或是某根车轴转速与最大转速的车轴转速之差超出某个值，即判断该轴滑行，应进行防滑控制。在进行防滑控制时，防滑控制单元通过减小该车轴的制动缸压力来控制车轮滑行的深度。WSP 通过对制动压力的修正能自动将车轮转速调整到最佳水平，以便最大限度地利用黏着系数。

实际上，列车的微机牵引控制（PCE）和 BCE 各有一套车轮滑行监测和防护系统。当实施电制动时，PCE 会通过减小电制动力来防止车轮滑行，同时向 BCE 提供一个 EDB 低电位信号，防止 BCE 用增加空气制动力来补偿。但如果滑行信号持续时间超过 2s，将取消电制动，只采用空气制动。

在空气制动时，防滑控制是通过 BCE 对安装在转向架上的双防滑阀的通气和排气的控制来实现的。双防滑阀实际上是两个完全对称的单防滑阀的组合，因此每个转向架只要配置一个，就能控制两个轮对。双防滑阀的结构如项目五中图5-7所示。

防滑阀在通常情况下处于不通电的状况，即通气状态。这时，从BCU主控阀来的压力空气全部经过防滑阀进入单元制动器风缸，产生预定的制动力。如果哪个轮对出现滑行，BCE会使相应的防滑阀的排气电磁阀动作，将单元制动机风缸中的部分空气排向大气，待滑行现象消除后再分阶段恢复制动力。防滑阀的动作反应速度由安装在进、排气口内的阻塞盘的大小决定。由于防滑阀串联在制动通路上，紧急制动期间防滑功能依然有效。紧急制动缓解时，制动缸内的空气经EP控制板上的消声器排向大气。

为确保制动系统的安全性，每个转向架的双防滑阀输出量都受到控制，且每个速度信号都被监视。在正常情况下，动力制动引起的滑行由PCE控制；空气制动引起的滑行由BCU控制。在动力制动模式下，如果出现较大的滑行，制动控制单元将发送给PCE的WSP信号设为高电平。当PCE探测到这个输入信号正在变为高电平，制动力就迅速降为零。当制动力保持为零时，电制动一直是失效的。当WSP输入信号再次变为低电平时，制动力就会逐渐恢复。

在防滑控制时，制动力分两个阶段逐渐回升：第一个阶段，以接近冲击极限的速率回升，直到制动力已经达到设定值；第二个阶段，制动力再逐渐回升到滑行出现时的制动力值，到达这一点时，防滑控制就完成了。这个滑行修正的参数能达到优化系统控制的目的，并将反复出现滑行的可能性降到最小。

五、基础制动装置

基础制动采用单侧双闸瓦踏面单元制动机，每个轮对设有两个，每台转向架设有四个，其中一半带有停放制动功能，在转向架上对角安装。

停放制动由单元制动机上的储能弹簧提供制动力。在车辆无电、无压缩空气的情况下，可使列车安全可靠地停放在35‰的坡道上。停放制动可由司机在司机室进行整列车的施加操作，或进行充气缓解。检修作业或更换闸瓦时，也可通过拔出停放制动缸上的弹簧卸载销进行手动缓解。

任务二　认知KBWB型制动控制系统的控制过程

学习目标

（1）熟知KBWB型制动控制系统的输入信号；
（2）熟知KBWB型制动控制系统的控制原理；
（3）熟知KBWB型制动控制系统常用制动、快速制动、紧急制动和停放制动的控制过程。

学习任务

认知KBWB型制动控制系统的制动控制过程，包括制动信号的输入、控制电路的原

项目八　KBWB 型制动控制系统

理、常用制动、快速制动、紧急制动和停放制动的控制过程。

工具设备

空气压缩机、空气干燥器、EBCU 机箱、EP 控制板、主控阀、称重阀、双防滑阀、单元制动机、城市轨道交通车辆实物、多媒体设备课件、图片、示教板、计算机多媒体设备等。

教学环境

轨道交通车辆理实一体化教室、车辆维修基地或现场。

基础知识

KBWB 型制动控制系统采用模拟电-空联合制动控制方法，其控制原理如图 8-8 所示。电气指令由驾驶台上的司机控制器 DCH 发出，采用 PWM 方式调制，能进行无级控制。每个 BCE 控制同一节车的两个转向架。

一、制动信号的输入

（1）制动指令线。根据司机手柄的位置由 Encode 编码器所下达的指令，是两个脉宽调制信号（2PWM）。

（2）制动信号 LV。高电平时保持制动命令，防止车辆停车前的冲动，使车辆平稳停车。

（3）负载信号的传递线。拖车载重信号将通过 FIP 线传输到动车的 BCE 装置。

（4）紧急制动控制信号。跳过电子制动控制信号系统，直接驱动 BCE 中的紧急阀动作的安全保护信号。

（5）保持制动信号，防止车辆在停止时溜车。

二、控制电路原理

（1）司机控制器或 ATO 发出制动信号，制动列车线被激活，发出制动指令。动车 PCE/BCE 及拖车 BCE 经过对电制动信号、电制动实际值和电制动滑行等综合计算后进行判断：如果运行速度在 6km/h 以上，使用的主要制动模式是电制动，而以空气制动为辅。

（2）控制制动力大小的电流信号被编码器编译成两个 PWM 信号，PWM 信号由 PWM 列车线输出。

（3）PWM 信号触发牵引系统单元的逆变元件，使所有电机减速。为了使制动力效果最好，同时兼顾冲击极限的限制，总制动力应综合考虑空气制动的载荷要求。

（4）当司机手柄上发出最大制动力指令时，制动列车线被激活，它将提供最大制动力（快速制动），达到紧急制动的性能（1.3m/s^2 的减速度）。除非列车线 LV 被设为低电平，否则快速制动将一直保持激活。但快速制动是可逆的。

（5）当列车运行速度在 6km/h 以下时，电制动取消，BCU 发出空气制动指令，制动控制功能由 BCU 独立完成。

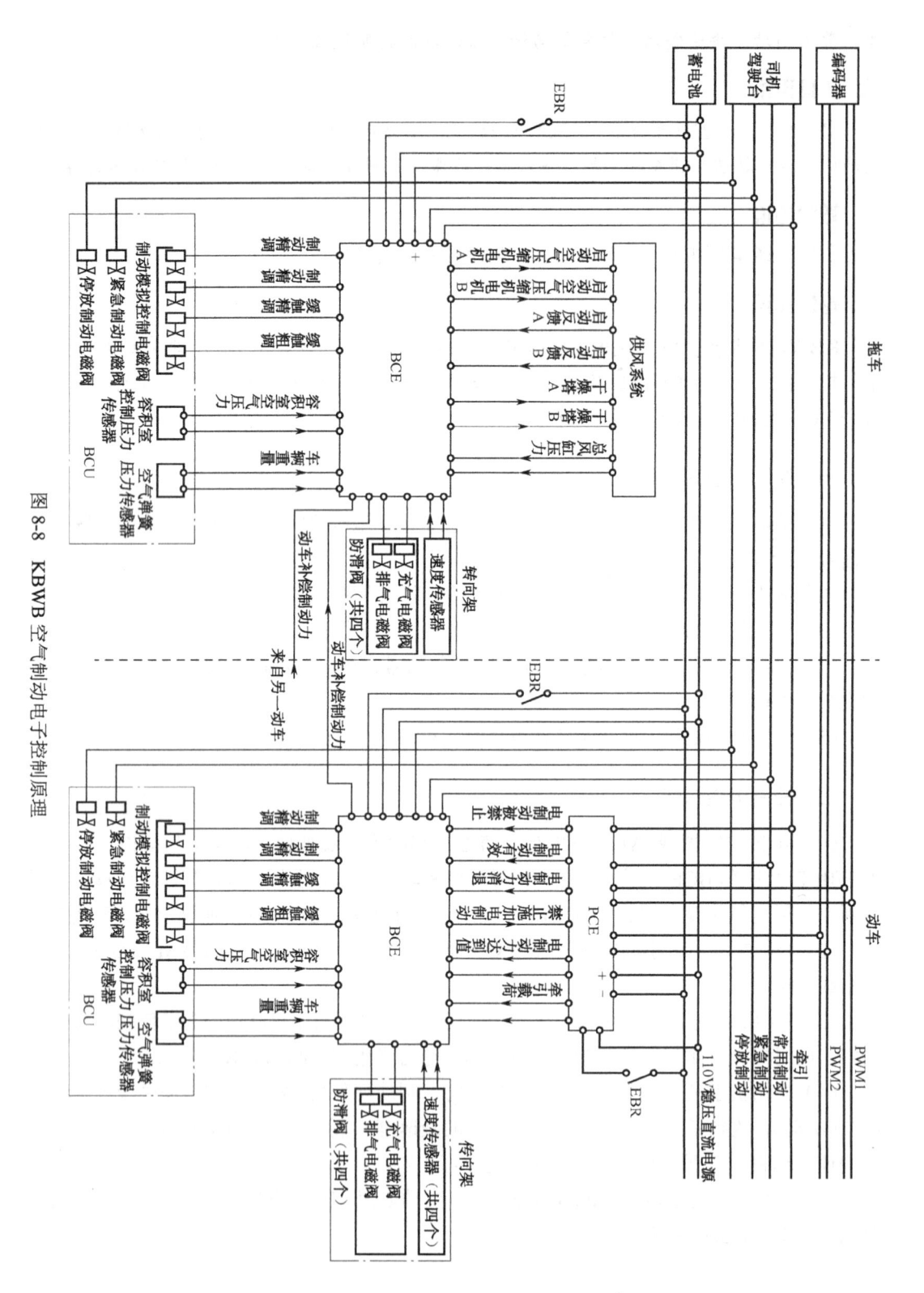

图 8-8 KBWB 空气制动电子控制原理

三、控制过程

1. 常用制动和快速制动的实施

微机制动控制单元（BCE）和牵引控制电子装置（PCE）同时接收来自牵引和制动列车线的信号，并根据这些信号判定列车的运行工况。列车制动时，BCE 和 PCE 会同时接收到双份 PWM 制动减速度脉宽调制信号（一个来自 PWM1，一个来自 PWM2），并判断这两个信号的大小，取其中较大值作为制动减速度需求值。拖车 BCE 则根据本车载重计算出所需制动力的大小，但此时拖车 BCE 控制本车的 BCU 只施加一个极小的制动力（仅使闸瓦刚好接触车轮踏面，并不加到需求压力），同时通过 FIP 网络向动车 PCE 发送本车的载重信号（PWM）。动车 PCE 根据动车的载重再加上 50%的拖车载重计算出所需电制动力的大小。

电制动时再生制动和电阻制动交替使用。在网压高于 DC1800V 时，再生制动能平稳地转到电阻制动。在整个运行速度范围内，电阻制动功能单独满足制动的要求。在电制动力不足的情况下，动车和拖车分别根据各自车辆所接收的制动指令，同时施加空气制动。如果电制动有效，PCE 会给本车 BCE 发送"电制动有效"指令，禁止 BCE 施加空气制动。

当电制动施加到需求值后，PCE 向 BCE 发送"电制动力已施加"的 PWM 信号。如果电制动力足够，BCE 控制 BCU 不动作。如果电制动力达不到减速度要求，BCE 会控制 BCU 进行空气制动补偿。当电制动开始关闭时，PCE 会向 BCE 发送"电制动关闭"信号，BCE 立即进行补偿，最终可实现电空制动的平滑过渡。如果电制动无效，PCE 会给本车 BCE 发送"电制动被禁止"指令，BCE 立即施加空气制动，同时向拖车 BCE 发送"动车补偿制动力元效"指令，通知拖车自行施加所需制动力。

在电制动失效或紧急制动过程中空气制动将替代电制动且根据列车载重全部施加空气制动。

当列车低速运行时，由空气制动代替电制动，实施"保持制动"使整列车停车。当车辆起动时，"保持制动"由牵引指令根据车辆牵引力的不断增大进行缓解；应防止牵引力不足时制动先完全缓解而造成列车倒退。

如果某车空气制动缓解出现故障，可以操作安装在车端电器柜内的三通阀，隔断该车制动储风缸与总风管的通路。这时，制动储风缸的进气口会与车体底架下的排气口相通，排出制动储风缸内的空气。当制动储风缸空气压力下降后，制动控制单元主控阀旁通管上的止回阀（检测阀）打开，单元制动机缸内的压力空气经由三通阀排向大气，实现强迫缓解。

2. 紧急制动

紧急制动电气控制线路中有一个 EBR 触点与列车自动保护（ATP）及模式开关等联锁。列车运行中 EBR 触点始终吸合，紧急制动列车线与紧急制动电磁阀常得电，BCE 不控制紧急制动电磁阀。但是，一旦触发紧急制动，EBR 触点断开，动车 BCE 接收到紧急制动信号后立即向 PCE 发出"禁止电制动"信号。在紧急制动期间，所有动车的牵引电源被立即切断，只有当列车完全停下来后才可以缓解。紧急制动的触发条件是：驾驶员控制室内的"警惕"装置起作用；按下驾驶员控制台上的紧急制动按钮；列车脱钩；紧急列车线环路中断或失电；主风缸压力过低；ATC 系统发出紧急制动指令等。

紧急制动电磁阀是一种双入口大口径电磁阀，常带电。在正常状态下，紧急制动电磁阀与制动储风缸相通的入口关闭，与控制腔室 X 相通的入口打开。一旦紧急制动触发，紧急制动电磁阀失电，与制动储风缸相通的入口立即开启，而与控制腔室 X 相通的入口关闭。制动储风缸内的空气经空重车调整阀进入主控阀控制腔室 Y，顶开充排气阀，快速响应紧急指令，施加紧急制动压力。紧急制动力的大小由空重车调整阀根据车辆载荷进行调整。

3. 停放制动

停放制动不受 BCE 控制，驾驶员按下停放制动按钮，停放制动列车线与停放制动电磁阀失电，立即施加停放制动。当驾驶员再次按下停放制动按钮时，停放制动列车线得电，只要总风管空气压力高于某设定门槛值，将压力空气送入停放制动缸便能克服停车弹簧压力，使停放制动缓解。

EP 控制板内有一个停放制动缓解压力开关来显示停放制动的施加和缓解，驾驶员可通过控制停放制动电磁阀来实施停放制动，以测试停放制动的性能及状态。

任务三　认知 KBWB 型制动控制系统的特点

学习目标

熟知 KBWB 型制动控制系统的特点。

学习任务

认知 KBWB 型制动控制系统的特点。

工具设备

空气压缩机、空气干燥器、EBCU 机箱、EP 控制板、主控阀、称重阀、双防滑阀、单元制动机、城市轨道交通车辆实物、多媒体设备课件、图片、示教板、计算机多媒体设备等。

教学环境

轨道交通车辆理实一体化教室、车辆维修基地或现场。

基础知识

KBWB 型制动控制系统实现了空气制动与电制动的高度结合，在系统上保证了车辆运行的安全。列车制动时不仅满足了电制动优先的要求并实现了电空混合制功的平滑过渡，还设有冲动限制以提高乘客乘坐舒适度。

该系统的设计开发和应用是成功的，其主要特点如下。

（1）采用模拟式电气指令制动控制系统，模拟方式为 PWM；

（2）采用充气、排气各两个电磁阀进行精确闭环控制实现 EP 信号转换；

（3）采用"拖车空气制动滞后控制"的制动控制策略，充分利用动力制动；

（4）常用制动采用空重车调整信号加微机计算给定信号；

（5）紧急制动根据空重车调整信号限制冲动，采用单独回路控制、失电控制和纯空气

项目八　KBWB 型制动控制系统

制动；

（6）防滑控制采用动力制动和空气制动分别控制；

（7）制动控制系统具有故障诊断、故障存储及故障显示功能，并可通过网络进行数据交换和监控；

（8）整个制动系统采用模块化，结构紧凑，重量轻。

任务四　KBWB 型制动控制系统的操作运用

【操作运用案例】　KBWB 型制动控制系统的操作运用

1. 实训项目教师工作活页

实训项目教师工作活页　　　　　　　　　　　　　　NO：_____

实训项目	\multicolumn{2}{c}{KBWB 型制动控制系统的操作运用}		
学　时	2	班　级	略	
实训场所	\multicolumn{3}{l}{机车车辆设备综合仿真实验室或车辆维修基地现场}	
工具设备	\multicolumn{3}{l}{空气压缩机、空气干燥器、EBCU 机箱、EP 控制板，主控阀，称重阀，双防滑阀，单元制动机、制动机试验台、模拟驾驶装置、城市轨道交通车辆实物，多媒体设备课件，图片，示教板，计算机多媒体设备等}	
教学目标	专业能力	（1）掌握 KBWB 型制动控制系统组成 （2）掌握 KBWB 型制动控制系统主要部件的结构和作用原理 （3）掌握 KBWB 型制动控制系统的输入信号 （4）掌握 KBWB 型制动控制系统的控制原理 （5）掌握 KBWB 型制动控制系统常用制动、快速制动、紧急制动和停放制动的控制过程 （6）掌握 KBWB 型制动控制系统的特点		
教学目标	方法能力	（1）能综合运用专业知识，通过利用专业书籍、多媒体课件和图片资料获得帮助信息 （2）能根据实训项目学习任务确定实训方案，从中学会表达及展示活动过程和成果		
	社会能力	（1）能在实习训练活动中保持积极向上的学习态度 （2）能与小组成员和教师就学习中的问题进行交流和沟通 （3）能与他人共享学习资源，具有较好的合作能力和团队协作精神		
教学活动	\multicolumn{3}{c}{略（详见教学活动设计）}	
教学评价	\multicolumn{3}{l}{学生活动：① 以 5～7 人小组为单位开展实训活动，根据本组同学在实训过程中的能力表现及结果进行自评组内互评；② 根据其他小组同学在成果展示活动中的表现及结果进行互评 教师活动：① 教师组织学生开展评价活动和总结；② 对学生本实训项目单元成绩做出综合评价}	
教学资料	\multicolumn{3}{l}{（1）城市轨道交通车辆制动系统教材 （2）城市轨道交通运输设备教材 （3）实训项目学生学习活页（附页）}	
指导教师		教学时间	年　　月　　日	

2. 实训项目学生学习活页

实训项目学生学习活页　　　　　　　　　　　　　　NO：_____

实训项目　KBWB 型制动控制系统的操作运用

班级：_____姓名：_____学号：_____时间：_____

一、实训目标

1. 专业能力目标

(1) 掌握 KBWB 型制动控制系统组成

(2) 掌握 KBWB 型制动控制系统主要部件的结构和作用原理

(3) 掌握 KBWB 型制动控制系统的输入信号

(4) 掌握 KBWB 型制动控制系统的控制原理

(5) 掌握 KBWB 型制动控制系统常用制动、快速制动、紧急制动和停放制动的控制过程

(6) 掌握 KBWB 型制动控制系统的特点

2. 方法能力目标

(1) 能综合运用专业知识，通过利用专业书籍、多媒体课件和图片资料获得帮助信息

(2) 能根据实训项目学习任务确定实训方案，从中学会表达及展示活动过程和成果

3. 社会能力目标

(1) 能在实习训练活动中保持积极向上的学习态度

(2) 能与小组成员和教师就学习中的问题进行交流和沟通

(3) 能与他人共享学习资源，具有较好的合作能力和团队协作精神

二、知识总结

1. 简述 KBWB 型制动控制系统微机制动控制单元 EBCU 的工作过程

2. 简述 KBWB 型制动控制系统称重阀的作用原理

3. 简述 KBWB 型制动控制系统主控阀的结构

4. 简述 KBWB 型制动控制系统 BCU 的工作原理

续表

5. 简述 KBWB 型制动控制系统常用制动的控制过程

6. 简述 KBWB 型制动控制系统紧急制动位的控制过程

三、操作运用

1. 通过分解、组装了解 KBWB 型制动控制系统的组成及各组成部件的结构和作用原理

2. 利用制动机试验台独立完成 KBWB 型制动控制系统各部件的检测，并掌握试验方法

3. 利用模拟司机装置掌握 KBWB 型制动控制系统的控制方式、制动的类型和控制原理

4. 利用制动机试验台独立完成 KBWB 型制动控制系统试验，理解其控制过程

四、实训小结

五、成绩评定

1. 学生评价

评价等级	A—优	B—良	C—中	D—及格	E—不及格
学生自评					
组内互评					
他组互评					

2. 教师评价

评价等级	A—优	B—良	C—中	D—及格	E—不及格
专业能力					
方法能力					
社会能力					

续表

3. 综合评价

评价等级	A—优	B—良	C—中	D—及格	E—不及格
评价结果					

注：按照学生自评占 10%，组内互评占 10%，他组互评占 20%，教师评价 60% 的比例计分。其中，A—100 分，B—85 分，C—75 分，D—60 分，E—50 分。

4. 评价量规

等级	行为表现描述
A	能圆满高效地完成实训任务的全部内容
B	能顺利完成实训任务的全部内容
C	能完成实训任务的全部内容，但需要一些帮助和指导
D	自己只能完成实训任务的部分内容，但在现场的指导下，已经能完成任务的全部内容
E	不能完成实训任务的全部内容

思考与练习

1. 简述 KBWB 型制动控制系统称重阀的结构原理。
2. 简述 KBWB 型制动控制系统主控阀的结构原理。
3. 简述 KBWB 型制动控制系统常用制动位的作用原理。
4. 简述 KBWB 型制动控制系统紧急制动位的作用原理。
5. 简述 KBWB 型制动控制系统保压位的作用原理。

项目九　KBGM 型制动控制系统

KBGM 型模拟式电气指令制动控制系统是由德国克诺尔（Knorr）公司生产的。该系统用一条列车线贯通整列车，形成连续回路，其电气指令采用脉冲宽度调制（PWM），能进行无级控制。它的制动方式有三种，即再生制动、电阻制动和空气（摩擦）制动，分别为第一、第二和第三优先制动。

当列车开始制动时，首先是动力制动，即再生制动和电阻制动。每个动车的电制动为主制动，且优于空气制动，由于在电制动时不存在制动闸片或制动盘的磨损，因此，这种方式更经济。电制动对于特定速度和负载条件，可以满足列车单元（MC+TC）在没有摩擦制动系统支持条件下的减速。电阻制动是用于承担不能再生的那部分制动电流。如果再生制动失败，则由电阻制动承担全部动力制动。一旦电制动不能提供司机主控制器所要求的制动力，那么不能提供的部分制动力将由空气制动补充。当列车速度降低到 10km/h 以下时，动力制动将被全部切除，所有给定的制动力全由空气制动提供。

一般在常用制动模式中，每个动车的电制动都能使自己的动车和拖车减速到特定的速度和负载条件相对应的制动参考值。如果相对应的参考值和负载的制动力设定值超过最大可用的电制动力，剩余的制动力最先由相应的拖车的电空制动补充，其余的由动车补充。

目前，许多城市轨道交通车辆编由六节编组，即 A-B-C-C-B-A，其中 A 为无动力的拖车，B 为动车，C 为带制动空气压缩机组的动车；远期编组为八节，即 A-B-C-B-C-B-C-A。

地铁列车的构造速度为 80km/h，平均（旅行）速度为 35km/h。列车的平均制动率应保证在整个速度范围内的平均减速度达 $1.15m/s^2$。当制动初速为 80km/h、60km/h、40km/h 和 20km/h 时，应达到停车的时间分别为 19.3（±15%）s、14.5（±15%）s、11.1（±15%）s 和 5.6（±15%）s（反应时间除外）。紧急制动时要求平均减速度为 $1.3m/s^2$。紧急制动时，当制动初速为 80km/h、60km/h、40km/h 和 20km/h 时，紧急停车的时间分别为 17.1（±15%）s、16.7（±15%）s、8.6（±15%）s 和 5.6（±15%）s。

任务一　认知 KBGM 型制动控制系统的结构原理

学习目标

（1）熟知 KBGM 型制动控制系统主要部件的结构和作用原理；
（2）熟知 KBGM 型制动控制系统 BCU 空气制动控制单元的检修工艺。

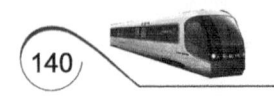

学习任务

认知制动控制系统的组成和基本作用原理，包括电子制动控制单元、空气制动控制单元和电气指令系统的基本作用原理。

工具设备

空气压缩机、空气干燥器、EBCU 机箱、模拟转换阀、紧急阀、称重阀、均衡阀、三位式防滑阀、单元制动机、城市轨道交通车辆实物、多媒体设备课件、图片、示教板、计算机多媒体设备等。

教学环境

轨道交通车辆理实一体化教室、车辆维修基地或现场。

基础知识

如图 9-1 所示是上海地铁 DC01 型列车使用的 KBGM 模拟式电气指令制动系统，它由供气单元、制动控制单元（BCU）、微机制动控制系统（MBCU）、防滑系统和单元制动机五个部分组成。

一、供气单元

供气单元主要由 VV230/180-2 型活塞式空气压缩机组 A1、单塔空气干燥器 A7 和多个风缸组成。空气压缩机组和空气干燥器只在 C 车上安装，即一个六节编组列车有两套供气机组，而一个八节编组列车则有三套供气机组。其他每节车，无论拖车还是动车，都装有四个风缸，即 250L 总风缸、100L 的空气悬挂系统（空气弹簧）风缸、50L 制动储风缸和 50L 客室风动门风缸。在每个 C 车上还有一个 50L 的用于空气干燥器的再生风缸。

由图 9-1 可见，空气压缩机组 A1 要为每个车组（A-B-C 或 B-C）提供足够的干燥压力空气，在供气过程中由安全阀 A6 和压力继电器（气电开关）A13 对空气压力进行监控。安全阀的锁定值为 1000kPa；压力继电器是空气压缩机组电动机的控制元件，它的开启压力为 700kPa，切断压力为 850kPa。整个供气系统除为空气制动供气外，还为受电弓升降、客室气动门、空气悬挂系统和刮雨器等提供压缩空气。单塔空气干燥器 A7 输出的压力空气通过单向阀 A14 和总风管到达每辆车的总风缸 A9、制动储风缸 B4、空气弹簧风缸和客室车门风缸。司机室驾驶台上的双针压力表 B29 用白色和红色指针分别显示总风管压力和制动缸压力。

在空气制动系统中，由制动储风缸进入制动控制单元 B6 的压力空气，在微处理机和制动控制单元的控制下，进入各个单元制动机，中间要经过数个截断塞门 B9 和排气（防滑）阀 G1 等。排气阀仅受微处理机的防滑系统控制，在制动和缓解过程中，排气阀仅作为进出制动缸的压力空气的通道，不产生任何动作。

项目九　KBGM型制动控制系统

图9-1　KBGM空气制动管路图

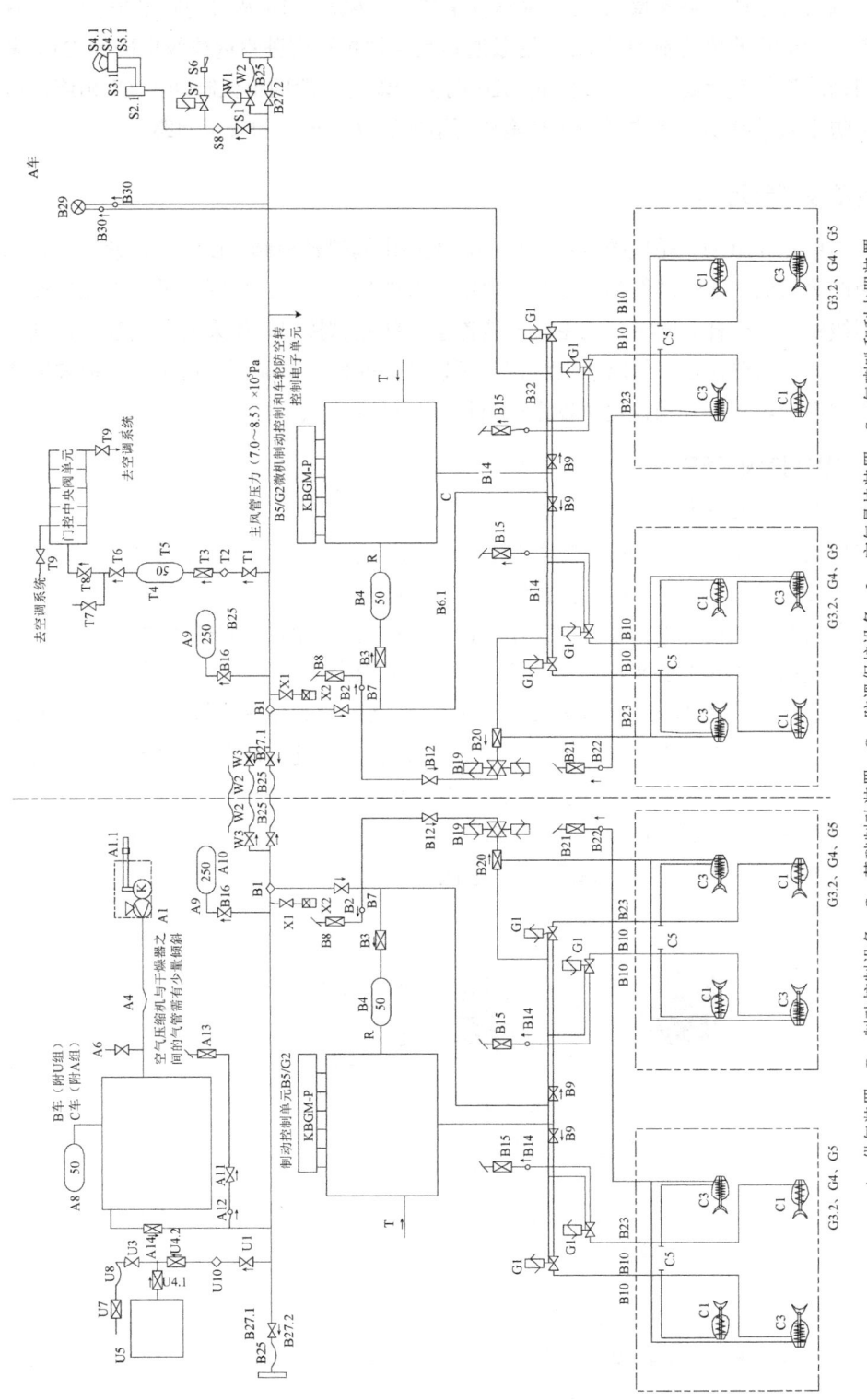

I—供气装置；B—制动控制设备；C—基础制动装置；G—防滑保护设备；L—空气悬挂装置；S—气喇叭和刮水器装置；T—门操作装置；U—受电弓驱动装置；W—车钩操纵装置；X—车间供气

此外，总风管还通过截断塞门 B2、减压阀 B12、电磁阀 B19 及双向阀 B20 通向具有弹簧（停车）制动器的单元制动机 C3。这条通路是由司机在驾驶室内操纵电磁阀 B19 来控制停放制动的施行或缓解的，而双向阀 B20 的另一端与一般的单元制动机 C1 相连，这主要是为了防止通常制动与停放制动同时施加而造成制动力过大的安全回路。

二、制动控制单元

制动控制单元（BCU）是电控制动的核心，主要由模拟转换阀（EP 阀）、紧急阀、称重阀和均衡阀等组成。这些部件都安装在一块铝合金的气路板上，如同电子分立元件安装在一块印刷线路板上一样。同时，气路板上装置了一些测试接口，如果要测量各个控制压力和制动缸压力，只要在这块气路板上测试就可以了，操作非常简便。这块气路板被装置在一个车底的箱子里，打开箱盖便可以进行整机或部件的测试、检修。

（一）模拟转换阀（EP 阀）

1. 模拟转换阀的结构原理

模拟转换阀（见图 9-2）又称为电-气转换阀或 EP 阀，由一个电磁进气阀（类似控导阀）、一个电磁排气阀和一个气-电转换器组成。当电磁进气阀的励磁线圈接收到微处理机要求提供多大的摩擦制动的电指令时，吸开阀芯，使 R 口引入的制动储风缸的压力空气通过该进气阀转变成与电指令要求相符的压力，即预控制压力 C_{v1}，并送向紧急阀（通过它的旁路）。与此同时，具有 C_{v1} 的压力空气也送向气-电转换器和电磁排气阀。气-电转换器将压力信号转换成相对应的电信号，马上反馈送回微处理器，让微处理器将此信号与制动指令比较。如果信号大于制动指令，则关小进气阀并开启排气阀；如果信号小于制动指令，则继续开大进气阀，直到预控制压力 C_{v1} 与制动电指令的要求相符为止。从模拟转换阀出来的 C_{v1} 压力空气通过气路板内的气路进入紧急阀的 A2 口。

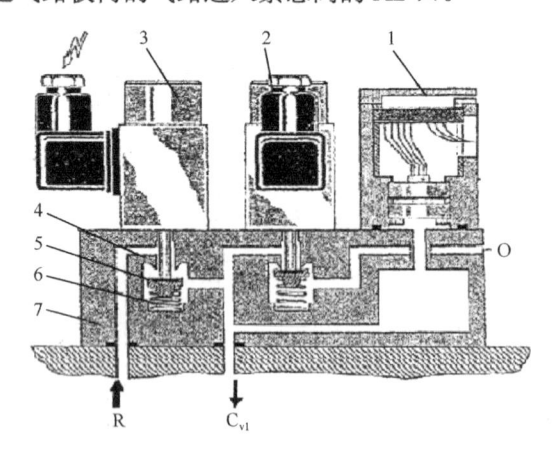

1—气-电转换器；2—电磁排气阀；3—电磁进气阀（图示线圈处于励磁状态）；4—阀座；5—阀；6—弹簧；7—阀体；R—由制动储风缸引入压力空气；C_{v1}—预控制压力空气引出；O—排气口。

图 9-2 模拟转换阀

2. 模拟转换阀的检修

模拟转换阀主要由电气转换阀、电磁排气阀和气电转换阀等组成。主要检修工艺如下。

（1）分解

阀的拆分工作需要专用标准工具。

（2）清洁

① 用化学清洁剂在一个 70℃～80℃ 的热清洁池中清洗所有金属部件（不包括橡胶金属复合件），然后用压缩空气吹干。

② 励磁线圈和电枢应用一块浸过温肥皂水的抹布擦洗，随后立即用压缩空气吹干。吹干后立即给电枢轻轻涂一层硅脂 400，之后擦掉电枢上多余的硅脂。

（3）检查

① 应仔细检查已清洁部件的外观。如果出现裂纹、变形、腐蚀或螺纹变形等损伤，且受损部件看上去已经不能继续使用，则应予以更换。

② 对于某些部件，除必须进行目检以外，还需要进行其他附加检查，主要部件如下。

励磁线圈：仔细检查励磁线圈的保护层是否断裂、触针是否被锈蚀或已变形。用一个触点清整锉去除锈蚀。更换受损的励磁线圈。

磁铁架：检查磁铁架内阀座的状况，如果阀座损坏，则应更换磁铁架。

电枢：检查电枢的阀座橡胶密封件，如凹进 0.3mm，则应更换电枢。

压缩弹簧：压缩弹簧应符合规定的自由高和压缩高要求，并且其弹力值必须符合有关技术要求。

③ 每次检修时应更换非金属环（如 O 形环）、垫圈和夹紧销。

（4）组装

① 组装工作需要使用专用标准工具进行。

② 组装前应给 O 形环和电枢涂上少许硅脂 400，电枢上多余的硅脂要擦掉。

③ 应按与拆分工作相反的顺序组装。各紧固扭矩应符合有关技术要求。

（5）测试

① 应按照相关的检验技术要求说明对模拟转换阀进行检测。

② 进行检测时须遵守有关在电气设备上进行作业的安全规范。

③ 如果检验结果正常，则要在检查后贴上不易脱落的检验标志。

（二）紧急阀

1. 紧急阀的结构原理

紧急阀实际上是一个二位三通电磁阀，它有三个通路：A1 与制动储风缸相连接，A2 与模拟转换阀输出口相连接，A3 与称重阀的进口相连接。在紧急制动时，紧急阀不励磁（见图 9-3（a）），滑动阀受弹簧压力滑向右侧，使制动储风缸与称重阀直接相通，而切断模拟转换阀与称重阀的通路，使压力空气直接通过称重阀作用在单元制动机上。在常用制动时，紧急阀励磁（见图 9-3（b）），滑动阀受控制空气压力滑向左侧，使模拟转换阀与称重阀相通，而切断与制动储风缸的通路，这时预控制压力 C_{v1} 越过模拟转换阀而直接进入称重阀。

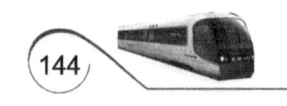

当预控制压力 C_{v1} 经过紧急阀时，由于阀的通道阻力使预控制压力略有下降，这个从紧急阀输出的预控制压力称为 C_{v2}。同样，C_{v2} 压力空气通过气路进入称重阀。

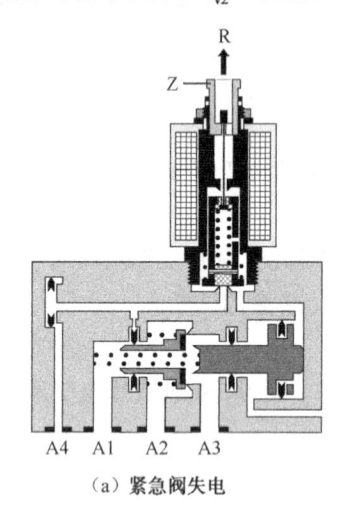

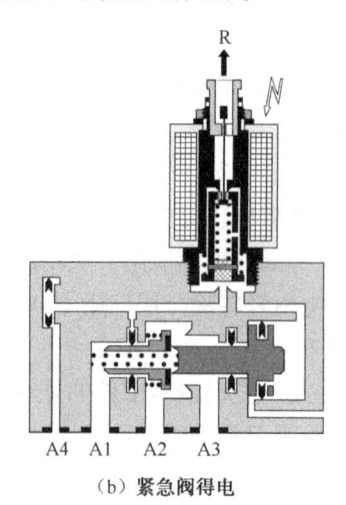

(a) 紧急阀失电　　　　(b) 紧急阀得电

A1—通制动储风缸；A2—通模拟转换阀；A3—通称重阀；A4—通控制空气的通路；Z—手柄；R—排气口

图 9-3　紧急阀的两种工况

2. 紧急阀的检修

（1）紧急阀的分解

① 维修紧急阀时除拆卸克诺尔 K 形环时需要用到一个安装专用钩外，不需要任何特种工具。

② 如果紧急阀的外表看起来很脏，则须在开始拆卸之前先除去赃物。工作步骤一定要按照相应的检修指南进行，在分解时请注意不要损伤密封面和阀座。

（2）清洁

① 用化学清洗剂在一个 70℃～80℃ 的热清洁池中清洗所有金属部件（不包括橡胶金属复合件），然后用压缩空气吹干。

② 在清洗铝合金部件时，清洁剂的腐蚀率必须符合有关技术规定。

③ 在温肥皂水中清洗活塞、阀盘、导向套管、环、撑条和垫圈，并立即用清水冲洗，然后用压缩空气吹干。

④ 原则上橡胶环在检修后将被更换，所以无需清洗。

（3）检查和维修

① 应当对清洁的部件认真进行一次目检。如果查出部件有断裂、变形、腐蚀或螺纹变形等严重影响部件继续使用的损伤，则应予以更换。

② 有些部件除必须进行目检以外，还需要其他附件的检查或返修工作。

外壳：阀座上和外壳孔内的轻度划痕可通过二次抛光去除。必须符合规定的尺寸和表面粗糙度，否则应更换新的外壳。

活塞（整体）：应使用环规检查活塞是否符合图样技术要求的控制尺寸；检查活塞的阀

座和活塞裙是否受损。如果有划痕，则应将活塞连同整个阀套一起更换（成套备件）。

阀盘：检查橡皮阀座是否受损，如果橡皮凹进 0.4mm 或凸起 0.2mm 以上，则必须更换阀盘。检查阀套的环及阀门套管的撑条是否受损，如果有划痕，则应将整个阀套连同活塞及整个阀门套管一起更换（成套备件）。

压缩弹簧：应符合技术要求中规定的弹簧长度和弹力要求。

③ 每次检修之后都应更换克诺尔 K 形环，以及所有安全环和 O 形环。

④ 如果型号铭牌已不清晰，也应予以更换。

（4）组装

① 在组装紧急电磁阀之前，应给所有克诺尔 K 形环、O 形环以及各个滑动面和导向面涂上少量通用润滑脂。安装克诺尔 K 形环时，需要用安装专用钩。

② 紧急阀的组装应按照图样要求并与拆分相反的顺序进行。

③ 应用 8N·m 的扭矩将阀用电磁铁的螺母拧紧。

（5）检测

① 电磁阀的检测应按照检测说明来进行。进行检测时须遵守有关在电气动设备上进行作业的安全规范。

② 如果检测结果合格，则应贴上不易脱落的检验标志。

（三）称重阀

1. 称重阀的结构原理

称重阀即空重车调整阀，为杠杆膜板式。称重阀主要用来限制过大的制动力。由于模拟转换阀输出的预控制压力 C_{vl} 受微处理器的控制，而微处理器的制动指令本身又是根据车辆的负载、车速和制动要求而给出的，因此，在常用制动中称重阀几乎不起作用，仅起预防作用，以防模拟转换阀控制失灵。而称重阀主要作用是在紧急制动时，压力空气是从制动储风缸直接经紧急阀到达称重阀，中间未受模拟转换阀的控制，而紧急阀也仅仅作为通路的选择，不起压力大小的控制作用。因此，在紧急制动时，预控制压力只受称重阀的限制，即为最大的预控制压力（见图 9-4）。

称重阀由左侧的负载指令部、右侧的压力调整部和下方的杠杆部组成。与车辆负载（车重）成正比的由空气弹簧所输出的具有一定压力的压力空气，经称重阀管座的接口 T、阀内通路冲入活塞和膜板的上腔，在活塞和膜板上形成向下的力，该力通过与活塞连接的作用杆作用在杠杆的左端。杠杆的支点滚轮的位置可通过调整螺钉进行调整，从而改变力臂 a、b 的大小。由于杠杆左端受力，通过杠杆右端及空心杆的上移，使橡胶夹心阀离开其充气阀座而被顶开，于是，具有预控制压力 C_{v2} 的压力空气经开启的夹心阀阀口充入活塞和膜板的上腔，当作用在活塞和膜板上的向下作用力达到某一值，从而使杠杆处于平衡状态时，夹心阀阀口关闭，活塞和膜板上的空气压力为预控制压力 C_{v3}，并经管座的接口及气路板内的通路引向均衡阀，C_{v3} 作为均衡阀动作的控制压力。

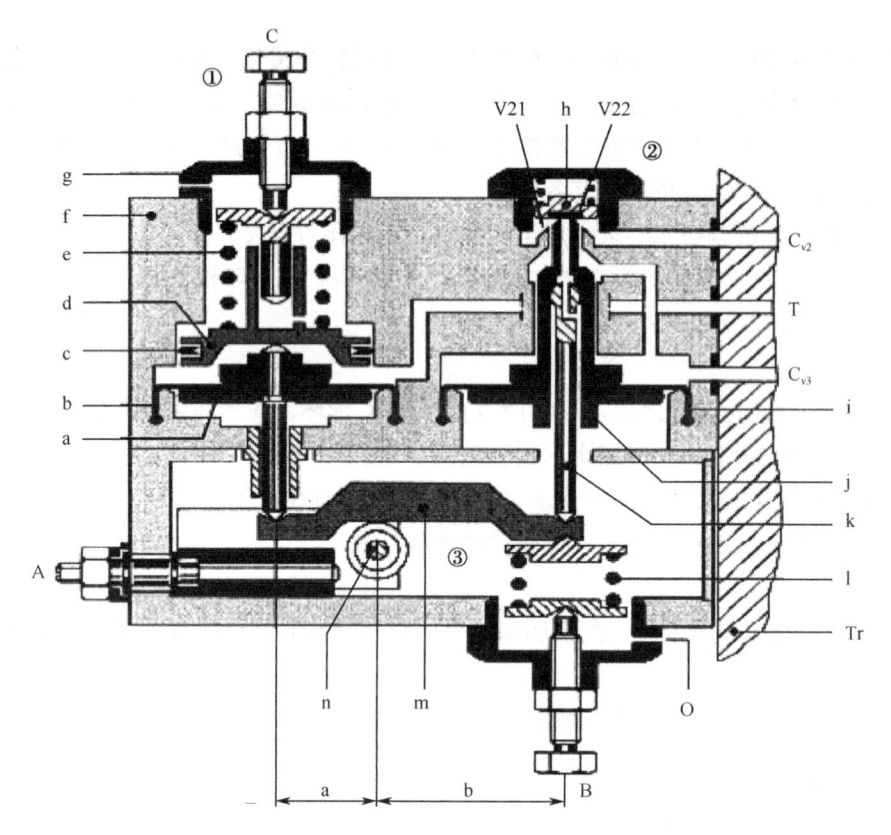

a—活塞；b—膜板；c—克诺尔密封圈；d—从动活塞；e—压缩弹簧；f—阀体；g—螺盖；h—橡胶夹心阀；i—膜板，活塞；k—空心杆；l—弹簧；m—杠杆；n—支点滚轮；A，B，C—调整螺栓；V21—充气阀座；V22—排气阀座；Tr—管座；O—排气口；T—气动负载信号；C_{v2}、C_{v3}—预控制压力。

图 9-4　称重阀

2. 称重阀的检修

（1）称重阀分解

① 维修称重阀、拆下克诺尔密封圈时，除需要用到一个安装专用钩外，不需要任何特种工具。

② 如果称重阀的外表面看起来很脏，则需要在开始工作之前先去除赃物。工作步骤一定要按照所给顺序进行。在分拆时注意不要损伤密封面和阀座。

（2）清洁

① 所有金属部件用化学清洁剂在一个 70℃～80℃ 的热清洁池中清洗，然后用压缩空气吹干。

② 在清洗铝合金部件时，清洁剂的腐蚀率必须符合有关技术规定。

③ 橡胶或塑料的外皮可用一块浸了肥皂液的湿布擦洗，然后马上用清水再擦一遍，用压缩空气吹干。

(3) 检查

① 应当对清洁的部件认真进行一次目检。如果查出部件有断裂、变形、腐蚀或螺纹变形等严重影响部件继续使用的损伤，则应予以更换。

② 铭牌如果变得模糊不清，必须更换。

③ 有些部件除必须进行目检以外，还需要其他附件的检查或再加工工作。

外壳：阀座和衬套内表面上的轻度划痕可通过二次抛光去除。必须符合规定的尺寸和表面粗糙度，否则应更换新的外壳。

压缩弹簧：应符合技术要求中规定的弹簧长度和弹力要求，否则应更换压缩弹簧。

阀盘检查：检查阀座橡胶密封件是否受损，如果橡皮凹进0.4mm或凸起0.2mm以上，则必须更换阀盘。

阀杆及弹簧座支撑面检查：阀杆、弹簧座及所有支撑面的轻度划痕可通过二次抛光去除。必须符合规定的尺寸和表面粗糙度的技术要求，否则应更换。

滚针轴承及球形衬套检查：运转不均匀或运转滞涩时需要更换。

(4) 组装

① 组装称重阀之前，应给所有环形以及各个导向面和滑动面涂上少量通用润滑脂。

② 使用标准螺栓扳手拧紧螺盖及圆柱头螺栓。

③ 按照与分拆相反的顺序组装。安装克诺尔密封圈需要安装专用钩。

(5) 检测

组装完毕后，应将称重阀置于试验台上，按照规定的检验项目进行检验和设定，并粘贴检验合格标志。

(四) 均衡阀

1. 均衡阀的结构原理

从称重阀经节流孔 D_2 进入均衡阀（见图9-5）的 C_{v3} 压力空气，推动模板 M_1 及活塞1.9上移，由此排气阀座 V_2 被关闭，压缩弹簧1.6的弹力被克服，进气阀座 V_1 被打开。使制动储风缸经接口 R 进入均衡阀的压力空气通过进气阀口与接口 C 相通，向各单元制动缸充风，产生制动作用。从上述介绍中可以看出，均衡阀能迅速进行大流量的充、排气。大流量压力空气的压力变化是随预控制压力 C_{v3} 的变化而变化的，进气阀上所产生的压力可作为 C 压力同时加在单元制动缸和活塞的表面 C 上。所产生的 C 压力和压缩弹簧1.6的弹力共同起作用，控制活塞回到其中间位置。这样，进气阀 V_1 将关闭，且排气阀 V_2 保持关闭状态，C 和 C_{v3} 的压力相等，并且互相间的压力传递比为1:1，因此，可以把均衡阀看作一个气流放大器。

如果 C_{v3} 压力空气消失，均衡阀活塞在其上腔压力空气的作用下向下移动，于是空心导向杆的下橡胶阀面离开排气阀座 V_2，排气阀口开启，使各单元制动缸中的压力空气经开启的排气阀口 O，并经空心导向杆中空通道排入大气，列车缓解。

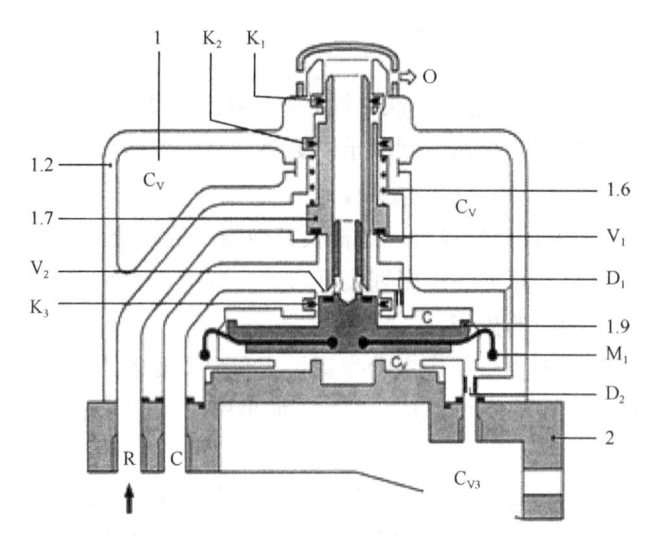

L—控制室 CV；2—气路板；3—均衡阀安装面；D_1，D_2—节流孔；V_1—进气阀座；V_2—排气阀座；M_1—膜板；

1.2—阀体；1.6—弹簧；1.7—带橡胶阀面的空心导向杆；1.9—活塞；K1，K2，K3—克诺尔密封圈；

R—通向制动储风缸；C—通向各个单元制动缸；C_{V3}—来自称重阀的预控制压力；O—排气口

图 9-5　均衡阀

2. 均衡阀的检修

（1）均衡阀的分解

① 拆分均衡阀时，适合使用由标准工具和厂家提供的一个安装专用钩，用于拆卸及安装克诺尔密封圈；一个取膜器用于拆卸及安装膜板。

② 如果均衡阀的外表面看起来很脏，则需要在开始工作之前先去除赃物。工作步骤一定要按照所给顺序进行。在分拆时注意不要损伤密封面和阀座。

（2）清洁

① 必须注意清洁剂生产厂家给出的使用说明书。清洁零部件时不允许损伤密封面和阀座。

② 检修时更换所有齿形垫圈、密封圈和 O 形圈（也包括中间法兰和盲板法兰上的），故不必清洗它们。

③ 所有金属部件用化学清洁剂在一个 70℃～80℃的热清洁池中清洗，然后用压缩空气吹干。在清洗铝合金部件时，化学清洁剂的腐蚀率必须小于 $420mg/m^2 \cdot h$。

④ 将空心导向杆和阀门体在微温的肥皂水中清洗，然后马上用清水冲洗并用压缩空气吹干。将滤筛用适当的清洗剂清洁。

（3）检查维修

① 应当对清洁的部件认真进行一次目检。如果查出部件有断裂、变形、腐蚀或螺纹变形等严重影响部件继续使用的损伤，则应予以更换。

② 铭牌如果变得模糊不清，必须更换。

③ 检查控制室的表面粗糙度和阀门套筒的阀座及损伤情况，必须符合规定的尺寸和

表面粗糙度，否则应更换控制室。检查节流孔 D_1、D_2 以及克诺尔密封圈的放气孔是否畅通。

④ 检查阀内的压缩弹簧，当弹簧长度为 17mm 时，弹力必须至少为 74N，否则应更换压缩弹簧。

⑤ 检查空心导向杆的尺寸和表面粗糙度，必须符合规定的尺寸要求，否则应更换空心导向杆。

⑥ 检查阀门体滑动面的接触面的表面粗糙度。如果橡胶凹进 0.4mm 或凸起 0.2mm 以上，则必须更换。

⑦ 检查阀门体滑动面的接触面的表面粗糙度。尺寸和表面粗糙度必须符合规定的尺寸要求，否则应更换阀门体。

⑧ 检查空心导向杆面的表面粗糙度。如果发现表面粗糙度不合要求或螺纹有损伤时，则必须更换螺纹衬套。

⑨ 检查克诺尔密封圈的进气孔和 B_1、B_2 是否畅通。

（4）组装

① 各个部件都必须经过检验合格并备好。

② 在组装之前给模板、克诺尔密封圈、扁平密封圈、O 形圈、压缩弹簧、空心导向杆和阀门体的滑动面、控制室中的模板的阀盘等部件的外表面涂少许通用润滑油。

③ 组装均衡阀应按照与分拆相反的顺序进行。

（5）检测

① 进行检测时，需遵守相关的在电气设备上进行操作的安全规范。

② 检查均衡阀时须按照相关的检验说明进行。

制动控制单元 BCU 各部件在气路板上的安装位置如图 9-6 所示。该图显示了各部件之间的气路关系、气路板内的通路，也简略显示出各部件的外形，是按气路连通关系绘制的展开图。

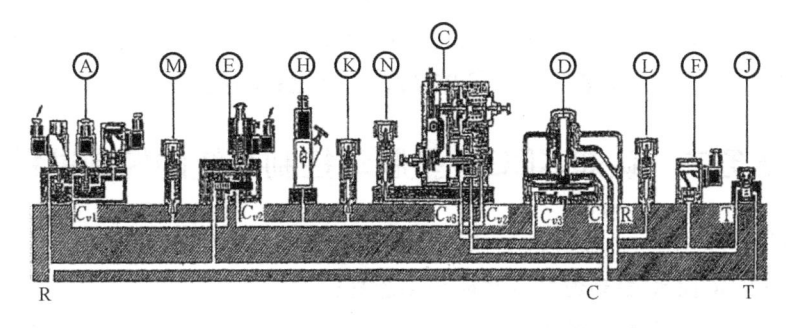

A—模拟转换阀；M, K, N, L—电磁阀；E—紧急阀；H—限压阀；C—称重阀；D—均衡阀；F—压力传感器；J—均压阀；R—通往制动储风缸的压力空气；C—通往各单元制动缸的压力空气；T—通往空气弹簧的压力空气

图 9-6　BCU 各部件在气路板上的安装位置展开图

三、微机制动控制系统

制动控制系统有一个用于控制电空制动和防止车轮滑行控制的微处理机，一般称其为微机制动控制单元（MBCU）。当列车在运行中施行制动时，将所有与制动有关的参数信号送入该微处理机，微处理机立即计算出一个当时所需制动力的制动指令，这个指令由模拟转换阀（电-空转换阀）转换成一个与电指令成一定比例的预控制空气压力，然后再由预控制空气压力通过均衡阀使制动缸充入压力空气，并使制动缸压力与预控制空气压力相对应。这个制动控制系统对每一辆车的控制都是独立的。

此外，微机制动控制系统还具有整个制动控制系统的故障自诊断和故障储存功能。

四、防滑系统

防滑系统是制动控制系统的一部分，它也是独立工作的，在每根车轴上都设有一个对应的排气阀 Gl，它们由防滑系统所控制。当某一轮对上的车轮的制动力过大而使车轮滑行时，防滑系统所控制的、与该轮对应的排气阀 Gl 迅速连通制动缸与大气的通路，使制动缸迅速排气，从而解除了该轮的滑行现象。防滑系统通过车轮测速装置 G3.1、G4、G5（见图 9-1）始终监视着同一车辆上四个轮对的转速，并控制着四个对应的排气阀 Gl。

防滑系统一般由制动微机控制单元（EBCU）、防滑阀、测速传感器组成。

防滑阀是城市轨道交通车辆中电子防滑系统的重要组成部分，它是防滑控制回路中的执行机构。防滑阀由电子开关装置控制。借助防滑阀，单元制动气缸的空气压力能够逐级降低或者再次升高到由设定的数值。KBGM 制动控制系统采用的是三位式防滑阀，如图 6-8 所示。三位式防滑阀的结构和作用原理见项目六。

五、单元制动机

上海地铁车辆选用两种单元制动机，即 PC7Y 型和 PC7YF 型。6.3 节已经较详细地介绍了它们的特性、功能和工作原理，在此不再赘述。每个转向架安装两个 PC7Y 型单元制动机和两个带有停车制动功能的 PC7YF 型单元制动机。同一类型的单元制动机成对角线安装，即每个轮对各有一个 PC7Y 型和 PC7YF 型单元制动机。

任务二　认知 KBGM 型制动控制系统的控制过程

学习目标

（1）熟知 KBGM 型制动控制系统的控制原理；
（2）熟知 KBGM 型制动控制系统常用制动、紧急制动和防滑控制的过程。

学习任务

认知制动控制系统的组成和基本作用原理，包括电子制动控制单元、空气制动控制单元和电气指令系统的基本作用原理。

项目九　KBGM型制动控制系统

工具设备

空气压缩机、空气干燥器、EBCU机箱、模拟转换阀、紧急阀、称重阀、均衡阀、三位式防滑阀、单元制动机、城市轨道交通车辆实物、多媒体设备课件、图片、示教板、计算机多媒体设备等。

教学环境

轨道交通车辆理实一体化教室、车辆维修基地或现场。

基础知识

空气制动系统的主要作用是将来自微处理制动控制系统MBCU（B5/G2）的电子模拟信号通过B6制动控制单元中的模拟转换阀转换成一个与其相对应的预控制（空气）压力，这个预控制压力是呈线性变化的，以后还受到称重阀和防冲动检测装置的检测和限制，最后使制动缸C1和C3获得符合制动指令的空气制动压力。

制动控制单元的工作原理如下。

一、常用制动

当模拟转换阀的电磁进气阀的励磁线圈接收到摩擦制动的电指令时，吸开阀芯，使压力空气从制动储风缸接口R进入模拟转换阀，并通过该进气阀转变成与电指令要求相符的压力，即预控制压力C_{v1}。由于是常用制动，这时紧急阀处于励磁工况，滑动阀在左侧，接口A2和A3导通，C_{v1}经紧急阀成为C_{v2}由接口A3进入称重阀。称重阀根据车辆负载对C_{v2}再次进行调整，输出预控制压力C_{v3}。C_{v3}进入均衡阀后推动具有膜板的活塞上移，打开进气阀，使制动储风缸经接口R进入均衡阀的压力空气通过该开启的进气阀口，经输出口C充入各单元制动机的制动缸，产生制动作用。

同样，制动缓解指令也由微处理机发出，模拟转换阀接到缓解指令后，将其电磁排气阀打开，使预控制压力C_{v1}通过此阀向大气排出。C_{v2}、C_{v3}压力空气也都在紧急阀和称重阀输出口消失，均衡阀活塞向下移动，排气阀口开启，使各单元制动缸中的压力空气经开启的排气阀口和空心导向杆中空通路及排气口O排入大气，列车得到缓解。

二、紧急制动

紧急制动时，紧急阀处于不励磁工况，滑动阀在右侧，接口A1和A3导通，从制动储风缸接口R来的压力空气绕过模拟转换阀直接进入称重阀。称重阀根据车辆负载输出最大预控制压力，进入均衡阀后使制动储风缸的压力空气通过该开启的进气阀口和输出口C充入各单元制动机的制动缸，产生紧急制动作用。

三、防滑控制

防滑系统用于车轮与钢轨黏着不良时，对制动力进行控制。其作用如下：
（1）防止车轮即将抱死；

（2）避免滑动；

（3）最佳地利用黏着，以获得最短的制动距离。

当黏着状态不好时，列车速度和车轮速度之间将产生一个速度差，防滑控制系统就是用来控制车轮速度，消除该速度差的。

列车启动后，防滑系统就对每个轮对的圆周速度进行检测，然后形成一个参考速度以取代列车速度，并用排气阀 G1 来控制车轮的滑行和减速度。轮对的速度和减速度与设定的标准相比较就形成控制排气阀的指令。

由于轮对踏面加工直径和磨耗的差别，轮对的线速度也有差别，所以在防滑控制系统中设置了人工的轮径调整装置。这个装置就是线路图中的五个开关，利用这些开关分和合的不同位置，将车轮直径分成 32 挡（每挡 3mm）。将每辆车中的一位轴调整到它的规定标准，而其他轴也将会根据轴端的速度传感器输出的速度信号进行自动调整。

参考速度是通过以下方法取得的：在牵引时取四根轴中的最大速度，在制动时取最小速度，然后将其余三根轴的速度与其比较，以判定是否在牵引时空转或在制动时滑行。如果确定是空转或滑行，防滑系统将切断牵引回路或减小牵引力以消除空转，打开制动缸的排气阀 G1 以消除滑行现象。

1. 空转/滑行的判断

空转：牵引力大于黏着力，发生空转的轮对转速大于列车速度。

滑行：制动力大于黏着力，发生滑行的轮对转速小于列车速度。

列车的实际速度由 A 车轮轴上速度传感器提供，与动车上的电机速度信号分别比较，判断轮对是否发生空转/滑行。

2. 摩擦制动滑行控制

EBCU 实时监控每根轴的转速，一旦任一轮对发生滑行，能迅速向该轮轴的防滑阀发出指令，沟通单元制动缸与大气的通路，使单元制动缸迅速排气，从而解除该轮对的滑行现象，实现 EBCU 对各轮对滑行的单独保护控制。

3. 电制动滑行控制

由于一辆动车的一台 VVVF 逆变器并联向 4 台牵引电机供电，当 DCU 监测到任一轮对出现电制动滑行时，会向 VVVF 发出降低电制动力的指令，使本车的 4 个轮对的制动力矩同时下降，待滑行消除后再恢复。

电制动滑行时，如果黏着力小于 50%超过 3s，DCU 将切除电制动，由 EBCU 补充气制动。

任务三　认知 KBGM 型制动控制系统的特点

学习目标

熟知 KBGM 型制动控制系统的特点。

学习任务

认知 KBGM 型制动控制系统的特点。

工具设备

空气压缩机、空气干燥器、EBCU 机箱、模拟转换阀、紧急阀、称重阀、均衡阀、三位式防滑阀、单元制动机、城市轨道交通车辆实物、多媒体设备课件、图片、示教板、计算机多媒体设备等。

教学环境

轨道交通车辆理实一体化教室、车辆维修基地或现场。

基础知识

KBWB 型制动控制系统实现了空气制动与电制动的高度结合,在系统上保证了车辆运行的安全。列车制动时不仅满足了电制动优先的要求并实现了电空混合制动的平滑过渡,还设有冲动限制以提高乘客乘坐舒适度。

该系统的设计开发和应用是成功的,其主要特点如下:

(1) 采用模拟式电气指令制动控制系统,模拟方式为 PWM;

(2) 采用充气、排气各两个电磁阀进行精确闭环控制实现 EP 信号转换;

(3) 采用"拖车空气制动滞后控制"的制动控制策略,充分利用动力制动;

(4) 常用制动采用空重车调整信号加微机计算给定信号;

(5) 紧急制动根据空重车调整信号限制冲动,采用单独回路控制、失电控制和纯空气制动;

(6) 防滑控制采用动力制动和空气制动分别控制;

(7) 制动控制系统具有故障诊断、故障存储及故障显示功能,并可通过网络进行数据交换和监控;

(8) 整个制动系统采用模块化,结构紧凑,重量轻。

任务四 KBGM 型制动控制系统的操作运用

【操作运用案例】 KBGM 型制动控制系统的操作运用

1. 实训项目教师工作活页

实训项目教师工作活页   NO:_____

实训项目	KBGM 型制动控制系统的操作运用		
学　　时	2	班　　级	略
实训场所	机车车辆设备综合仿真实验室或车辆维修基地现场		
工具设备	空气压缩机、空气干燥器、EBCU 机箱、模拟转换阀、紧急阀、称重阀、均衡阀、三位式防滑阀、单元制动机、制动机试验台、模拟驾驶装置、城市轨道交通车辆实物、多媒体设备课件、图片、示教板、计算机多媒体设备等		

续表

教学目标	专业能力	（1）掌握 KBGM 型制动控制系统组成 （2）掌握 KBGM 型制动控制系统主要部件的结构和作用原理 （3）掌握 KBGM 型制动控制系统空气制动控制单元 BCU 各部件的检修工艺 （4）掌握 KBGM 型制动控制系统的控制原理 （5）掌握 KBGM 型制动控制系统常用制动、紧急制动和防滑控制的过程 （6）掌握 KBGM 型制动控制系统的特点
	方法能力	（1）能综合运用专业知识，通过利用专业书籍、多媒体课件和图片资料获得帮助信息 （2）能根据实训项目学习任务确定实训方案，从中学会表达及展示活动过程和成果
	社会能力	（1）能在实习训练活动中保持积极向上的学习态度 （2）能与小组成员和教师就学习中的问题进行交流和沟通 （3）能与他人共享学习资源，具有较好的合作能力和团队协作精神
教学活动		略（详见教学活动设计）
教学评价		学生活动：① 以 5～7 人小组为单位开展实训活动，根据本组同学在实训过程中的能力表现及结果进行自评组内互评；② 根据其他小组同学在成果展示活动中的表现及结果进行互评 教师活动：① 教师组织学生开展评价活动和总结；② 对学生本实训项目单元成绩做出综合评价
教学资料		（1）城市轨道交通车辆制动系统教材 （2）城市轨道交通运输设备教材 （3）实训项目学生学习活页（附页）
指导教师		教学时间　　　　　　　　　　年　　月　　日

2．实训项目学生学习活页

实训项目学生学习活页　　　　　　　　　　NO：_____

实训项目　KBGM 型制动控制系统的操作运用

班级：_____ 姓名：_____ 学号：_____ 时间：_____

一、实训目标

1．专业能力目标

（1）掌握 KBGM 型制动控制系统组成

（2）掌握 KBGM 型制动控制系统主要部件的结构和作用原理

（3）掌握 KBGM 型制动控制系统空气制动控制单元 BCU 各部件的检修工艺

（4）掌握 KBGM 型制动控制系统的控制原理

（5）掌握 KBGM 型制动控制系统常用制动、紧急制动和防滑控制的过程

（6）掌握 KBGM 型制动控制系统的特点

2．方法能力目标

（1）能综合运用专业知识，通过利用专业书籍、多媒体课件和图片资料获得帮助信息

（2）能根据实训项目学习任务确定实训方案，从中学会表达及展示活动过程和成果

3．社会能力目标

（1）能在实习训练活动中保持积极向上的学习态度

续表

(2) 能与小组成员和教师就学习中的问题进行交流和沟通

(3) 能与他人共享学习资源，具有较好的合作能力和团队协作精神

二、知识总结

1. 简述 KBGM 型制动控制系统微机制动控制单元 EBCU 的工作过程

2. 简述 KBGM 型制动控制系统模拟转换阀的作用原理

3. 简述 KBGM 型制动控制系统紧急阀的作用原理

4. 简述 KBGM 型制动控制系统称重阀的作用原理

5. 简述 KBGM 型制动控制系统常用制动的控制过程

6. 简述 KBGM 型制动控制系统紧急制动位的控制过程

三、操作运用

1. 通过分解、组装了解 KBGM 型制动控制系统的组成及各组成部件的结构和作用原理

2. 利用专用工具完成对 KBGM 制动系统模拟转换阀的检修

3. 利用专用工具完成对 KBGM 制动系统均衡阀的检修

4. 利用制动机试验台独立完成 KBGM 型制动控制系统试验，理解其控制过程

续表

四、实训小结

_____
_____
_____

五、成绩评定

1. 学生评价

评价等级	A—优	B—良	C—中	D—及格	E—不及格
学生自评					
组内互评					
他组互评					

2. 教师评价

评价等级	A—优	B—良	C—中	D—及格	E—不及格
专业能力					
方法能力					
社会能力					

3. 综合评价

评价等级	A—优	B—良	C—中	D—及格	E—不及格
评价结果					

注：按照学生自评占10%，组内互评占10%，他组互评占20%，教师评价60%的比例计分。其中，A—100分，B—85分，C—75分，D—60分，E—50分。

4. 评价量规

等级	行为表现描述
A	能圆满高效地完成实训任务的全部内容
B	能顺利完成实训任务的全部内容
C	能完成实训任务的全部内容，但需要一些帮助和指导
D	自己只能完成实训任务的部分内容，但在现场的指导下，已经能完成任务的全部内容
E	不能完成实训任务的全部内容

思考与练习

1. 简述KBGM型制动控制系统模拟转换阀的结构原理。
2. 简述KBGM型制动控制系统称重阀的结构原理。
3. 简述KBGM型制动控制系统常用制动位的作用原理。
4. 简述KBGM型制动控制系统紧急制动位的作用原理。
5. 简述KBGM型制动控制系统防滑的作用原理。

项目十　EP2002 型制动控制系统

EP2002 型制动控制系统是由德国克诺尔公司研制生产的，为电气模拟指令式制动控制系统，其核心部件是 EP2002 阀，负责空气制动系统的控制、监控及与车辆控制系统的通信。

EP2002 制动控制系统与常规的制动控制系统的最大区别在于其设计思想不同：常规的制动控制系统采用车控式，即一个制动电子控制单元控制同一节车的两个转向架；而 EP2002 制动控制系统采用架控式，即一个 EP2002 阀控制一个转向架，这样当一个 EP2002 阀出现故障时，只有一个转向架上的空气制动失效，减小了对车辆产生的影响，同时对车辆产生轮滑保护可以针对每根轴进行相应保护。

任务一　认知 EP2002 型制动控制系统的结构原理

学习目标

（1）熟知 EP2002 阀的结构和作用；
（2）熟知制动控制模块的结构和作用；
（3）熟知其他辅助部件的结构和作用；
（4）熟知 EP2002 阀的内部气路结构；
（5）熟知 EP2002 型制动控制系统的网络结构。

学习任务

认知 EP2002 制动控制系统的组成部件和各部件所起的作用，包括电 EP2002 阀、制动控制模块、其他辅助部件、制动控制系统网络的结构和所起的作用。

工具设备

EP2002 阀、制动控制模块、其他辅助部件、城市轨道交通车辆实物、多媒体设备课件、图片、示教板、计算机多媒体设备等。

教学环境

轨道交通车辆理实一体化教室、车辆维修基地或现场。

基础知识

EP2002 制动控制系统主要由 EP2002 阀、制动控制模块以及其他辅助部件组成，部件

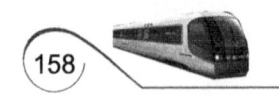

集成化程度高，节省了安装空间，同时也便于安装、使用和维护。图10-1为广州地铁3号线车辆动车气路原理图，拖车除不设空气供给装置、升弓装置、双针压力表和气笛外，气路原理图基本与动车相同。

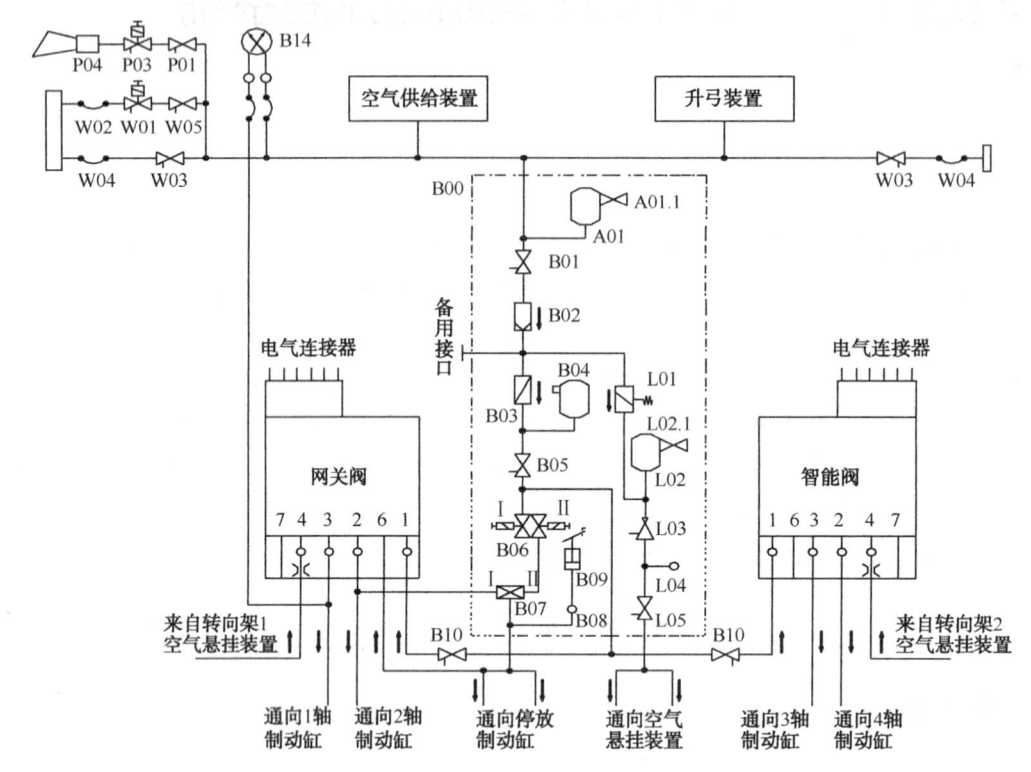

B00—制动控制模块；B10—转向架空气制动切除塞门；P04—汽笛；W01—解钩电磁阀；W03—截断塞门

图10-1 广州3号线地铁车辆气路原理图（动车）

一、EP2002阀

EP2002阀相当于常规制动控制系统中制动微机控制单元EBCU（有时也简写为ECU）和制动控制单元BCU（有时也写作BECU）的集成部件，根据功能的不同，EP2002阀可以分为智能阀、RIO阀（远程输入/输出阀）和网关阀三种，每节车设有两个EP2002阀，每个EP2002阀都安装在其控制的转向架附近的车体底架上，所有的EP2002阀上都提供了多个压力测试接口，可以方便地测量制动风缸压力、制动缸压力、载荷压力、停放制动缸压力等。EP2002阀的主要技术参数见表10-1。

表10-1 EP2002阀的主要技术参数

项　　目	网　关　阀	RIO阀	智　能　阀
最高工作压力/kPa	1030	1030	1030
允许环境温度	−25℃～+55℃	−25℃～+55℃	−25℃～+55℃
防护等级	IP66	IP66	IP66

续表

项　目	网关阀	RIO 阀	智　能　阀
额定工作电压/V	110	110	110
额定功率/W	85	85	70
质量/kg	18.5	18.5	17.2
外形尺寸	210mm×210mm×324mm	210mm×210mm×324mm	210mm×210mm×268mm

1. 智能阀

智能阀是机电一体的产品，包括一个直接安装在气阀上的电子控制部件。智能阀产生电控制信号直接控制气阀，对其控制的转向架的电/空制动和车轮滑行进行控制，并通过 CAN 总线与其余 EP2002 阀进行通信。智能阀通过硬连线与列车安全回路（紧急制动回路）相连，当列车安全回路失电时，智能阀将使其控制的转向架产生紧急制动。

2. RIO 阀

RIO 阀除具有智能阀的所有功能外，还可以通过硬连线与其控制的转向架上的牵引控制单元进行通信，使电制动和空气制动协调工作。

3. 网关阀

网关阀除具有 RIO 阀的所有功能外，还具有制动管理功能。另外，EP2002 制动控制系统（包括网关阀、RIO 阀和智能阀）由网关阀的通信卡通过 MVB 总线（或其他总线）与列车控制系统进行通信。

EP2002 阀的外形如图 10-2 所示。

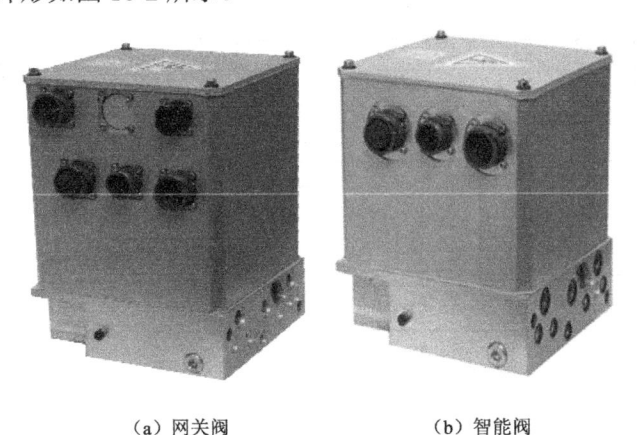

（a）网关阀　　　（b）智能阀

图 10-2　EP2002 阀的外形图

二、制动控制模块

如图 10-1 所示，制动控制模块主要由风缸及其他一些辅助部件组成，上述装置也被集成到一个构架上，采用模块化结构，节省了安装空间，同时也便于安装、使用和维护。制动控制模块的主要作用是储存风源、施加和缓解停放制动以及向 EP2002 阀和空气悬挂装置供风。

三、其他辅助部件

1. 空气制动力切除装置

为了便于维护和隔离，在制动风缸向 EP2002 阀供风的气路中设有 2 个塞门（B10），一般将这 2 个塞门安装在座椅下便于进行操作。操作其中的一个塞门，可以将其控制的转向架上的空气制动切除。

2. 双针压力表（B29）

在每个 A 车司机室内设有一个双针压力表（B29）用于显示主风缸压力和本车第一根轴上的制动缸压力，带有内照明并提供常规测试/校正用接口。

四、EP2002 阀内部气路结构

所有 EP2002 阀的内部气路是相同的，为了便于理解，将它的功能区域可分成如图 10-3 所示的几个区域来进行说明。

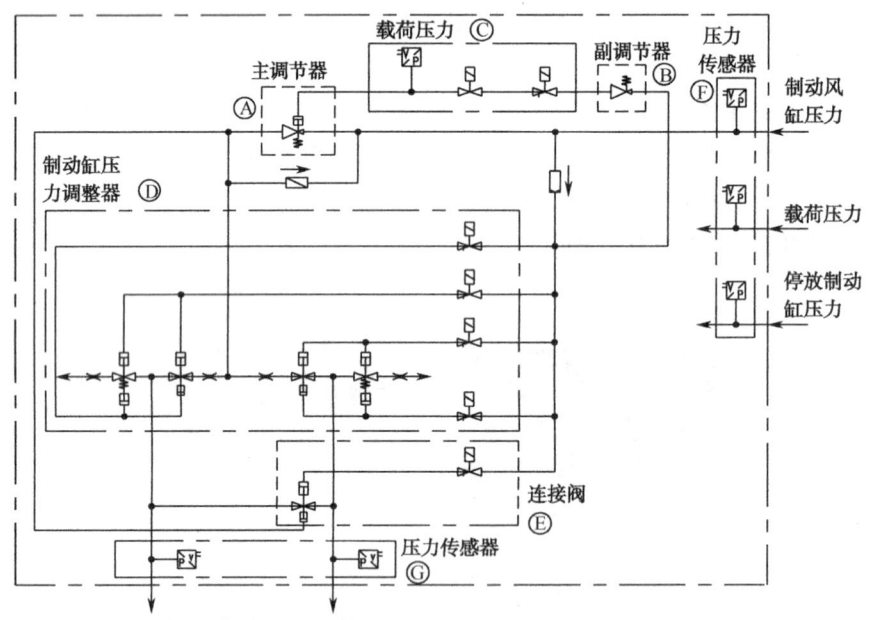

图 10-3　EP2002 阀内部气路原理图

（1）主调节器（"A" 区域）：由一个中继阀负责调整压力到相应载荷的紧急制动压力值。如果电子称重系统发生故障，该阀也负责提供一个最小的空载紧急制动压力。

（2）副调节器（"B" 区域）：在主调节器的上游，副调节器负责限制供给到制动缸的最大压力不超过超员载荷下紧急制动压力的水平。

（3）载荷压力（"C" 区域）：负责提供控制压力到主调节器中继阀。这个控制压力在常用制动和紧急制动时有效并且与空气悬挂压力（ASP1、ASP2）成正比。

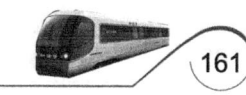

（4）制动缸压力调整（"D"区域）：负责将主调节器的输出压力调整成要求的制动缸压力大小。制动缸压力调整区域也负责防滑保护功能激活时的制动缸压力调节。为安全起见，紧急制动电路和常用制动控制电路是分开的。

（5）连接阀（"E"区域）：连接阀可以使制动缸压力连接到一起或分开。在常用制动和紧急制动时，向两根轴上的制动缸输出气路连接到一起，以转向架为单位施加制动；在车轮防滑保护功能激活时，两个轴的制动缸压力被分离开来，每个轴上的制动缸压力是由制动缸压力调整阶段单独控制的。

（6）压力传感器（"F"和"G"区域）：压力传感器用于内部调节或外部显示（制动风缸压力、载荷重量、制动缸压力、停放制动）。

按照如上功能区域进行划分仅为了方便理解该阀内部气路特性。EP2002 阀是一种精密的机械电子阀，由上百个零件组成，供货时将以整体的形式提供给车辆制造商。

五、EP2002 型制动控制系统网络结构

EP2002 制动控制系统的网络结构关系到列车制动控制以及制动力分配等关键问题。EP2002 制动控制系统具有很高的可用性和灵活性，可以与多种总线结构兼容，如 MVB 总线、RS485 总线、LONBUS 总线和 FIP 总线等。制动控制系统网络结构的设置主要应从安全性、可靠性、经济性等方面考虑，下面以 6 节编组的地铁车辆为例，对目前应用较多的两种 EP2002 制动控制系统网络结构进行说明。

1. 半列车 CAN 总线网络结构

半列车 CAN 总线网络结构是将半列车所有的 EP2002 阀用 CAN 总线相连，并由 B 车和 C 车上的两个网关阀通过 MVB 总线（或其他总线）与列车控制系统进行通信，如图 10-4 所示。每半列车上 B 车和 C 车中的一个网关阀将被定义为主网关阀，而另一个被定义为从网关阀。当主网关阀出现故障时，从网关阀能够自动接替主网关阀的工作，保证了系统的冗余性。如果 MVB 总线（或其他总线）出现故障，则网关阀将按照默认状态工作，另外，CAN 总线由两对双绞线组成，具有较好的冗余性。

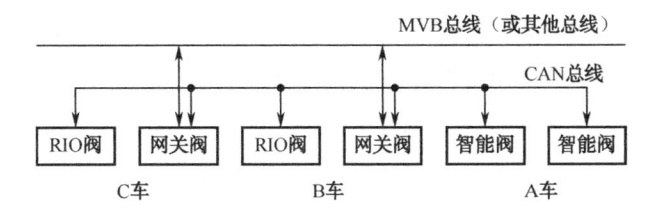

图 10-4 半列车 CAN 总线网络结构图

在 B 车和 C 车上各设置一个 RIO 阀的目的是 RIO 阀可以通过硬连线与其控制的转向架上的牵引控制单元进行通信，使电制动和空气制动协调工作。根据每个项目的实际情况，在充分研究网关阀与车辆总线信息传输量的情况下，可以考虑用网关阀与 MVB 总线（或其他总线）之间的通信来代替 RIO 阀与其控制的转向架牵引控制单元的通信工作，这样 B 车和 C 车上的 RIO 阀就可以用智能阀来代替，增强了部件的互换性，同时也减少了备品

备件的种类，经济性更好。

2. 单节车 CAN 总线网络结构

单节车 CAN 总线网络结构是将每节车上的两个 EP2002 阀用 CAN 总线相连，并由每节车上的网关阀通过 MVB 总线（或其他总线）与列车控制系统进行通信。如果 MVB 总线出现故障，则网关阀将按照默认状态工作。网络结构如图 10-5 所示。

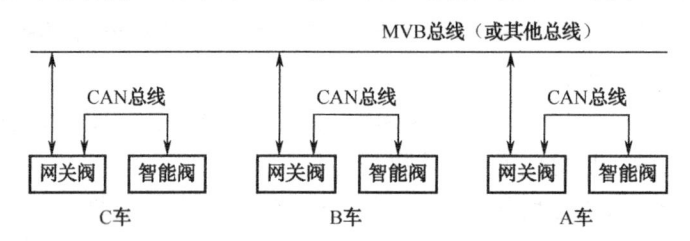

图 10-5 单节车 CAN 总线网络结构图

从安全性和可靠性角度进行分析，半列车 CAN 总线网络结构中的从网关阀作为主网关阀的备份，具有较好的冗余性，如果 CAN 总线在 A、B 车之间断开，将导致 A 车的空气制动失效，但发生这种故障的概率是比较低的；而在单节车 CAN 总线网络结构中如果某节车上的网关阀出现故障则本节车空气制动失效，如果某节车上的 CAN 总线断开则一个转向架上的空气制动失效。经过上述对比可见半列车 CAN 总线网络结构的安全性和可靠性略高于单节车 CAN 总线网络结构。

从经济性角度进行分析，半列车 CAN 总线网络结构比单节车 CAN 总线网络结构少使用一个网关阀，多使用了一个 RIO 阀或智能阀。如单纯从 EP2002 阀的总价格来考虑，半列车 CAN 总线网络结构的价格低于单节车 CAN 总线网络结构；但是由于半列车 CAN 总线网络结构比单节车 CAN 总线网络结构所使用的 CAN 总线更长，从综合成本考虑，两者基本相同。

任务二 认知 EP2002 型制动控制系统的控制过程

学习目标

（1）熟知 EP2002 型制动控制系统的控制原理；

（2）熟知 EP2002 型制动控制系统常用制动、快速制动、紧急制动、保压制动、停放制动和防滑控制的控制过程。

学习任务

认知 EP2002 制动控制系统的控制过程，包括常用制动、快速制动、紧急制动、保压制动、停放制动和防滑控制的控制过程。

工具设备

EP2002 阀、制动控制模块、其他辅助部件、城市轨道交通车辆实物、多媒体设备课件、图片、示教板、计算机多媒体设备等。

教学环境

轨道交通车辆理实一体化教室、车辆维修基地或现场。

基础知识

在单节车 CAN 总线网络结构的 EP2002 制动控制系统中，一般选择由列车上的主车辆控制单元（VCU）负责列车的制动管理。除紧急制动外，主 VCU 控制列车电制动力与空气制动力的分配。制动力指令由列车线传输给 VCU 和网关阀，主 VCU 连续循环计算车辆系统所需制动力的大小，实际总制动力值由车辆的载荷所决定。主 VCU 再根据网压、电制动/空气制动分配特性将总制动力合理的分配给电制动控制单元和空气制动控制单元。另外，为了使列车具有载荷补偿功能和制动故障时车辆内部制动力的合理分配，VCU 和网关阀之间通过列车和车辆总线进行实际制动力施加值的数据交换。

在半列车 CAN 总线网络结构的 EP2002 制动控制系统中，可以选择由列车上的主车辆控制单元（VCU）负责列车的制动管理；也可以设置 2 个半列车 CAN 总线网络结构中的任何 1 个主网关阀作为整列车的主网关阀，负责列车的制动管理，另一个半列车 CAN 总线网络结构中的主网关阀作为备份。

广州 3 号线地铁车辆采用由 VCU 来负责列车的制动管理的工作模式，其制动控制系统的工作逻辑图如图 10-6 所示。

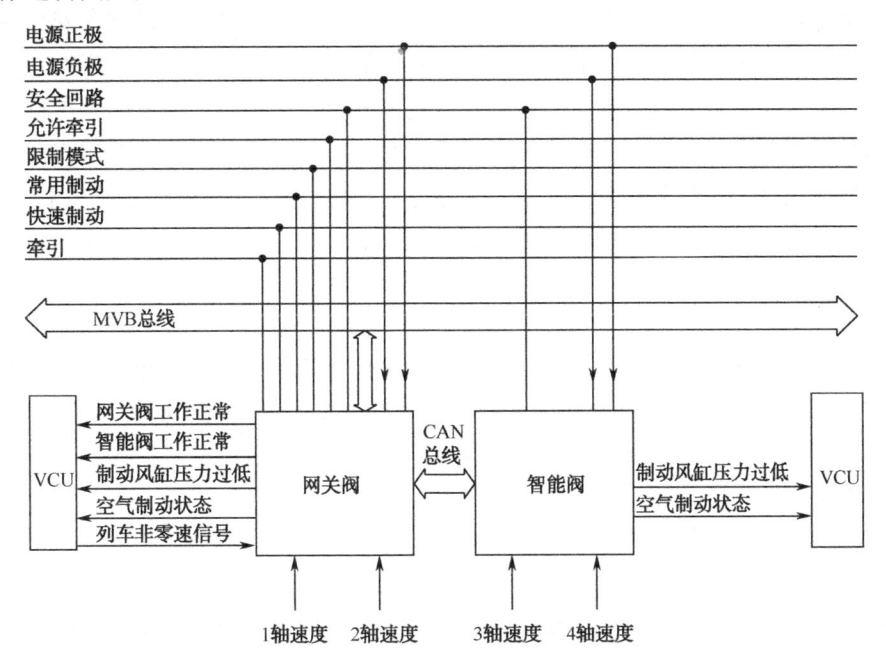

图 10-6 广州 3 号线地铁车辆制动控制系统工作逻辑图

一、常用制动

在常用制动模式下，电制动和空气制动一般都处于激活模式，以便电制动和空气制动之间的及时转换。常用制动优先采用电制动,当电制动故障或电制动力不足时由空气制动补充以达到要求的常用制动减速度。常用制动具有防滑控制功能并且受到冲击极限的限制。

每个 EP2002 阀测量其控制的转向架的载荷,并通过局部制动控制卡传输数据到 CAN 总线。CAN 总线内的主网关阀通过 MVB 总线(或其他总线)与列车控制系统进行通信,根据列车控制数据和转向架载荷为本节车的每个转向架产生单独的、与载荷信号相关的空气制动力指令,并通过 CAN 总线将指令发给各个 EP2002 阀。上述过程考虑到了每个转向架的黏着限制情况,每个局部制动控制卡通过气动阀和气动阀单元内的传感器反馈信号提供闭环摩擦制动控制。

二、快速制动

当司机操作主控制器手柄使其处于快速制动位时快速制动被触发。快速制动是一种特殊的制动模式,快速制动与紧急制动的制动率相同。快速制动优先使用电制动,当电制动故障或电制动力不足时由空气制动补充,快速制动命令是可以恢复的,快速制动时具有防滑控制功能并且受到冲击极限的限制。快速制动时 EP2002 制动控制系统的工作原理基本与常用制动时相同。

三、紧急制动

紧急制动是列车在紧急情况下而采取的制动方式,紧急制动是通过列车安全回路来控制的,一般情况下紧急制动可以由以下系统或元件触发:紧急按钮、列车超速、警惕按钮、车钩断钩、ATP 系统等,紧急制动一经触发,列车安全回路中断,触发信号传输给列车控制单元和牵引控制单元,牵引控制单元中断牵引系统工作。紧急制动是按照比常用制动更高的制动率而设计的。紧急制动仅由空气制动提供。且制动命令在停车之前是不可恢复的,紧急制动时具有防滑控制功能但不受冲击极限的限制。

四、停放制动

为满足列车较长时间停放的要求,停放制动采用弹簧施加,充压缩空气缓解方式,另外还具有手动缓解功能。EP2002 阀将实时监控停放制动缸的空气压力。

五、保压制动

1. 激活保压制动的条件

当地铁列车施加制动后,当检测到列车停车(列车速度约为 0.5km/h,可以根据不同的项目进行调整)后,由 EP2002 阀激活保压制动,以防止列车溜动,保压制动力的大小将保证 AW3 载荷的列车停在最大坡度线路上不会产生溜动。

2. 缓解保压制动的条件

(1)司机将主控制器手柄打在牵引位,每个牵引系统将牵引力的实际值发送给列车主 VCU;

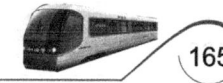

(2）主 VCU 计算列车牵引力实际值的总和；

（3）牵引力实际值的总和足以启动列车（不会引起列车后溜）；

（4）主 VCU 向 EP2002 阀发出"缓解保压制动"信号。

空气制动的状态信号将反馈给 VCU，VCU 通过该信号确认制动是否缓解，如果空气制动在某一时间段内没有完全缓解，则主 VCU 将向各牵引系统发出中断牵引的指令，并再次施加保压制动。

六、防滑控制

车轮防滑保护系统采用轴控防滑方式，包括防滑阀、测速齿轮、速度传感器、防滑电子控制单元，防滑电子控制单元和防滑阀都集成在 EP2002 阀内。

车辆防滑保护控制集成在 EP2002 控制系统内。系统通过控制制动力来检测和校正车轮滑行。安装于每根轴上的速度传感器用来监控轴速，这个信息共享于 CAN 区域内的 EP2002 阀。

如果 EP2002 阀检测到滑行，它将控制制动缸压力来校正该轴上的车轮滑行。当列车制动并且检测到滑行存在时，车轮防滑保护控制能独立控制每根轴的制动力。两种检测车轮滑行的方法用于确定低黏着情况的存在：

（1）单个轴过大的减速度变化率；

（2）每根轴和旋转速度最高的轴的速度偏差。

当由上述任意一条件检测到车轮滑行时，负责其控制的转向架的 EP2002 阀将快速沟通该轴制动缸与大气之间的通路，通过减小制动缸的压力来消除滑行现象；同时控制系统将定期执行地面速度检测，以便更新计算真实的列车速度。系统能根据轨道条件精确地控制滑行深度，这将改进后面车轮的黏着条件，在低黏着情况下使用最大制动力，同时确保没有车轮擦伤。当车轮防滑保护装置计算确定黏着条件回到正常状态，系统将返回到最初的状态，地面速度检测将结束。

实际上，列车的防滑控制使用了两套完全独立的防滑系统：电制动防滑系统和空气制动防滑系统。电制动防滑控制由列车控制单元 VCU 中的牵引控制功能模块 TCF 执行，其控制以转向架为基础。一旦检测到滑行发生，施加在滑行转向架的制动力将减少。空气制动防滑控制由 EP2002 控制系统执行。当滑行发生时，施加在滑行轴上的制动力将减少。在任何轴上空气制动的滑行时间不超过 5s，否则，空气制动将自动恢复。

除此之外，EP2002 制动控制系统还具有空气制动和停放制动状态检测功能、制动风缸压力过低检测功能、自测功能、故障记录功能等。

任务三　认知 EP2002 型制动控制系统的特点

学习目标

（1）熟知 EP2002 型制动系统的优点；

（2）熟知 EP2002 型制动控制系统的缺点。

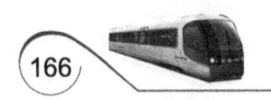

学习任务

认知 EP2002 制动控制系统的优点和缺点。

工具设备

EP2002 阀、制动控制模块、其他辅助部件、城市轨道交通车辆实物、多媒体设备课件、图片、示教板、计算机多媒体设备等。

教学环境

轨道交通车辆理实一体化教室、车辆维修基地或现场。

基础知识

一、EP2002 制动控制系统的优点

1. 减小了故障情况下对列车的影响

如果一个 EP2002 阀出现故障，则只有一个转向架的常用制动失效，地铁列车只需要对此转向架损失的常用制动力进行补偿；而如果常规制动控制系统中的制动电子控制单元 EBCU（有时简写为 ECU）出现故障，地铁列车需要对此本节车损失的制动力进行补偿。所以使用架控方式的 EP2002 制动控制系统尤其适合于短编组的地铁列车。（紧急制动力无法补偿）

2. 缩短了制动响应时间

根据克诺尔的试验数据，EP2002 制动控制系统的响应时间比常规制动控制系统的响应时间缩短了约 0.2s。

3. 提高了制动精确度

常规制动控制系统的精确度约为±20kPa，而 EP2002 制动控制系统提供给制动缸制动力的精确度可以达到±15kPa。

4. 空气消耗量减少

由于 EP2002 阀靠近转向架安装，从 EP2002 阀到制动缸的管路长度减小，所以在制动时的空气消耗量将减小，同时空气泄漏量也将减小。

5. 节省安装空间、减轻重量、减少布管和布线数量

6. 更高的可靠性和可用性，减小了故障率

根据克诺尔的计算，EP2002 制动控制系统的故障率比常规制动控制系统的故障率减少了约 50%。

7. 维护工作量小

EP2002 制动控制系统部件集成化程度较高，需要维护的部件较少，大修期从常规制动控制系统规定的 6 年提高到 9 年。

项目十　EP2002型制动控制系统

8. 缩短了安装和调试时间
9. 制动力分配更精确

可以根据每个转向架的载荷压力调整施加在其控制的转向架上的制动力，比常规制动控制单元以每节车载荷压力进行制动力控制更加精确和优化。

二、EP2002制动控制系统的缺点

1. 关键部件维护难度增大

由于EP2002阀的技术含量和集成化程度很高，万一EP2002阀出现故障，基本上都需要将整个阀送回制造厂家进行维修，维修周期长；如果常规制动控制系统出现故障，有经验的工作人员可以直接查找并更换故障部件（如压力传感器、防滑阀、印刷电路板等），缩短了维护周期，减少了对车辆产生的影响。

2. 互换性差

在EP2002制动控制系统中如果一个EP2002阀出现故障，只能够用相同类型的阀进行更换；而常规制动控制系统中的制动电子控制单元EBCU甚至EBCU中单独的印刷电路板在所有车上都可以互换。

3. 无直观的故障显示代码

常规制动控制系统中的制动电子控制单元EBCU安装在车上电器柜内，可以提供4位数字的故障代码显示，有利于工作人员查找故障；而EP2002制动控制系统没有直观的数字故障代码显示功能，工作人员只能通过专用软件查找故障。

任务四　EP2002型制动控制系统的操作运用

【操作运用案例】　EP2002型制动控制系统的操作运用

1. 实训项目教师工作活页

实训项目教师工作活页　　　　　　　　　　　　NO：_____

实训项目	EP2002型制动控制系统的操作运用		
学　时	2	班　级	略
实训场所	机车车辆设备综合仿真实验室或车辆维修基地现场		
工具设备	EP2002阀、制动控制模块、其他辅助部件、城市轨道交通车辆实物、多媒体设备课件、图片、示教板、计算机多媒体设备等。		
教学目标	专业能力	（1）掌握EP2002型制动控制系统组成 （2）掌握EP2002型制动控制系统主要部件的功能 （3）掌握EP2002型制动控制系统的控制原理 （4）掌握EP2002型制动控制系统常用制动、紧急制动、快速制动、保压制动和防滑控制的过程 （5）掌握EP2002型制动控制系统的特点	

续表

教学目标	方法能力	（1）能综合运用专业知识，通过利用专业书籍、多媒体课件和图片资料获得帮助信息 （2）能根据实训项目学习任务确定实训方案，从中学会表达及展示活动过程和成果
	社会能力	（1）能在实习训练活动中保持积极向上的学习态度 （2）能与小组成员和教师就学习中的问题进行交流和沟通 （3）能与他人共享学习资源，具有较好的合作能力和团队协作精神
教学活动	略（详见教学活动设计）		
教学评价	学生活动：① 以5~7人小组为单位开展实训活动，根据本组同学在实训过程中的能力表现及结果进行自评组内互评；② 根据其他小组同学在成果展示活动中的表现及结果进行互评 教师活动：① 教师组织学生开展评价活动和总结；② 对学生本实训项目单元成绩做出综合评价		
教学资料	（1）城市轨道交通车辆制动系统教材 （2）城市轨道交通运输设备教材 （3）实训项目学生学习活页（附页）		
指导教师		教学时间	年　　月　　日

2. 实训项目学生学习活页

实训项目学生学习活页　　　　　　　　　　NO：_____

实训项目　EP2002型制动控制系统的操作运用

班级：_____ 姓名：_____ 学号：_____ 时间：_____

一、实训目标

1．专业能力目标

（1）掌握EP2002型制动控制系统组成

（2）掌握EP2002型制动控制系统主要部件的功能

（3）掌握EP2002型制动控制系统的控制原理

（4）掌握EP2002型制动控制系统常用制动、紧急制动、快速制动、保压制动和防滑控制的过程

（5）掌握EP2002型制动控制系统的特点

2．方法能力目标

（1）能综合运用专业知识，通过专业书籍、多媒体课件和图片资料获得帮助信息

（2）能根据实训项目学习任务确定实训方案，从中学会表达及展示活动过程和成果

3．社会能力目标

（1）能在实习训练活动中保持积极向上的学习态度

（2）能与小组成员和教师就学习中的问题进行交流和沟通

（3）能与他人共享学习资源，具有较好的合作能力和团队协作精神

二、知识总结

1．分析EP2002阀内部气路区域的功能

续表

2. 分析半列车和单节车的总线网络结构

3. 分析广州地铁 3 号线车辆制动控制系统的工作逻辑

4. 分析 EP2002 型制动控制系统的优缺点

三、操作运用

1. 分析广州地铁 3 号线车辆的气路布置图

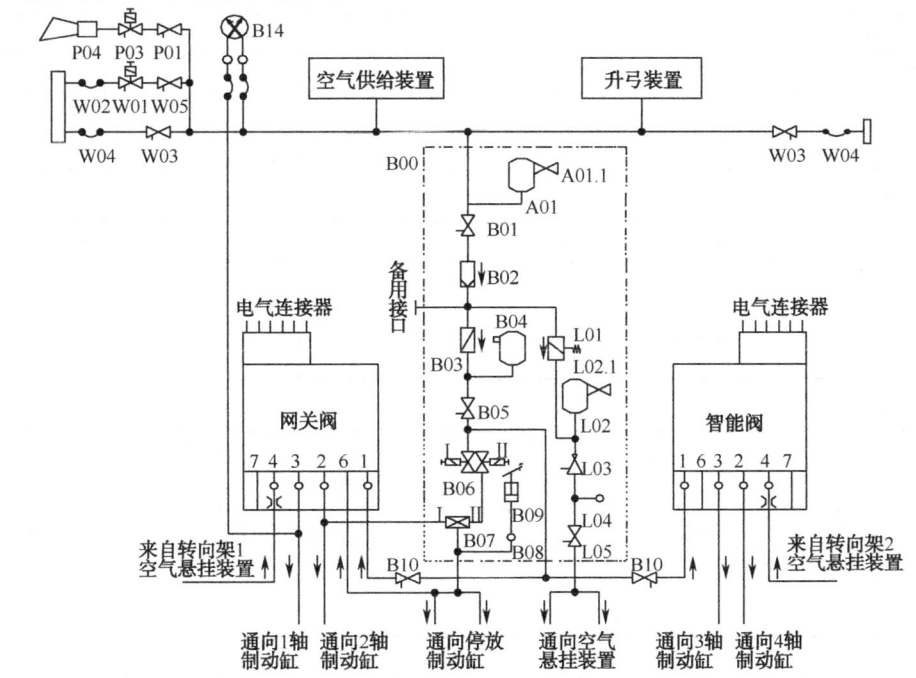

2. 分析半列车的总线网络结构

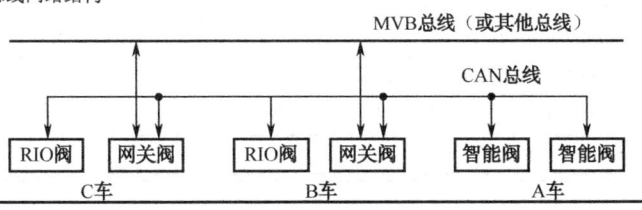

续表

3. 分析广州地铁 3 号线车辆制动控制系统的工作逻辑

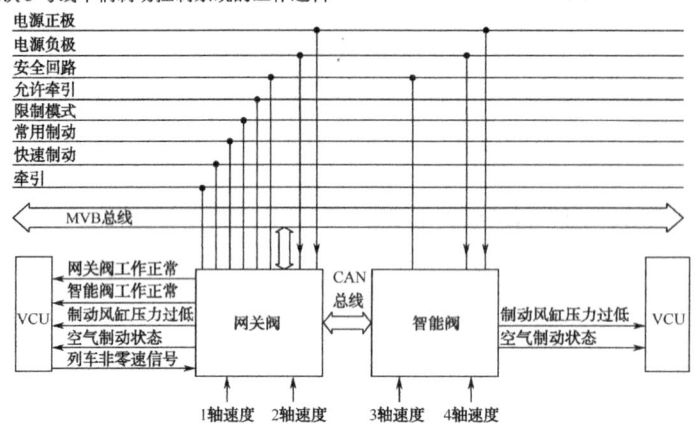

```
电源正极
电源负极
安全回路
允许牵引
限制模式
常用制动
快速制动
牵引
←――――― MVB总线 ―――――→

         网关阀工作正常
         智能阀工作正常              CAN                制动风缸压力过低
VCU      制动风缸压力过低    网关阀   总线    智能阀    空气制动状态         VCU
         空气制动状态
         列车非零速信号

         1轴速度  2轴速度   3轴速度  4轴速度
```

四、实训小结

_____

_____

_____

五、成绩评定

1. 学生评价

评价等级	A—优	B—良	C—中	D—及格	E—不及格
学生自评					
组内互评					
他组互评					

2. 教师评价

评价等级	A—优	B—良	C—中	D—及格	E—不及格
专业能力					
方法能力					
社会能力					

3. 综合评价

评价等级	A—优	B—良	C—中	D—及格	E—不及格
评价结果					

注：按照学生自评占 10%，组内互评占 10%，他组互评占 20%，教师评价 60% 的比例计分。其中，A—100 分，B—85 分，C—75 分，D—60 分，E—50 分。

4. 评价量规

等级	行为表现描述
A	能圆满高效地完成实训任务的全部内容
B	能顺利完成实训任务的全部内容
C	能完成实训任务的全部内容，但需要一些帮助和指导
D	自己只能完成实训任务的部分内容，但在现场的指导下，已经能完成任务的全部内容
E	不能完成实训任务的全部内容

思考与练习

1. 分析广州地铁 3 号线车辆的气路布置图。
2. 分析 EP2002 阀内部气路图。
3. 分析单节车 CAN 总线网络结构图。
4. 简述 EP2002 型制动控制系统紧急制动位的作用原理。
5. 简述 EP2002 型制动控制系统紧急制动位的作用原理。
6. 简述 EP2002 型制动控制系统防滑的作用原理。
7. 简述 EP2002 型制动控制系统的特点。

项目十一　NABTESCO 型制动控制系统

西安地铁二号线车辆的制动系统采用日本 NABTESCO 公司生产的模拟式电空制动装置，该系统采用车控方式，按照一动一拖为一个单元进行系统设计；采用网络总线控制列车的制动及列车主要设备的状态、故障监视和诊断。

为便于大修时整个系统的快速拆卸和更换，采用模块化的设计理念：空压机及相关冷却和干燥设备组装为"风源模块"，安装在每个 Mp 车（带受电弓的动车）上；根据制动的特点，将制动控制装置及相关设备组装为"制动控制集成"，安装在每辆车上。

任务一　认知 NABTESCO 型制动控制系统的结构原理

学习目标

（1）熟知 NABTESCO 型制动系统的组成；
（2）熟知 NABTESCO 型制动控制系统电子制动控制单元的作用；
（3）熟知 NABTESCO 型制动控制系统制动控制单元内部气路图的组成及各部件的作用；
（4）熟知 NABTESCO 型制动控制系统列车防滑系统和停放制动控制装置的作用；
（5）熟知 NABTESCO 型制动控制系统主风低压开关的作用。

学习任务

认知 ABTESCO 型制动控制系统的结构原理，包括电子制动控制单元、制动控制单元、防滑系统、停放制动控制装置、主风低压开关、司机台仪表的结构和原理。

工具设备

NABTESCO 风源模块、NABTESCO 制动控制集成、城市轨道交通车辆实物、多媒体设备课件、图片、示教板、计算机多媒体设备等。

教学环境

轨道交通车辆理实一体化教室、车辆维修基地或现场。

基础知识

每辆车配备一套制动控制装置（其中 Tc 车制动控制单元内部配备有总风低压压力开关，此信号将串联至紧急回路），用于进行带有空重车调整的常用制动和紧急制动以及滑行

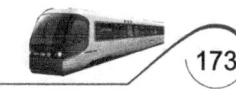

保护等的控制，此外具有自诊断等诸多功能。其主要分为电子制动控制单元和制动控制单元。制动控制装置内部部件布局如图 11-1 所示。

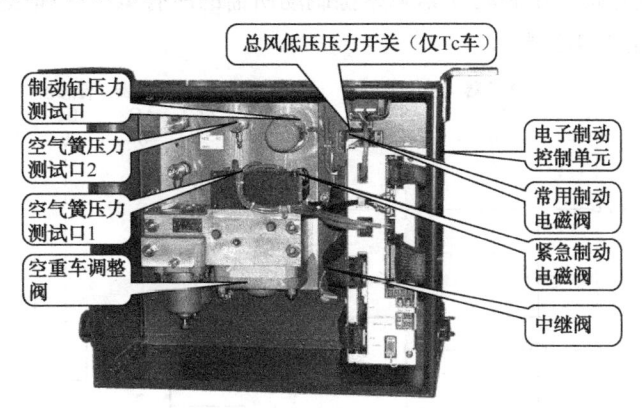

图 11-1 制动控制装置

一、电子控制单元

电子制动控制单元如图 11-2 所示，具有以下功能。

（1）检测 2 个空气簧的压力并通过压力传感器进行空电转换，从而保证无论空车还是超员均可以得到稳定的牵引力和制动力。

（2）进行电空演算，从而进行常用制动控制，并保证优先使用电制动。

（3）具有滑行检测和矫正功能，即测定各个车轴的速度，一旦检测出车轮滑行，则通过控制防滑阀来降低制动缸内部压力，从而尽快恢复黏着，使车轮最大限度的利用现有黏着条件。

（4）提供状态监测和诊断功能。

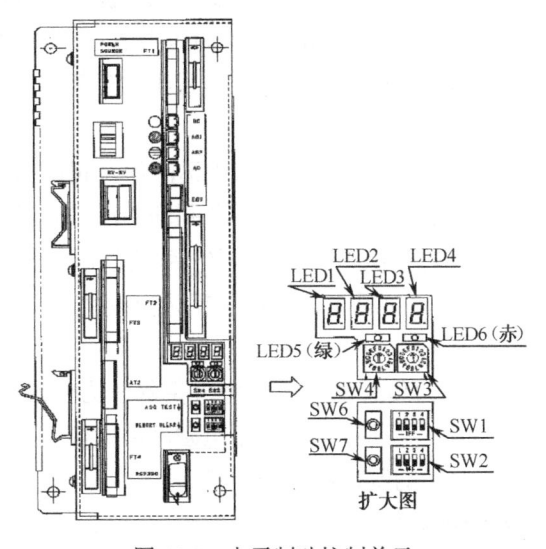

图 11-2 电子制动控制单元

二、制动控制单元

制动控制单元包括常用制动和紧急摩擦制动所需的所有电空阀和压力传感器。制动控制单元内部气路如图 11-3 所示。

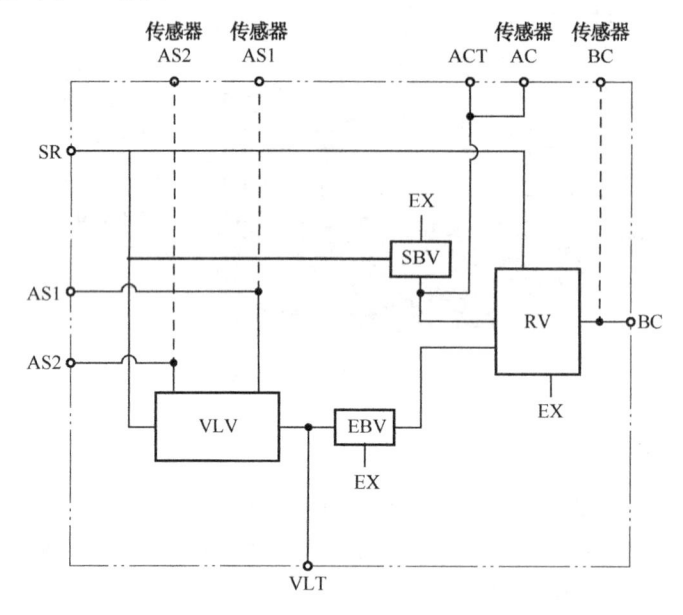

AS1—预控制压力；AS2—空气弹簧压力；BC—制动缸；EBV—紧急电磁阀；EX—排气；
RV—中继阀；SBV—常用制动电磁阀；SR—供给储气器；VLV—空重车调整阀

图 11-3 制动控制单元内部气路图

1. 中继阀（RV）

中继阀为气动操作阀，可将大量压缩空气由制动风缸提供给制动缸。供风压力等同于中继阀通过变载截断阀从制动/缓解和紧急阀获得的压力信号。如果压力信号保持一定，中继阀将保持恒定的闸缸压力以防泄露，并自动补充发生的任何泄露。

2. 空重车调整阀（VLV）

空重车调整阀为机械变压限制装置，它可将中继阀信号阀口的供风压力限制在称重紧急制动所需的压力以下。空重车调整阀只影响紧急制动的压力并正比于空气弹簧压力。此外通过两个连接管路上的节流孔（B05）来减小空气弹簧的压力产生波动。当没有空气簧压力信号时（例如空气簧爆裂），空重车调整阀将默认空载紧急制动值为默认值。

3. 常用制动施加与缓解

电子制动控制单元通过压力传感器来感应空气簧的压力，通过总线接收常用制动指令，从而计算出制动缸的压力，并通过控制常用电磁阀中的供给阀和排气阀得电和失电，使实际的制动缸的压力与计算出的制动缸压力相符。

4. 紧急制动电磁阀（EBV）

紧急制动电磁阀采用得电缓解、失电制动的形式。因此车辆在正常运行期间，紧急制动电磁阀必须得电，无论何种原因导致失电，列车都将立即施加紧急制动。

在紧急制动施加期间，通过空重车调整阀进行空重车调节。

三、列车防滑系统

如图 11-4 所示，车轮滑动保护系统采用基于单轴的滑动检测和矫正功能，即每个轴配备一套速度传感器和防滑阀。

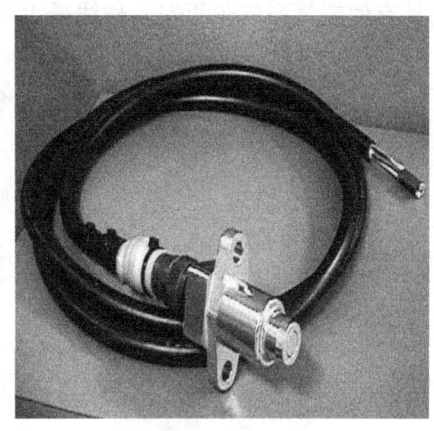

图 11-4　防滑阀和速度传感器

四、停放制动控制装置

停放制动控制装置，如图 11-5 所示。停放制动电磁阀在车辆正常运行状态下为失电状态，此时停放制动缓解，并通过停放制动压力开关进行反馈，压力设定为 500~700kPa，即高于 700kPa 列车停放制动缓解，低于 500kPa 列车制动将随着压缩空气压力的降低而逐渐施加。

列车通过给电磁阀供电才能施加停放制动，但在施加停放制动之前，需要先施加空气制动即常用制动或紧急制动。

安装在制动模块上的停放制动隔离塞门（K1）由主风进行供风。更换闸瓦时，可操纵此塞门将停放制动装置隔离并排风以实现手动缓解

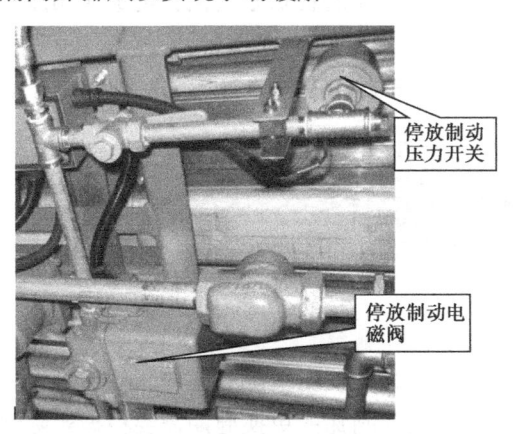

图 11-5　停放制动控制装置

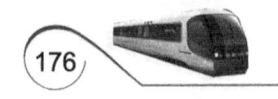

列车每根轴上均配备一套带停放制动和不带停放制动的踏面制动单元，如图 11-6 所示，用于执行停放制动、常用制动和紧急制动。

停车制动采用弹簧施加，充气缓解的形式。在空气制动有效情况下（常用制动和紧急制动），可以通过司机台上的停放制动施加按钮（通过控制停放电磁阀 K3 得电）来实现施加停放制动。停放制动与空气制动使用同一套闸瓦将制动力施加在轮对上。

停放制动具有使超员列车在西安二号线最大坡道上保持静止的能力。

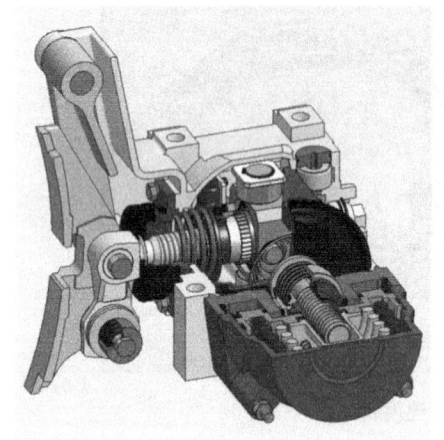

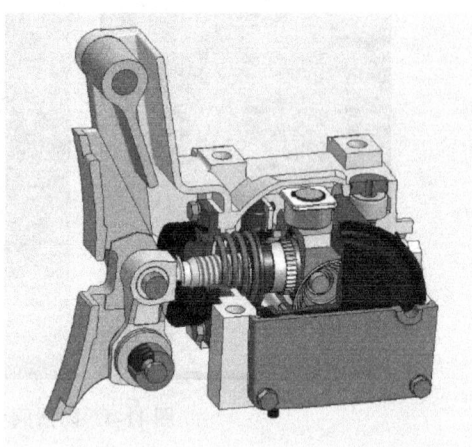

（a）带停放制动　　　　　　　　　（b）不带停放制动

图 11-6　带停放制动和不带停放制动踏面制动单元

此外配备手动缓解装置，用于在无风或空气压力低的情况下缓解停放制动。当空气压力恢复时，进行一次空气制动循环（制动-缓解），缓解机构自动复位，并为下一次手动缓解做好准备。

1. 自动磨耗补偿

所有的踏面制动装置都配有闸瓦间隙自动调整器，用以保持闸瓦与车轮间的正确间隙，补偿闸瓦与车轮的磨耗。踏面间隙调整装置能保证在新车轮和新闸瓦的情况下能够顺利安装闸瓦，在磨耗极限的车轮以及磨耗极限的闸瓦能够正常施加常用和紧急制动

2. 闸瓦

每个车轮上配有一个 NABTESCO 提供的 NC3443 型合成闸瓦，如图 10-7 所示。

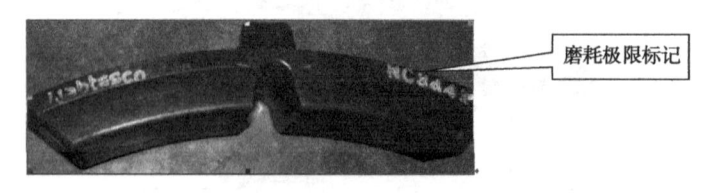

图 11-7　闸瓦

闸瓦材料为无石棉材料。闸瓦的使用情况与施加制动的频率、级别、载荷情况以及电制动的使用情况均密切相关，因此闸瓦的更换周期需要根据实际情况而定，磨耗极限的标

记如图 11-7 所示。

基础制动装置采用单侧踏面单元制动缸的制动方式，如图 11-8 所示。

每台转向架有四个踏面单元制动缸，分为两个具有停放功能的踏面单元制动缸和两个不具有停放功能的踏面单元制动缸；使用高耐磨合成闸瓦。

踏面单元制动缸能对车轮和闸瓦的磨耗间隙进行自动补偿，同时还设有手动复原装置，通过手动复原装置也可以调整车轮及闸瓦间的间隙，使制动闸瓦和车轮踏面之间的距离保持在 5～10mm。

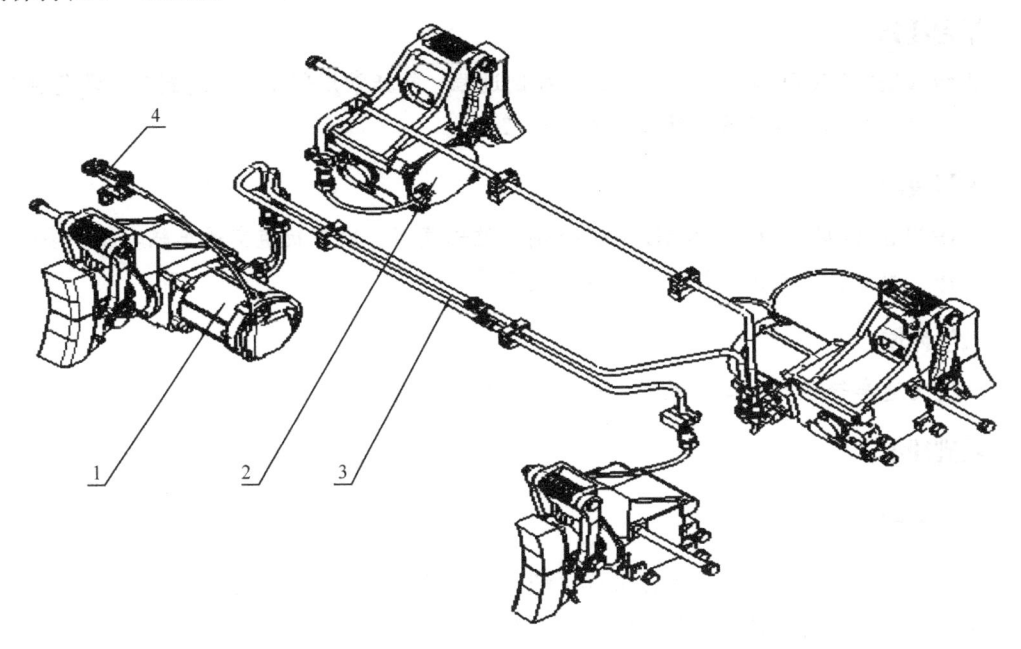

1—带停放制动的单元制动缸；2—单元制动缸；3—制动配管；4—手动缓解拉链

图 11-8　基础制动单元

具有停放功能的踏面单元制动缸还配有手动缓解闸线，手动缓解闸线的把手安装在侧梁上部，可以在必要时很方便地手动缓解停放制动，制动配管采用立体折弯钢管，钢管与钢管、钢管与软管之间采用螺纹连接形式，密封性能较好，方便安装和拆卸。

五、主风低压开关

每辆 Tc 车上设有一个压力开关（制动控制单元内），用以监控主风压力。当主风压力降至设定值 600kPa 以下时，列车紧急回路将断开，列车将立即实施紧急制动。当压力升到 700kPa 以上，紧急制动才可能进行缓解。

六、司机台仪表

司机台上设置一双针压力表，它在驾驶车上显示主风压力和制动缸压力。红针用于显示主风缸的压力，黑针用于显示 Tc 车第一根轴的制动缸压力。

任务二 认知NABTESCO型制动控制系统的控制过程

学习目标

（1）熟知NABTESCO型制动控制系统常用制动、快速制动、紧急制动、坡道起动的控制过程；

（2）熟知NABTESCO型制动控制系统负载补偿的过程；

（3）熟知NABTESCO型制动控制防滑控制的作用原理。

学习任务

认知NABTESCO型制动控制系统的控制过程，包括常用制动、快速制动、紧急制动、坡道起动的控制、负载补偿和防滑控制的过程。

工具设备

NABTESCO风源模块，NABTESCO制动控制集成、城市轨道交通车辆实物、多媒体设备课件、图片、示教板、计算机多媒体设备等。

教学环境

轨道交通车辆理实一体化教室、车辆维修基地或现场。

基础知识

一、常用制动

列车按照一动一拖为一个单元进行系统设计，进行常用制动时，系统程序将最大可能地采用电制动，空气制动通常作为电制动的补充。

常用制动可通过司机控制器手动实施或者ATO系统自动实施，但其最终均通过ATI进行控制。每辆车上的电子制动控制单元（ECU）直接与同它通信的RS485总线相连，ATI接收来自每辆车电子制动控制单元发送来的车重信号和来自司机控制器的指令信号。根据此指令和载荷信号，计算每辆车需要的制动力，减去可实现的动力制动力，算出每辆车需要的摩擦制动。此指令通过RS485总线直接送给每辆车的ECU。

二、紧急制动

列车以"故障安全"为原则进行系统设计，因此紧急回路采用得电缓解、失电制动的形式。

当紧急制动回路断开时，所有车辆的牵引都将被封锁。

紧急制动为独立系统，并采用"得电缓解"形式，由空气制动系统根据车重独自承担，并且具有零速联锁功能，防止在紧急制动期间出现意外。

以下任何装置的动作均会断开紧急制动回路，使每辆车的紧急制动电磁阀失电，从而施加紧急制动。

（1）触发司控器中的警惕装置；

(2）按下司机室控制台上的紧急制动按钮（击打式按钮）；
(3）列车脱钩；
(4）总风欠压；
(5）紧急制动电气列车线环路中断或失电；
(6）DC110V 控制电源失电；
(7）ATO 系统发出紧急制动指令；
(8）ATP 系统发出紧急制动指令；
(9）当列车运行时，如方向手柄拉至"0"位，则列车产生紧急制动。

三、快速制动

司控器的最后一位为"快速制动位"，施加快速制动的减速度与施加紧急制动的减速度相同，并优先使用电制动。

四、坡道启动

列车设置坡道启动功能，其可以看作常用制动的一种，如果坡道启动有效，列车将施加 3 级常用制动，因为：在载荷状况为 AW3，西安二号线的最大坡道上（35‰），列车的斜面加速度 $a=9.8m/s^2×$坡度$=9.8×35‰=0.343m/s^2$，此斜面加速度小于 3/7 常用制动减速度（$0.43m/s^2$）。

五、冲动限制

制动指令同时传递到所有车辆上。作用时间不属于时间延迟，常用制动在所有车上均以冲击极限（$0.75m/s^3$）同时实施。制动时间采用电子制动控制单元进行控制。

紧急制动同时在所有车上以机械的方式进行实施，为确保安全，将超过常用制动的"冲击极限"。

六、负载补偿（空重车调节）

每辆车的制动控制单元将检测两个空气簧的压力（对角检测）作为计算牵引力和制动力的依据。

常用制动称重为电子称重，通过压力传感器测量两个空气簧压力（对角）。电子称重信号从制动系统的电子控制单元传到牵引控制系统。

紧急制动作用通过空重量车调整阀实施载荷补偿。

如果一个空气簧压力信号出现过低或过高，系统将使用正常车的空气簧压力进行牵引和制动控制，如果两个均发生故障，车辆将按照空车进行控制。

七、防滑控制

列车在常用制动、紧急制动模式下均具有滑动保护功能，如图11-9所示。

在制动过程中，如果轮轨间黏着力不足以满足制动要求，车轮会产生滑动，这样会损坏车轮，并会延长制动距离。车轮滑动保护就是要防止擦轮现象的发生，使列车充分利用黏着进行制动。

车体安装的防滑阀基于每根轴进行制动缸压力控制。每个单阀包括两个电磁阀，用以控制对应制动缸的空气压力。一个电磁阀控制制动缸的进风，另一个控制制动缸的排风。这两个阀的动作组合可形成三个不同状态：

"充风"两阀均失电，空气进入制动缸。

"保压"进风阀得电，排风阀失电，制动缸被隔离，空气压力恒定。

"排风"两阀均得电，空气从制动缸排出。

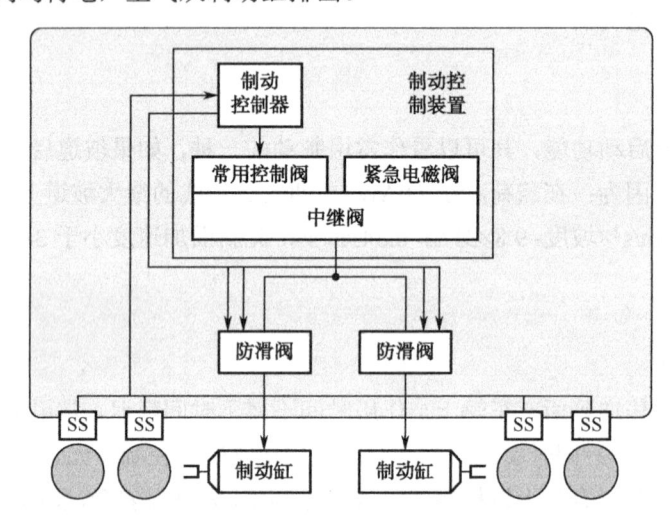

图11-9 车轮滑动保护（WSP）结构图

1. 轮滑检测

每根轴的轴端均有速度传感器，产生车轴转速的信号，车轮滑动保护处理器监测这些信号。防滑系统确定相对轴速，并使用它们来检测是否有滑动发生，通过检测一根轴的减速度是否超过设定值（此设定值高于所有正常制动状态下预计的最大值减速度）；或检测车轮滑动保护系统监测的四根轴中的任一根轴的相对转速的改变。

2. 轮滑的恢复

当检测出车轮滑动时，车轮滑动保护系统通过本车的排放阀来降低对应车轴上制动缸的压力，从而控制滑行的程度。此系统可控制达到最理想的车轮滑行状态以充分利用黏着，确保尽可能减少制动距离和避免车轮的擦伤。

任务三　NABTESCO 型制动控制系统的操作运用

【操作运用案例】　NABTESCO 型制动控制系统的操作运用

1. 实训项目教师工作活页

实训项目教师工作活页　　　　　　　　　　　　　　　　NO：_____

实训项目	NABTESCO 型制动控制系统的操作运用				
学　时	2	班　级		略	
实训场所	机车车辆设备综合仿真实验室或车辆维修基地现场				
工具设备	NABTESCO 风源模块、NABTESCO 制动控制集成、城市轨道交通车辆实物、多媒体设备课件、图片、示教板、计算机多媒体设备等				
教学目标	专业能力	(1) 掌握 NABTESCO 型制动系统的组成 (2) 掌握 NABTESCO 型制动控制系统电子制动控制单元的作用 (3) 掌握 NABTESCO 型制动控制系统制动控制单元内部气路图的组成及各部件的作用 (4) 掌握 NABTESCO 型制动控制系统主风低压开关的作用 (5) 掌握 NABTESCO 型制动控制系统常用制动、快速制动、紧急制动、坡道起动的控制过程 (6) 掌握 NABTESCO 型制动控制系统负载补偿的过程 (7) 掌握 NABTESCO 型制动控制防滑控制的作用原理			
教学目标	方法能力	(1) 能综合运用专业知识，通过利用专业书籍、多媒体课件和图片资料获得帮助信息 (2) 能根据实训项目学习任务确定实训方案，从中学会表达及展示活动过程和成果			
	社会能力	(1) 能在实习训练活动中保持积极向上的学习态度 (2) 能与小组成员和教师就学习中的问题进行交流和沟通 (3) 能与他人共享学习资源，具有较好的合作能力和团队协作精神			
教学活动	略（详见教学活动设计）				
教学评价	学生活动：① 以 5～7 人小组为单位开展实训活动，根据本组同学在实训过程中的能力表现及结果进行自评组内互评；② 根据其他小组同学在成果展示活动中的表现及结果进行互评 教师活动：① 教师组织学生开展评价活动和总结；② 对学生本实训项目单元成绩做出综合评价				
教学资料	（1）城市轨道交通车辆制动系统教材 （2）城市轨道交通运输设备教材 （3）实训项目学生学习活页（附页）				
指导教师		教学时间	年　　　月　　　日		

2. 实训项目学生学习活页

实训项目学生学习活页　　　　　　　　　　　　　　　　NO：_____

实训项目　NABTESCO 型制动控制系统的操作运用

班级：_____　姓名：_____　学号：_____　时间：_____

一、实训目标

1. 专业能力目标

（1）掌握 NABTESCO 型制动系统的组成

（2）掌握 NABTESCO 型制动控制系统电子制动控制单元的作用

续表

(3) 掌握 NABTESCO 型制动控制系统制动控制单元内部气路图的组成及各部件的作用
(4) 掌握 NABTESCO 型制动控制系统主风低压开关的作用
(5) 掌握 NABTESCO 型制动控制系统常用制动、快速制动、紧急制动、坡道起动的控制过程
(6) 掌握 NABTESCO 型制动控制系统负载补偿的过程
(7) 掌握 NABTESCO 型制动控制防滑控制的作用原理

2．方法能力目标

(1) 能综合运用专业知识，通过利用专业书籍、多媒体课件和图片资料获得帮助信息
(2) 能根据实训项目学习任务确定实训方案，从中学会表达及展示活动过程和成果

3．社会能力目标

(1) 能在实习训练活动中保持积极向上的学习态度
(2) 能与小组成员和教师就学习中的问题进行交流和沟通
(3) 能与他人共享学习资源，具有较好的合作能力和团队协作精神

二、知识总结

1．分析 NABTESCO 型制动控制系统的组成，理解各组成部分的作用

2．分析 NABTESCO 型制动控制系统电子制动控制单元和制动控制单元的作用原理

3．分析 NABTESCO 型制动控制系统停放制动控制装置的作用原理

4．分析 NABTESCO 型制动控制系统常用制动、紧急制动、快速制动及坡道起动的控制原理

5．分析 NABTESCO 型制动控制系统负载补偿的工作原理

6．分析 NABTESCO 型制动控制系统防滑控制的的控制原理

续表

三、操作运用

1. 根据下图分析 NABTESCO 型制动控制系统停放制动的作用原理

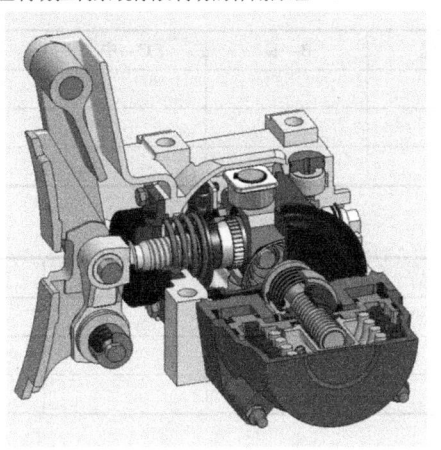

2. 根据下图分析 NABTESCO 型制动控制系统防滑控制的作用原理

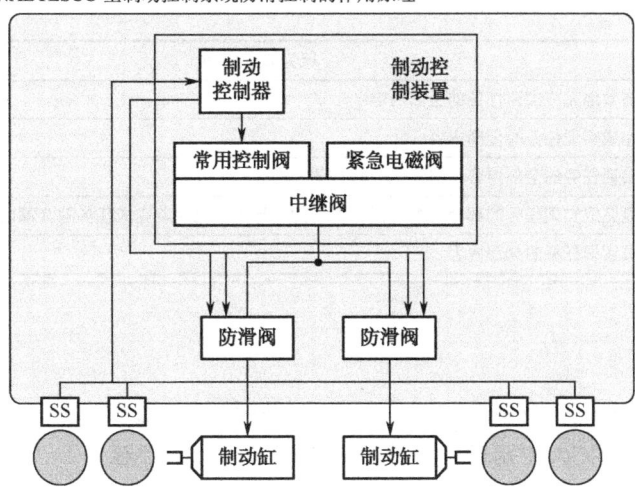

四、实训小结

续表

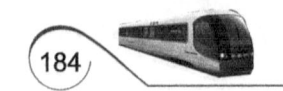

五、成绩评定

1. 学生评价

评价等级	A—优	B—良	C—中	D—及格	E—不及格
学生自评					
组内互评					
他组互评					

2. 教师评价

评价等级	A—优	B—良	C—中	D—及格	E—不及格
专业能力					
方法能力					
社会能力					

3. 综合评价

评价等级	A—优	B—良	C—中	D—及格	E—不及格
评价结果					

注：按照学生自评占 10%，组内互评占 10%，他组互评占 20%，教师评价 60%的比例计分。其中，A—100 分，B—85 分，C—75 分，D—60 分，E—50 分。

4. 评价量规

等级	行为表现描述
A	能圆满高效地完成实训任务的全部内容
B	能顺利完成实训任务的全部内容
C	能完成实训任务的全部内容，但需要一些帮助和指导
D	自己只能完成实训任务的部分内容，但在现场的指导下，已经能完成任务的全部内容
E	不能完成实训任务的全部内容

思考与练习

1. 简述 NABTESCO 型制动控制系统电子制动控制单元的功能。
2. 简述 NABTESCO 型制动控制系统常用制动的控制过程。
3. 分析 NABTESCO 型制动控制系统在哪些情况下会触发紧急制动。
4. 简述 NABTESCO 型制动控制系统负载补偿的作用原理。
5. 简述 NABTESCO 型制动控制系统防滑控制的作用原理。

参考文献

[1] 殳企平. 城市轨道交通车辆制动技术[M]. 北京：中国水力水电出版社，2009.

[2] 李益民，阳东. 城市轨道交通车辆制动系统维护与检修[M]. 北京：机械工业出版社，2012.

[3] 阳东，卢桂云. 城市轨道交通车辆检修[M]. 北京：机械工业出版社，2010.

[4] 耿幸福. 城市轨道交通车辆检修[M]. 北京：人民交通出版社，2012.

[5] 铁路职工岗位培训教材编审委员会. 制动钳工（机车）[M]. 北京：中国铁道出版社，2011.

[6] 铁路职工岗位培训教材编审委员会. 制动钳工（车辆）[M]. 北京：中国铁道出版社，2011.

[7] 《铁路职业技能鉴定实作演练丛书》编委会. 制动钳工[M]. 北京：中国铁道出版社，2003.

[8] 曾中青，韩增盛. 城市轨道交通车辆[M]. 成都：西南交通大学出版社，2009.

[9] 连苏宁. 城市轨道交通车辆构造[M]. 北京：机械工业出版社，2011.

反侵权盗版声明

电子工业出版社依法对本作品享有专有出版权。任何未经权利人书面许可，复制、销售或通过信息网络传播本作品的行为，歪曲、篡改、剽窃本作品的行为，均违反《中华人民共和国著作权法》，其行为人应承担相应的民事责任和行政责任，构成犯罪的，将被依法追究刑事责任。

为了维护市场秩序，保护权利人的合法权益，我社将依法查处和打击侵权盗版的单位和个人。欢迎社会各界人士积极举报侵权盗版行为，本社将奖励举报有功人员，并保证举报人的信息不被泄露。

举报电话：（010）88254396；（010）88258888
传　　真：（010）88254397
E-mail：　dbqq@phei.com.cn
通信地址：北京市海淀区万寿路173信箱
　　　　　电子工业出版社总编办公室
邮　　编：100036